ロマンス語概論

伊藤太吾 著

東京 **大学書林** 発行

AN INTRODUCTION TO ROMANCE LINGUISTICS

Taigo Ito

まえがき

　私が英語学科の学生のころ何げなく学んでいたラテン語がヨーロッパに多大な影響を与えていることを知ったのは，随分後になってからのことだった。その後スペイン語を主に学ぶようになってから，ポルトガル語やフランス語をも習い，イタリア語とルーマニア語を独習したが，お互いに似ていて学びよいという程度の印象だった。しかし，ドイツ語やロシア語は殆ど，そして中国語や朝鮮語は全くものにならなかった。外国語の学習にも相性があるのかもしれない。しかし何よりもまず，兄弟姉妹の関係にあるロマンス諸語を学ぶことの容易さを楽しんだのは事実である。よく人に「5つの言語を操るのは混同しませんか」と聞かれるが，答えはその反対で，むしろあるロマンス語の正確な知識が別のロマンス語の学習をより容易にするし，知識を正確にし，体系化するのに大いに役に立つ。

　ロマンス言語学の研究は机上の知識に止まっていてはいけなく，実用に裏打ちされたものでなければならないし，実用のためでもなければつまらない。文語の研究だけに止まっていたのでは，十分にラテン民族の心を捕らえることはできないので，直接会話を通じての現実主義的な方法で行わなければならない。フランス語やスペイン語の個別の言語の学習は「話せるようになりたい」という実用的な目的にかなうものであるが，一般言語学は実用的なこととは殆ど関係ない。毒にも薬にもならないといって嫌われてきている学問である。「経営哲学」などというときの「哲学」と違って，学問としての「哲学」が実生活に余り役に立たないのと同じく，一般言語学も目に見えて役に立つということはない。ある単語の語源や歴史を知っても，高邁な文法理論を打ち立てても，そのことには大いに意義があるのであるが，ラテン系の人達と直接「会話」をするのには何の役にも立たない。ロマンス言語学は，1ロマンス語を知ることによって比較的容易に他のロマンス語を知ることができるようになるという利点をも内蔵している。もちろん，ロマンス言

ロマンス語概論

語学の本来の目的は，ラテン語という一つの言語から派生したラテン系の複数の言語がどのように変化・発展して来たか，すなわち旧ローマ帝国の知性・文化がどのように変化したかを見，現在どのようにロマンス諸語がお互いに係わっているか，などを考察して各々のロマンス諸語の特異性を明らかにし，言語とは何かという言語の本質の解明に寄与することであるが，実用的な面にも用いられるのが本書の特徴である。

今日まで国の内外においてロマンス言語学の入門書が出版されてはいるが，本書のようにラテン語と5つのロマンス語を同時に比較したロマンス言語学書は世界的にも絶無である。本書を契機にいろいろな手法でのロマニストが増えることを切望する次第である。

本書は大阪外国語大学学術双書として1994年に発行された『ロマンス言語学入門』に一部手を加え，それ以前に書いた3本の論文を収録したものである。大学書林社長佐藤政人氏のご好意に深謝する次第である。

花満ちて次つぎ散れり妹と父

伊 藤 太 吾

目　　次

まえがき ……………………………………………………………… i

第1章　「ロマンス言語学」とは何か ……………………………… 1
　1.1 「ロマンス語」とは何か ……………………………………… 1
　1.2 「ロマンス語」はいくつあるか ……………………………… 3
　1.3 ロマンス語圏 …………………………………………………… 12
　1.4 ローマニアの中で「言語の島」を成す非ロマンス語 ……… 13
　1.5 ロマンス諸語の分類 …………………………………………… 13
　1.6 ロマンス言語学の誕生 ………………………………………… 16
　1.7 「ロマンス言語学」とは何か ………………………………… 18

第2章　ロマンス諸語の起源・ロマンス諸語の初出文献 ……… 20
　2.1 ラテン語はなぜ・どのように分裂したか …………………… 20
　2.2 ラテン語がある程度統一されている原因 …………………… 23
　2.3 ロマンス諸語の誕生 …………………………………………… 24

第3章　古典ラテン語・俗ラテン語 ……………………………… 36
　3.1 インド・ヨーロッパ語族 ……………………………………… 36
　3.2 イタリア語派 …………………………………………………… 36
　3.3 ローマの歴史 …………………………………………………… 39
　3.4 ラテン語の歴史 ………………………………………………… 42
　3.5 俗ラテン語 ……………………………………………………… 47
　3.6 古典ラテン語から俗ラテン語へ ……………………………… 54

第4章　音韻 ………………………………………………………… 56
　4.1 アクセントのある位置における母音の変化 ………………… 56
　4.2 アクセントのない母音の変化 ………………………………… 59
　4.3 語頭の子音の変化 ……………………………………………… 60

4.4　語中の子音の変化 …………………………………………	62
4.5　語末の子音の変化 …………………………………………	65
4.6　音韻変化のまとめ …………………………………………	66

第5章　形態

	67
5.1　不定冠詞 ……………………………………………………	67
5.2　定冠詞 ………………………………………………………	67
5.3　指示形容詞 …………………………………………………	68
5.4　主格人称代名詞 ……………………………………………	69
5.5　目的格人称代名詞 …………………………………………	69
5.6　前置詞格人称代名詞 ………………………………………	71
5.7　所有形容詞 …………………………………………………	71
5.8　名詞の複数形 ………………………………………………	73
5.9　前置詞と定冠詞との結合 …………………………………	73
5.10　関係代名詞 …………………………………………………	74
5.11　名詞の性の差異 ……………………………………………	74
5.12　数詞の構造 …………………………………………………	76
5.13　副詞(句)の形態 ……………………………………………	78
5.14　名詞・代名詞の強調 ………………………………………	79
5.15　動名詞 ………………………………………………………	80
5.16　現在分詞 ……………………………………………………	80
5.17　過去分詞 ……………………………………………………	80
5.18　目的分詞 ……………………………………………………	81
5.19　直説法の活用 ………………………………………………	81
5.20　接続法の活用 ………………………………………………	91
5.21　命令形 ………………………………………………………	95

第6章　文構成

	96
6.1　不定冠詞 ……………………………………………………	96
6.2　定冠詞 ………………………………………………………	96

目　次

6.3　指示形容詞 …………………………………………… 97
6.4　所有の表現 …………………………………………… 97
6.5　形容詞の意味を強める副詞 ………………………… 99
6.6　等位接続詞 …………………………………………… 99
6.7　日付の表現 …………………………………………… 99
6.8　時間・時刻の表現 …………………………………… 100
6.9　諾否の返事 …………………………………………… 102
6.10　名詞の強調表現 ……………………………………… 102
6.11　再起動詞による表現 ………………………………… 102
6.12　「～するべき」の表現 ……………………………… 105
6.13　規則動詞 DARE の用法 …………………………… 105
6.14　不規則動詞 ESSE の用法 ………………………… 105
6.15　天然現象に関する表現 ……………………………… 106
6.16　存在・所在に関する表現 …………………………… 106
6.17　形容詞の一致 ………………………………………… 107
6.18　中性の代名詞 ………………………………………… 108
6.19　不定詞の用法 ………………………………………… 108
6.20　現在完了か単純過去か ……………………………… 109
6.21　直接目的語が特定な人間のときの表現 …………… 109
6.22　間接目的語の表現 …………………………………… 110
6.23　疑問詞の用法 ………………………………………… 110
6.24　不定の表現 …………………………………………… 113
6.25　否定の表現 …………………………………………… 113
6.26　数に関する表現 ……………………………………… 114
6.27　未来に関する表現 …………………………………… 114
6.28　名詞節が目的節の表現 ……………………………… 115
6.29　時を表す従属節 ……………………………………… 115
6.30　関係代名詞の用法 …………………………………… 115

6.31　比較に関する表現 …………………………………… 117
　6.32　目的を表す表現 ……………………………………… 123
　6.33　婉曲表現 ……………………………………………… 123
　6.34　勧誘の表現 …………………………………………… 124
　6.35　命令・依頼・願望の表現 …………………………… 125
　6.36　否定の表現 …………………………………………… 128
　6.37　現在完了か過去か …………………………………… 129
　6.38　可能・不可能の表現 ………………………………… 129
　6.39　代名詞の二重用法・重複用法 ……………………… 130
　6.40　使役構文か否か ……………………………………… 130
　6.41　目的節 ………………………………………………… 130
　6.42　比喩の表現 …………………………………………… 132
　6.43　時制の一致・不一致 ………………………………… 132
　6.44　接続法の用法 ………………………………………… 132
　6.45　条件文 ………………………………………………… 139
　6.46　語彙に関する考察 …………………………………… 142
　6.47　語順に関する考察 …………………………………… 157
　6.48　挨拶に関する表現 …………………………………… 161
第 7 章　語彙 ……………………………………………………… 162
第 8 章　ロマンス諸語の比較 …………………………………… 173
　8.1　聖書の比較 …………………………………………… 173
　8.2　『ガリア戦記』の比較 ………………………………… 175
　8.3　『星の王子さま』の比較 ……………………………… 181
　8.4　『ドン・キホーテ』の比較 …………………………… 190
　8.5　『学校』の比較 ………………………………………… 194
　8.6　今後の課題 …………………………………………… 198
第 9 章　ロマンス言語学の諸問題 ……………………………… 199
　9.1　ローマニアの言語現象 ……………………………… 199

目　次

9.2　名詞の複数形の作り方 ………………………………………… 199
9.3　名詞の性の差 …………………………………………………… 200
9.4　中性名詞 ………………………………………………………… 200
9.5　名詞の格 ………………………………………………………… 200
9.6　活用の変化 ……………………………………………………… 201
9.7　数詞の構造 ……………………………………………………… 201
9.8　ルーマニア語の指示形容詞の後置 …………………………… 202
9.9　人称不定詞 ……………………………………………………… 202
9.10　接続詞か不定詞か …………………………………………… 203
9.11　部分冠詞 ……………………………………………………… 203
9.12　スペイン語とルーマニア語における代名詞の二重・重複用法 … 203
9.13　語順 …………………………………………………………… 204
9.14　動詞の時制 …………………………………………………… 204
9.15　点過去・線過去 ……………………………………………… 205
9.16　発想の差異 …………………………………………………… 205
9.17　所有冠詞 ……………………………………………………… 205
9.18　形容冠詞 ……………………………………………………… 206
9.19　迂言的表現 …………………………………………………… 207
9.20　語彙の借用 …………………………………………………… 207
9.21　旧ローマニアと新ローマニアにおけるあらゆる面に関する差異 … 207
9.22　ポルトガル語とイタリア語の進行形の特徴 ………………… 208

第10章　ルーマニア語の起源について ………………………… 209

第11章　ルーマニア語の特異性について――ロマンス諸語との
　　　　　形態的比較―― …………………………………………… 232

第12章　ラテン語からロマンス語へ ……………………………… 253

ロマンス言語学の基本的な参考書 ………………………………… 274
あとがき ……………………………………………………………… 278

第1章 「ロマンス言語学」とは何か

1.1 「ロマンス語」とは何か

　LATIUM(ラティウム)に由来するLATINUSという単語は「ラテン語」と「ラテン人」という2つの意味を有していた。ラテン語は元々，ティベリス川の左岸はローマの7つの丘の1つでラテン人によって話されていた印欧語の1つである。

　ラテン語はイタリア語派に属する印欧語である。イタリア語派は印欧語族のケントゥム語群に属する。イタリア語派はラテン・ファリスク語群とオスク・ウンブリア語群に別れるが，ラテン語は前者に属する。

　古代ローマの建国は伝説ではBC753年であるとされているが，当時の書かれた記録は極めて少なく，文字はギリシア文字であった。国の名前は狼に育てられたと伝説に言われるROMULUS(ロームルス)に由来するROMA(ローマ)であるが，言語はLINGUA LATINA(ラテン語)と呼ばれていた。

　俗ラテン語(latín vulgar)に由来する諸言語を「ロマンス語」というのであるが，「ロマンス」とは一体いかなる意味を有するのであろうか。考古学上の発見が行われて「ロマンを感じる」というときの「ロマン」と「愛のロマンス」というときの「ロマンス」とは果して別であろうか。ヨーロッパには「ロマンチックな事を話すのがロマンス語である」という俗説があるが，これも決して根拠のない表現ではない。まず，ロマンス言語学で言う「ロマンス」と「ロマン」は同じことを指す。「ロマンス」は英語であり，「ロマン」はフランス語である。ROMANUSという単語は，AD212年にカラカラ帝の勅令によってローマ帝国の住民すべてに市民権が与えられると，「ローマ人」すなわち色々な民族からなる「蛮族」でない「ローマ市民」を指した。AD476年に西ローマ帝国が崩壊した頃，ROMANUSという単語は「ラテン語を話すローマ市民」を指していた。5世紀初頭にGOTHIA(ゴート語が話

される全地域），GERMANIA（ゲルマン語が話される全地域）などという概念を模倣して，ROMANIA（「ローマ人の総体」すなわち「ラテン語が話される全地域」）という概念が生まれるが，そのラテン語はもはや古典期のラテン語であるはずがない。「ラテン語を話す」は古典ラテン語では LATINE LOQUI であったが，ローマ帝国の末期になると LATINE LOQUI は「立派なラテン語を話す」と言う意味になり，標準とするべき寄り処が失われた所では ROMANE LOQUI（ローマの言葉・俗語を話す）という概念が生まれた。ROMANE LOQUI は西ローマ帝国の崩壊する5・6世紀頃には ROMANICE LOQUI, PARABULARE, FABULARE（ローマ風に話す）に取って代わられるようになった。ROMANE は ROMANUS に由来する副詞であり，ROMANICE は ROMANICUS に由来する副詞であるが，元の形容詞の ROMANUS（ローマの）と ROMANICUS（ローマ風の）が混同されるようになると同時に，副詞のほうも混同されるようになり，それらから派生した名詞も混同されるようになった。古典ラテン語で書かれた書物は，恋愛を扱ったものがなかった訳ではないが，主に哲学・修辞学・歴史学といった堅い内容のものが多かった。それに反して lingua romanica（ローマ風の言葉）で書かれたものは恋愛・冒険などを扱ったものが多く，「ロマンス」（[románs]＜romance [romántʃe]＜ROMANICE（「ローマ風に」話す）は必然的に「恋愛」・「空想」などを指すようになった。「ロマンス」は英語の述語 Romance（＜ROMANICE）であり，「ロマン」はフランス語の述語 roman（＜ROMANUS）であり，両者は上述のように共存しているが，元は同じことを指す。

「ロマンス語」と言うとき，ラテン語から派生した直後の，スペイン語とかフランス語とかまだ呼べない中世初期の言語を指す場合と，現在の「ラテン系言語」を指す場合とがある。

ROMANUS, ROMANICUS, ROMANICE などの単語は現在イタリアの地名 Romagna（ローマーニャ），レト・ロマン語［＝ロマンシュ語］で retorumantsch, rumantsch, rumàntsch, rumauntsch（ロマンシュ語）とし

て受け継がれたり，Suisse Romande という地名の元になったり，スペイン語では romance は「ロマンス・恋愛」を指し，古ルーマニア語では rumân はスラブ人に支配された「奴隷」を意味していたし，現代ルーマニア語では român はルーマニア人を指す。もっとも român は1859年に3国が統一されて România(ルーマニア)という名前が Roma に因んでつけられたものである。LATINUS(ラテン語の)という形容詞は LATINUM，LATINA という中性形・女性形を経てポルトガル語 o latim，スペイン語 el latín，カタルーニア語 el llatí，オック語 lo latin，フランス語 le latin，イタリア語 il latino，ルーマニア語 latina，limba latină などといった形の名詞・形容詞として受け継がれている。また，ドロミテ語では ladin は彼らの言語を指し，中世スペインでは ladino はアラブ語使用者に対してイベリア半島のロマンス語使用者を指す名詞であったし，セファルディー(1492年以降カトリック両王によってバルカン半島に追放されたユダヤ人)の用いているスペイン語では自らの話すスペイン語を指すし，中南米では土語に対するスペイン語という意味で用いられている。

　LATINE(LOQUI)［ラテン語で話す→ラテン語を話す］という表現において副詞を用いる方法はスペイン語の hablar español(スペイン語を話す)という時の無冠詞，ルーマニア語の a vorbi românește(ルーマニア語を話す)という時の副詞に現れている。

1.2　「ロマンス語」はいくつあるか

　言語の数を問題にするとき，「言語」と「方言」の定義を明確にしてから始めるべきであろうが，それは紙幅の関係で一般言語学の書物に譲る。ダンテは De vulgari eloquentia『俗語論』(1315)の中で，ヨーロッパのゲルマン語圏とギリシア語圏を除く地域の言語を，返事の「はい」を表す副詞の差を用いて，オック語(oc)，オイル語(oïl)，シー語(si)［それぞれ，今日のオック語，フランス語，イタリア語に相当する］の3言語に分けていた。近代言語学・ロマンス言語学が誕生してからは，ポルトガル語，ガリシア語，

スペイン語［＝カスティリア語］，カタルーニア語，オック語，フランス語，フランス・プロヴァンス語，レティア・ロマンス語，サルデーニア語，イタリア語，ルーマニア語，ダルマチア語の12であるということに意見は一致しているようである。ただし，ダルマチア語はその最後の話者 Antonio Udina Burbur(ダルマチア語では Tuone Udaina Burbur)が1898年に鉱山のダイナマイト事故で死亡して死語となったので，現在行われているロマンス語は11コということになる。

1.2.1 ポルトガル語

　ポルトガルという国は1085年のトレドの再征服後カスティリア王アルフォンソ6世から子に与えられた領土が1094年に自立したのに端を発し，1179年に教皇が王国と認めた時から存在する。現代ポルトガル語はリスボン・コインブラ地方のポルトガル語をもって標準語とするが，E, O が二重母音にならず，CL-, FL-, PL- が一様に ch- になるなど，ロマンス諸語の中で保守的な言語である。しかし，鼻母音がフランス語よりも多いといった革新的な面も有する。さらに，二重母音 ou の存在: AURUM＞ouro(金), AMAVIT＞amou(彼は愛した), etc., 母音間の -l-, -n- の消失: CAELUM＞céu(空), VOLARE＞voar(飛ぶ); LUNAM＞lua(月), MANUM＞mão(手), etc. が特徴的である。現代ポルトガル語は南北の方言に別れる。ポルトガル語はポルトガル共和国に約1,000万人と旧植民地に約9,000万人の話者がいる。

1.2.2 ガリシア語

　スペインのガリシア地方のロマンス語とポルトガル語は起源が同じなので，ガリシア・ポルトガル語と呼ばれることが多かった［「古ポルトガル語」は「ガリシア・ポルトガル祖語」のことである］。しかし共時的には別の言語と認定せざるを得ない。

　ガリシア語は東西の方言に別れる。ガリシア語は1939年以来公の場から姿を消していたが，1975年以来スペインの地方語としての地位が認められている。話者は約200万人であるが，殆どがスペイン語との二言語併用者である。中世初期においてはガリシア語は叙情詩を書くための言語であったが，今日

第1章 「ロマンス言語学」とは何か

ではカスティリア語に駆逐されている。方言差が大きな言語である。「連帯の与格」・「人称不定法」がガリシア語を通じての特徴である。

1.2.3 スペイン語［＝カスティリア語］

　カスティリア語とはイベリア半島北部の旧カスティリア地方に誕生したカスティリア語のことで，標準スペイン語の母体となっている。711年にイスラム教徒の侵入を受けてアラブ語の大きな影響を被ってできた言語である。aduana (税関)，alcohol (アルコール)，álgebra (代数学)，algodón (綿)，azúcar(砂糖)，etc. を初めとする多くのアラブ語彙がカスティリア語に入り，さらにヨーロッパ諸語に広まった語彙も多い。賢王アルフォンソ10世（在位1252-84年）による一連の作品，アントニオ・デ・ネブリハによるロマンス語最初の文法書 Gramática castellana『カスティリア語文法』(1492年)，Real Academia Española(スペイン王立アカデミー)の設立(1714年)などでカスティリア語の標準語としての地位が不動のものとなったのであるが，それは1085年にトレドが，1236年にコルドバが，1248年にセビリアが，そして1492年にイスラムの最後の砦グラナダが主としてカスティリア人によって再征服され，1469年にカスティリアの女王イサベルとアラゴンの王フェルナンドの結婚，1479年の両王国の統一によって，イベリア半島におけるカスティリアの政治的優位が決定的になった事と決して無縁ではない。カスティリアの女王イサベルに財政的援助を受けたコロンブスによって新大陸が発見されるや，カスティリア語が新大陸にもたらされた。新大陸からは cacao(ココア)，canoa (カヌー)，chocolate (チョコレート)，maíz (トウモロコシ)，patata(ジャガイモ)，tomate(トマト)，etc. が半島スペイン語にもたらされ，そこからさらにヨーロッパ諸語に伝播した。

　現代スペイン語の大きな方言としてレオン方言・アラゴン方言・アンダルシア方言の3つがある。中南米19カ国を含めると約3億人の話者がある。スペインの人口は約3,800万人であるが，半島にはスペイン語の外にガリシア語，カタルーニア語，バスク語が行われているので，スペイン語［＝カスティリア語］のみの話者を正確に把握することはできないが，約3,000万人くらい

であろう。カルロス1世［＝神聖ローマ帝国皇帝カール5世］がスペイン語は「神と話すための言語」であると言ったのは有名な逸話である。

　現代スペイン語は，音韻面では単母音はa，e，i，o，uの5つ，二重母音はie(<Ĕ)，ue(<Ŏ)の2つであり，開音節を好む単純明快な言語である。FILIUM>hijoに見られるF>h>∅の現象が特徴的である。［v］音は存在しない。［b］，［d］，［g］は語頭では破裂音であるが，母音間では摩擦音である。他のロマンス語にない［θ］が存在する。/s/は［ʃ］に近い舌尖歯茎音である。スペイン語の「語順は自由である」という俗説があるが，それは科学的な表現ではない。

1.2.4 カタルーニア語

　イスラム教徒に対抗するため9世紀に，フランク王国によってバルセローナ伯爵領を中心にイスパニア辺境国ができたが，そこの俗ラテン語が独自の発展を遂げたのがカタルーニア語である。12世紀バルセローナ伯爵領が南フランスの沿岸地方を併合した後，アラゴン王国と合併して新アラゴン王国が誕生するが，新王国の公用語はカタルーニア語となった。13～15世紀にかけてカタルーニア語は最盛期を迎え，思想家 Ramon Llull(1235-1315)，年代記作者 Ramon Muntaner(1265-1336)，詩人 Auzias March(1397-1459)などを輩出した。中世カタルーニア語は中世プロヴァンス語同様に文学語であったが，アラゴンのフェルナンドとカスティリアのイサベルとの結婚による国家統一によってカスティリア語の優位が決定的になるに従って，カタルーニア語の衰退が始まった。しかし，近代になり Pompeu Fabra(1868-1948)がカタルーニア語の辞書・文法書を著し，フランコによって一時カタルーニア語の使用は禁止されていたが，1977年カタルーニアの自治が認められてから，カタルーニア語の Renaixença(再生)は目覚ましい。

　カタルーニア語は現在スペインのカタルーニア地方とフランスのルシヨン，アンドラ公国，バレアーレス諸島，サルデーニアのアルゲーロなどで約600万人によって行われている。バレンシアを中心とする西カタルーニア方言とバルセローナを中心とする東カタルーニア方言とに大別される。スペイン国

内の話者は約400万人。カタルーニア語はスペイン語とフランス語との中間的な位置を占めるという説があるが，起源的には独立している。カタルーニア語の特徴として E, O の非二重母音化，F-, CL-, FL-, PL- の保存，定冠詞と人名との共用，迂言的完了形 [vaig cantar＝ス語 he cantado] の多用などを挙げることができる。

1.2.5 オック語

オック語は12世紀の吟遊詩人達によってリモージュ方言を基に作られた文学的コイネーに端を発する。オック語話者はフランス語との2言語併用者であり，約1,200万人である。オック語はフランス語と比較して守旧的であり，北部方言(リモージュ方言など)，南部方言(プロヴァンス方言など)，ガスコーニュ方言の3つの方言に別れるが，その一方言であるガスコーニュ Gascogne(＜Vasconia)語にはカスティリア語と同じく F＞h の現象が見られる。また，語頭の r- は顫動音でさらに a- が添加されるが，これらはバスク語の影響のせいであるという説がある。プロヴァンス語の最古の文献は Boecis『ボエス』，Chanson de Sainte Foi d'Agen『聖女フォアの歌』(11世紀)である。有名な吟遊詩人達の叙情詩は11世紀に始まり，12世紀中葉から13世紀にかけて最盛期を迎えるが，アルビジョア十字軍(1209-29年)の南仏遠征による荒廃の結果，衰退の一途をたどる。1356年にプロヴァンス語最初の文法書 Leys d'amors が書かれ，プロヴァンス語の復興を目指す運動が起こったが，アカデミー・フランセーズの辞書が出版された1694年以降，ミストラルによる Tresor dou felibrige [2巻の辞書] に至るまで復興運動は盛り上がらなかった。今日オック語はフランスの一地方語としての地位に甘んじている。

1.2.6 フランス語

イタリア語派に近いケルト語の行われるガリアにラテン語がもたらされたのはカエサルによるガリア征服(BC58-BC51年)の結果である。ケルト語は音韻的にもフランス語に影響を与えている [LUNA＞lune 月，FACTUM＞fait 事実]。ケルト語の語彙はフランス語に大きな影響を与えている

[Lyon＜LUGUDUNUM 地名，chemise＜CAMISIA シャツ，etc.］。フランク族のフランク語も上層語として音韻の面［俗ラテン語で既に消失していたhの復活］と語彙の面［bleu 青い，gris 灰色の，gagner 儲ける，hache 斧，etc.］とで影響を与えている。カルヴァンの従兄オリヴタンによって聖書の仏語訳が出版(1535年)され，アルビジョア十字軍(1208-29年)以来パリの政治的支配が南部に及んでいたこともあって，フランス王フランソワ1世によるヴィレル・コトレの勅令(1539年)以来イル・ド・フランス方言［＝フランシアン方言］がフランスにおける唯一の公用語となり，デュ・ベレーのDeffence et Illustration de la langue française『フランス語の擁護と顕揚』が出版(1459年)され，宗教改革においてもフランス語が教会用語として採用され，公文書においてラテン語や地方語の使用が禁止された。さらに，Académie française(アカデミー・フランセーズ)の設立(1635年)によってフランス語の地位は決定的になった。1714年ドイツはラスタットで行われた講和会議以降，フランス語はヨーロッパの外交語となって名声を博し，イタリア語やルーマニア語を初めとして多くのヨーロッパの言語に多大な影響を与えた。

　フランス語は「恋を語るための言語」であるという俗言や，リヴァロルの「明晰ならざるものはフランス語にあらず」は有名である。現代フランス語の音韻的特徴は，語彙レベルではアクセントが必ず語末にあり，2音節の単語が最も多く，軽快な印象を与える。フランス語は鼻母音の多用，二重母音の欠如，au, eau のoへの短母音化，lの湿音化，(-r,) -sの黙音化，主語の人称代名詞の明示，直説法複合過去による単純過去の代替，語順の固定化［SVO］，"ne...pas"が否定文の表現として用いられる，などといった特徴がある。

　現在，フランス語話者はフランス国内で5,100万，ベルギーで400万人，スイスで100万人，カナダで600万人，ハイチで500万人である。

1.2.7　フランス・プロヴァンス語

　リオン・グルノーブル・ジュネーブを結ぶ三角地帯(約10万人の農村の高齢

者たち)とイタリアのヴァッレ・ダオスタ州(約7万人)によって行われている。ほぼ全員がフランス語・イタリア語との二言語併用者である。上層語のブルグンド語の影響受け，8・9世紀にオイル語から分化した。子音はフランス語に近く，母音はオック語に近く，全体的にフランス語とオック語との中間の段階を示している。

1.2.8 レティア・ロマンス語 [＝レト・ロマンス語]

　レティア・ロマンス語は他のロマンス語と異なり，お互いに類似する3つの地方語，すなわち，スイス東南部のグラウビュンデン州のルマンシュ語，イタリア北部はドロミテのラディン語，イタリア東北部はフリウリのフリウリ語から成り立つ。総話者は約60万人。「レティア-」はスイスのR(h)aetia(ラエティア＞レティア地方)，Raeti(レティア人)に由来する。スイスのロマンシュ語は1938年来ドイツ語・フランス語・イタリア語に次いで4番目の国語であり，話者は約5万人であるが，ほぼ全員がドイツ語との二言語併用者である。ラディン語話者は約2・3万人であるが，ほとんどがイタリア語・ドイツ語との併用者である。フリウリ語はUdineを中心に行われている。フリウリ語話者は約50万人であるが，公的には隣接するヴェネット語・イタリア語に駆逐されている。レティア・ロマンス語は一般的にPL-，BL-，CL-，GL-，FL- などを保つものの，語末の -S を保ち，西ロマンス語的特徴を示す。また，ケルト語的特徴 U＞ü をも示す。ロマンシュ語はドイツ語やイタリア語からの借用語が多いが，ラテン語を受け継いでいる場合，古形を保っている。山間部の言語のために，谷を隔てるたびに方言に遭遇する。

1.2.9 サルデーニア語 [＝サルジニア語]

　サルデーニア島で約100万人によって行われている。地理的・歴史的埋由(BC238年にローマの植民が開始されてラテン語が移植された)ゆえに，サルデーニア語はロマンス諸語の中で最も古い特徴を示している。同時に，支配を受けたギリシア語，アラブ語，カタルーニア語，スペイン語，イタリア語などの影響も示している。標準的な正書法も文章語も存在しなく，5つの下位方言に分れる。サルデーニア島はイタリア共和国の一州であり，公用語は

イタリア語であるために，現在サルデーニア語は衰退の一途をたどっている。

1.2.10 イタリア語

　1861年の国家統一以来，フィレンツェを中心とするトスカーナ方言がイタリア語の標準語の地位を占めつつあるが，政治の中心地ローマの方言も各地に浸透している。イタリア語はイタリア共和国，サン・マリーノ共和国，バチカン市国，スイス連邦の公用語である。世界の多くの地域に広まっており，イタリア語の話者はイタリア共和国では5,700万人であるが，世界全体では6,200万人を越える。なお，イタリアには非イタリア語の話者が250万人以上いる。イタリア語には北部方言群・トスカーナ方言群・中南部方言群など方言差が大きいが，それは基層語の差異，山岳・丘陵による交通障害，司教管区，1861年の国家統一に至るまでの小国分立などによるものであろう。

　トスカーナ方言がラテン語を最も忠実に保存している。その理由として，先住のエトルリア語がラテン語と全く異質であったために，ラテン語が注意深く学習・継承されたためだと考えられる。トスカーナ方言が標準イタリア語の基盤であるが，それはダンテ(1265-1321)の La Divina Commedia『神曲』，ペトラルカ(1304-74)の Canzoniere『叙情詩集』，ボッカチオ(1313-75)の Decamerone『十日物語』などがトスカーナ方言を用いた傑作であるうえに，ヴェネツィア出身のピエトロ・ベンボ(1470-1547)の「散文はボッカチオを模範にするべきである」という主張とそれを支持する Accademia della Crusca(1583年フィレンツェに設立)の擁護を得た結果である。

　単母音は a, e, i, o, u の5つで明快であるが，uo という二重母音 [buono(良い)＜BONUM, fuoco(火)＜FOCUM, etc.] があったり，重子音 [acqua(水)＜AQUAM, fiamma(炎)＜FLAMMAM, occhio(目)＜OCULUM＞, etc.] があったりし，sole [＝ス語 sol＜SOLEM(太陽)]，cantano [＝ス語 cantan(彼らが歌う)＜CANTANT] の例のように子音で終わる単語は皆無 [sport のような外来語や略語を除く] で，発話のスピードが他のロマンス諸語に比べて遅く，イントネーションは音楽的である。

第 1 章 「ロマンス言語学」とは何か

1.2.11 ルーマニア語

　ルーマニア語はバルカン半島の異なる地域に点在し，イストゥリア・ルーマニア語，アルーマニア語，メグレナ・ルーマニア語，ダキア・ルーマニア語の 4 つの異なる地方語から成り立つ。イストゥリア・ルーマニア語は旧ユーゴスラビアの西端イストゥリア半島［Rijeka の近く Učka Gora の周辺］で行われるルーマニア語で，話者は約2,000人。アルーマニア語は別名マケドニア・ルーマニア語とも呼ばれ，ギリシア北部(15万人)，旧ユーゴスラビア（5 万 5 千人），ブルガリア（3 万 5 千人），アルバニア（1 万 5 千人），などに点在するが，それぞれの国において公用語でないために，衰退の傾向にある。アルーマニア語は9・10世紀に共通ルーマニア語から直接分化した言語で，4 言語の中で最も古い形を保っていて，ダキア・ルーマニア語の歴史的研究をするのに重要な言語である。メグレナ・ルーマニア語はギリシアのサロニカ北西で行われるルーマニア語で，話者は数千人。ダキア・ルーマニア語は約2,000万のルーマニア人によって行われる。ダキア・ルーマニア語は首都ブカレストを中心とするワラキア方言，ルーマニア北部・モルダヴィア共和国・ウクライナ共和国で行われるモルダヴィア方言，北西部のクリシャナ方言，西部のバナト方言の 4 方言に分けられるが，面積の割りには方言差は少ない。ダキアがトラヤーヌス皇帝［在位 AD98-117］によって106年ローマの属州になってからラテン語が齎されたが，271年にはアウレリアーヌス皇帝［在位 AD270-275年］が撤退する5・6世代の間に定着したラテン語に，後世ドナウ河以南のラテン語話者が移住し「再ラテン語化」が行われて，今日のルーマニア語の元が形成されたと考えられる。

　1688年に初めて聖書がブカレストで印刷され，ブカレスト方言が標準語として確立されるようになった。ルーマニアという国名 "Romãnia" は1859年にワラキアとモルドヴァとが合併した結果，Roma を懐かしんで付けられた名前である。その時以来キリル文字を廃止し，ラテン・アルファベットが用いられている。旧ソ連のモルダヴィア共和国には約300万人のルーマニア語話者がいるが，ロシア語の影響がより強く，長い間ロシア文字が用いられ

ていたこともあって，特にモルダヴィア語と呼ばれることもある。

　ロマンス諸語の中にあって例外的に破擦音を多用し閉音節が多く，語形成・語彙に関してスラブ語の影響［iubi(愛する)，prieten(友人)，treisprezece(13)，sfânt(聖なる)，sută(100)，etc.］が認められ，語彙のみに関してはトルコ語［cafea(コーヒー)，cioban(羊飼い)，habar(知識)，nai(パンパイプ)，tutun(タバコ)，etc.］，ハンガリー語［ban(小銭)，fel(種類)，gând(考え)，oraş(町)，pildă(例)，vamă(税関)，viteaz(勇敢な)，etc.］，ギリシア語［drum(道)，icoană(イコン)，frică(恐怖)，etc.］の影響も認められる。ラテン語の目的分詞［＝スピーヌム］の保存をしているのはルーマニア語のみである。他のロマンス語で不定詞を用いるときに接続法を多用［Nu vreau să cânt(私は歌いたくない)］したり，定冠詞を名詞・形容詞の末尾につけるなど，バルカン諸語に共通した現象も多く，所有冠詞・形容冠詞といったルーマニア語独特の品詞もある。1993年3月正書法を改定した。

1.2.12 ダルマチア語

　ダルマチア語は中世クロアチア王国で行われ，決して国語としての主要な地位を占めることなく，常に地方語であった。15世紀には約5万人の話者がいたと思われるが，当時ラグサ方言とクリク(Krk［＝イタリア語名 Veglia］方言)があったと思われる。かつてダルマチア語が行われていた地域では，今日イタリア語の方言であるヴェネト語とクロアチア語が行われている。1898年にダルマチア語の最後の話者が死ぬと，ダルマチア語は消滅した。最初にして最後のダルマチア語文法［クリク方言］は1906年に Matteo Bartoli (1873-1946)によって出版された。

1.3 ロマンス語圏

　上述のロマンス諸語が話されている全領域を Romania(ローマニア)と呼ぶ。現在ロマンス諸語は旧ローマ帝国以外でも行われている。例えば，ポルトガル語はアフリカの複数の国々，アジアの複数の国々，ブラジルなどで，スペイン語は北・中・南米の多くの国々で，フランス語は北・南米やハイチな

第1章 「ロマンス言語学」とは何か

どで，ルーマニア語は旧ユーゴスラビア，ギリシア，モルダヴィア共和国などでも行われている。便宜上，ヨーロッパのロマンス語圏を「旧ローマニア」と呼び，ヨーロッパ以外のロマンス語圏を「新ローマニア」と呼ぶ。しかし，特に断らない限り「ローマニア」は普通，旧ローマニアを指す。

1.4 ローマニアの中で「言語の島」を成す非ロマンス語

　トラヤーヌス皇帝(AD98-117)の時代にローマ帝国が最大版図を誇ったのであるが，その旧帝国の周辺部までラテン語が行き渡っていたのではない。その名残が現在にも及んでいる。すなわち，ローマニアの中で非ロマンス語の地域が散在する。主な言語を挙げると，スペインとフランスにまたがるバスク語(所属不明)，スペイン，フランス，ルーマニアに散在するジプシー語[自称は「ロマーニー語」](インド語派)，フランスはブルターニュ半島のブルトン語(ケルト語派)，フランス，スイス，ルーマニアのドイツ語(ゲルマン語派)，ルーマニアのハンガリー語(ウラル語派)，イディッシュ語(ドイツ語・ヘブル語などとの混交語)，タタール語(アルタイ語族)，トルコ語(アルタイ語族)などである。なおルーマニアが全ヨーロッパの中で最高の多言語国である。

1.5 ロマンス諸語の分類

　ロマンス諸語は今日までいろいろな分類がなされて来ている。ワルトブルクはa)地中海沿岸諸言語，b)ガリア・ロマンス語(フランス語，フランス・プロヴァンス語，レティア・ロマンス語)，c)ルーマニア語の3地域に分類し，タリアヴィーニはa)イベリア・ロマンス語(ポルトガル語，スペイン語)，b)ガリア・ロマンス語，c)イタリア・ロマンス語(イタリア語，ダルマチア語)，d)ダキア・ロマンス語，の4地域に分類し，エルコックはa)イスパニア・ロマンス語(ポルトガル語，スペイン語，カタルーニア語)，b)ガリア・ロマンス語(フランス語，オック語)，c)イタリア・ロマンス語(イタリア語，サルデーニア語)，d)レティア・ロマンス語，e)バルカン・ロマンス語，の5地域に分類しているが，我々には次のような2分法が適切なように思われる。

1.5.1 西ロマンス語・東ロマンス語

　旧ローマニアにおいてラテン系言語が均質に話されているのでは，決してない。いろいろな言語現象を調べてみると，イタリア半島の付け根のラ・スペッツィアとリミニを結ぶ（より正確には，マッサとセニガッリアを結ぶ）等語線がロマンス諸語を西と東に分ける線であることが分かる。現存する11のロマンス諸語を比較してみると，ポルトガル語，ガリシア語，スペイン語，カタルーニア語，オック語，フランス語，フランス・プロヴァンス語，レティア・ロマンス語が西ローマニアに属し，サルデーニア語，イタリア語，ルーマニア語が東ローマニアに属すことが分かる。次にポルトガル語，スペイン語，フランス語，イタリア語，ルーマニア語の主要5言語の主な現象を比較してみよう。

1.5.1.1 アクセントのある音節の次の母音が西ローマニアでは消失するが，東ローマニアでは消失しない。

ラ語	ポ語	ス語	フ語	イ語	ル語	意味
FRAXINUM	freixo	fresno	frêne	frassino	frasin	トネリコ
PECTINEM	pente	peine	peigne	pettine	pieptene	櫛

1.5.1.2 母音間の無声音 –P–, –T–, –K– は西ローマニアでは有声音になるが，東ローマニアでは無声音のままである。

RIPAM	riba	riba	rive	ripa	râpă	岸
MUTARE	mudar	mudar	muer	mutare	muta	変える
AMICUM	amigo	amigo	ami	amico	amic	友達

　NB 「友達」のルーマニア語訳として amic を挙げたが，通常はスラブ語起源の prieten が用いられる。

1.5.1.3 ラテン語の音連鎖 –CT– の –C– が西ローマニアではケルト語の影響で大きく変化するが，東ローマニアでは大きな変化は認められない。

LACTEM	leite	leche	lait	latte	lapte	牛乳
NOCTEM	noite	noche	nuit	notte	noapte	夜
OCTO	oito	ocho	huit	otto	opt	8

第1章 「ロマンス言語学」とは何か

1.5.1.4 語頭に音連鎖「S＋子音」が来た場合，西ローマニアではさらに語頭に e- が添加されるが，東ローマニアではそのままである。

SCOLAM	escola	escuela	école	scuola	şcoală	学校
SPINAM	espinha	espina	épine	spina	spin	刺
SPIRITUM	espírito	espíritu	esprit	spirito	spirit	魂

NB 西ローマニアのこの種の S- は「不純な S」と呼ばれる。

1.5.1.5 西ローマニアでは実詞は対格から派生したものが多いが，東ローマニアでは主格から派生したと考えられるものが多い。

CAPRAS	cabras	cabras	chèvres	capre	capre	複数の山羊
HOMINES	homens	hombres	hommes	uomini	oameni	複数の人間
LUPOS	lobos	lobos	loups	lupi	lupi	複数の狼

NB これらの例のラテン語の主格複数形はそれぞれ，CAPRAE, HOMINES, LUPI である。東ローマニアにおいてのみ主格から派生することを証明するのは困難な問題である。つまり，DUOS(2)，CANTAS(君は歌う)など，格変化と関係のない品詞においてさえ，イタリア語とルーマニア語ではそれぞれ，doi, canti; doi, cânţi の例で分かるように，語尾の -S が保たれていないのである。

1.5.2 周圏理論

ローマニアの周辺部ほど古形が保たれるという説。主に語彙に差異が現れる。

ラ語	ポ語	ス語	フ語	イ語	ル語	ラ語	意味
ANGUSTUS	estreito	angosto	étroit	stretto	îngust	STRICTUM	狭い
ARENA	areia	arena	sable	sabbia	arină	SABULA	砂
*CAPITIA (正)	cabeça	cabeza	tête	testa	cap	TESTA	頭
CAMAM	cama	cama	lit	letto	pat	LECTUS	ベッド
CANUS	encanecido	cano	gris	grigio	cărunt	*GRIS	白髪の
DIEM	dia	día	jour	giorno	zi	DIURNUM	日
IN	em	en	dans	in	în	IN	～の中に
AFFLARE	achar	hallar	trouver	trovare	afla	*TROPARE	発見する
FORMOSUM	formoso	hermoso	beau	bello	frumos	BELLUM	美しい

FERVERE	ferver	hervir	bouillir	bollire	fierbe	BULLIRE	沸騰する
*FURTUM+ARE	furtar	hurtar	voler	involare	fura	VOLARE	盗む
LATRARE	ladrar	ladrar	aboyer	abbaiare	lătra	BAUDARI	吠える
PLICARE	chegar	llegar	arriver	arrivare	pleca	ARRIPARE	着く
MAGIS	mais	más	plus	più	mai	PLUS	より多い
MENSAM	mesa	mesa	table	tavola	masă	TABULAM	テーブル
MUTARE	mudar	mudar	changer	cambiare	muta	CAMBIARE	変える
AUDIRE	ouvir	oír	entendre	sentire	auzi	SENTIRE	聞く
PINSERE	pisar	pisar	piler	pilare	pisa	PILARE	踏む
PONERE	pôr	poner	mettre	mettere	pune	MITTERE	置く
RIVUM	rio	rio	fleuve	fiume	râu	FLUMEN	川
SIBILARE	silvar	silbar	siffler	zufolare	şuiera	SIBILARE	口笛を吹く
EQUAM	égua	yegua	cavale	cavalla	iapă	CABALLAM	雌馬

1.6 ロマンス言語学の誕生
1.6.1 近代言語学誕生以前のロマンス言語学

　近代ロマンス言語学誕生以前にロマンス言語学が存在するかというのは，些か自己矛盾のようにも思えるが，とにかくロマンス語を研究した論文・書物・機関が存在する。年代的に古いものから主なものを挙げよう：カタルーニア(当時は"カタロニア")語の Raimon Vidal de Sesalu による Razos de trobar『作詩術』(13世紀初頭)，プロヴァンス語の Uc Faidet による Donatz Proensals『プロヴァンス語文法』(1240年頃)，Gautier(または Walter) De Bibbesworth によってアングロ・ノルマン語で書かれたフランス語の Aprise de la langue française『フランス語の知識』(1290年頃)，Dante によってラテン語で書かれたイタリア語の De vulgari eloquentia『俗語論』(1315年)，Antonio de Nebrija［または Lebrija］によってカスティリア語で書かれたカスティリア語の Arte de la lengua castellana『カスティリア語文法』(1492年)，イタリア・アカデミーの設立(1582年)，Pietro Bembo(1470-1547)

第1章 「ロマンス言語学」とは何か

によってイタリア語で書かれたイタリア語の La questione della lingua『言語の問題』、それを模倣したカスティリア語のカスティリア語による Juan de Valdés の Diálogo de la lengua『言語に関する対話』(1536年)、イタリア語の Vocabolario degli Accademia della Crusca『クルスカのアカデミー辞典』(1612年)、フランス語の Vaugelas による Remarques sur la langue française『フランス語覚書』(Académie Française (アカデミー・フランセーズ) 設立と同年の1635年)、Paul Royal による Grammaire générale et raisonnée『一般的・合理的文法』(1660年)、Gilles Ménage による Origines de la langue française『フランス語の起源』(1650年)、Gilles Ménage による Origini della lingua italiana『イタリア語の起源』(1669年)、Charles Du Cange による Glossarium mediae et infimae latinitatis『中期・最後期のラテン語語彙集』(1678年)、正統カスティリア語の制定と擁護を目的として1713年に設立された Real Academia Española「スペイン王立アカデミー」による Diccionario de Autoridades『権威者達の辞典』(1726-1736年)、Gramática de la lengua española『スペイン語文法』(1771年)、Rivarol による Discours sur l'université de la langue française『フランス語の普遍性について』(1784年)、etc.

ポルトガル語に関する最初の文法書は Fernão de Oliveira による Grammática da lingoagem portugueza「ポルトガル語文法」(1536年)である。Duque de Lafões によって1779年に Academia Real das Sciênclas (王立科学アカデミ) が設立され、辞書・文法書の発行に努力を傾注した。

ルーマニア語に関する最初の文法書は Dimitrie Eustatievici による Gramatica rumânească『ルーマニア語文法』[手書き, 1757年] である。印刷された最初の文法書は Samuel Micu & Gheorghe Șincai による Elementa linguae daco-romane sive valachicae [ウィーン, 1780年] である。

1.6.2 近代ロマンス言語学の誕生

ロマンス言語学は文字通り、19世紀前半のロマン主義運動と無縁ではない。すなわち過去の事柄・歴史に対してロマンを感じたことから誕生した。しか

しロマンス諸語に対するロマンを最初に感じたのはドイツにおいてであった。Friedrich August Wolf(1759-1821)，Friedrich Schlegel(1772-1826)などといった先駆者たちの研究を引き継いで Franz Bopp(1791-1867)はインド・ヨーロッパ語族の親族関係を歴史的・比較的方法によって証明し，歴史言語学の父と考えられている。

　印欧比較言語学の目的の一つに印欧祖語の再建があるが，それはあくまでも試み・知的遊戯に過ぎない。しかしながら，ロマンス諸語の場合は10世紀以降の文献とラテン語の文献を豊富にもつという利点があるので，単なる「ロマン」ではなくて，科学的な実証ができるという点が大きく異なる。

　ロマンス言語学の父は François Raynouard(1761-1836) と Friedrich Diez(1794-1876)であろう。レヌアールの主たる業績は Grammaire comparée des langues de l'Europe latine(1816年，パリ)で，初めてロマンス諸語を比較研究したという点にある。ディーツの主な業績は Grammatik der romanischen Sprachen(1836-1843年，ボン)［フランス語訳は1874年，パリ］と Etymologisches Wörterbuch der romanischen Sprachen(1854年)であり，ロマンス諸語を初めて科学的に考察し，「統辞」に関する部分は今日も大いに利用できるほどである。

　近代ロマンス言語学の師と呼べる Meyer-Lübke(1861-1936)の Grammatik der romanischen Sprachen (4 vols. 1890-1902年，ライプツィッヒ；フランス語訳は1890-1906年，パリ)は，まず極めて豊富な資料を文学作品に限らずに口語・方言にも求め，それらに綿密な分析を施していて，今日もなお十分に信頼して利用できるという点が主たる特徴である。

　Meyer-Lübke は Romanisches etymologische Wörterbuch『ロマンス語源辞典』(1911-20年，ハイデルベルク)の著者でもある。

1.7 「ロマンス言語学」とは何か

　「ロマンス言語学」とは2つ以上のロマンス語を比較研究することなので，「ロマンス比較言語学」と言っても同じことである。ラテン語から出発して

第 1 章 「ロマンス言語学」とは何か

時代をおって複数のロマンス語を比較する方法もあれば，ある現代語から出発してラテン語に遡ることもできれば，共時的に比較する方法もある。いずれにしても，個別に研究していたのでは良く見えなかった姿が，比較をすることによって鮮明になることが多いことから取られる方法である。

印欧比較言語学のように，想像する楽しみ・知的遊戯もそれなりに存在価値は大いにあるのであるが，法律を適正に運用した国民・ローマ人の子孫であり，人生をこよなく愛するいわゆるラテン系の人々の言語を研究するロマンス言語学は，ラテン語という資料の裏打ちを有し，ラテン系言語の過去・現在の姿を正しく捕らえようとするより科学的な学問であり，ラテン系言語を用いて来た人達の精神史・文化史を正しく理解するための学問である。そのためには，音韻・形態・統辞・語彙などといった言語の諸相を分析することはもとより，事物が総合から分析に進む過程を常に考察しつつ，ロマンス諸語で書かれた優れた文学作品は言うに及ばず，日常の発話行為にも絶えず気を配ることが必要不可欠である。

〔注〕
　単語の左肩につけられた，＊（アステリスク）は，その単語が理論上の想定形であることを表す時と，その単語で始まる文が実際には存在しない非文であることを表す時がある。

第2章　ロマンス諸語の起源・ロマンス諸語の初出文献

2.1 ラテン語はなぜ・どのように分裂したか

　476年に西ローマ帝国が崩壊すると，帝国全土の文化の模範となる中心地がローマ1ヵ所ではなくなり，属州の多くの都市に地方文化の新たな中心地が誕生し，その土地土地の特異性が増していった。いかなる言語にも統一的傾向と同時に，相反する分裂的傾向があることは否定できない。ラテン語が分裂した原因として，次のいくつかの要因が考えられる。

2.1.1 政治的・地理的要因

　あまりにも広大な帝国の末期になると，政治的支配・文化的影響力が周辺にまで及ばず，その結果地理的に遠いポルトガル語やスペイン語，地中海の中で交通の不便なサルデーニア語，アルプスの中で交通・通信の不便なレティア・ロマンス語，地理的に不連続なルーマニア語は，革新の波が届きにくく，一般的に古形を保っている。しかし同時に，矛盾するようであるが，教育が不十分なゆえに，革新が早い面もある。

2.1.2 基層語的・上層語的要因

　基層語・上層語の種々の特徴はラテン語にさまざまな影響を与えた: スペイン語におけるバスク語の影響とされる h＜F，フランス語とレティア・ロマンス語におけるケルト語の影響とされる y＜U，イタリア語におけるオスク語の影響とされる -mm-＜-MB-, -nn-＜-ND-，トスカナ方言の gorgia toscana（帯気音）-h-＜-K-，スペイン語やフランス語やイタリア語におけるアラブ語の語彙的影響，スペイン語，フランス語，レティア・ロマンス語におけるゲルマン語の語彙的影響，ルーマニア語におけるスラブ語の形態・語彙的影響，など。

　アラブ語に由来する「綿」がポ語 algodão，ス語 algodón，フ語 coton，イ語 cotone のようにアラブ語の定冠詞 al- がついているか否かは，それぞ

第 2 章　ロマンス諸語の起源・ロマンス諸語の初出文献

れ，口語に由来するか文語に由来するかの差異による。

　近隣の諸言語の影響: el hombre［ス語］= omul［ル語］（その男）{定冠詞の前置か後置か};

　　アルバニア語: mekaniku
　　ブルガリア語: mexaničenut
　　マケドニア語: mexaničarot
　　ルーマニア語: mecanicianul

　NB 上の4つの意味は「その機械工」。

Quiero ir a Rumania.［ス語］= Vreau să merg în România（私はルーマニアへ行きたい）［ル語］{不定詞か接続法か}

　NB これらの現象はバルカン語法である。

2.1.3 社会的・教育的要因

　言語は必ずしも正しく学ばれないものである。ましてや文盲の多かった時代であるから，いわゆる「くずれ」が早く，その程度も大きかった。各人が自己主張する(これはラテン人の特徴)文化圏においては，革新は極めて容易に起こる。新たな事態・文化現象に対応する必要性があり，必然的に言語の新たな形態が必要になる。

2.1.4 移民・植民的要因

　スペイン東北部にはオスク語話者が植民した結果，スペイン語の東北方言において -ll-, -mm-, -nn- の二重子音が保存されるといったオスク語的現象が見られる。

2.1.5 ローマ化の年代の差にかかわる要因

　ある地域がいつローマ化されたかによって，すなわち，いつラテン語化されたかによって，その地域のロマンス語が守旧的であるか革新的であるかが，ある程度決まる。すなわち，導入されたラテン語そのものにも，年代の差に由来する変化があるからである。イベリア半島は BC218年，南ガリアは BC120年，北ガリアは BC50年，ダキアは AD106年にローマ化された。もっとも，ガリアのラテン語には，後にゲルマン語の要素が大量に流入する。

2.1.6 言語内の要因

a）同音衝突を避ける必要から：EGO＞yo(ス語「私」), EQUUS＞*ego＞*yo→caballo(ス語「馬」), etc.

b）短すぎる単語を適切な長さにする必要性から：APIS＞abeille(フ語「蜜蜂」), SOL＞soleil(フ語「太陽」), etc.

c）語尾があいまいに発音されて格が識別できなくなったり，頻度の関係で「対格」が多用されるようになった：CICERO＞ス語 Cicerón(キケロ), NERO＞ス語 Nerón(ネロ)。また前置詞が発達し，格の機能が衰退して，語順に影響を与えた。

d）類推の影響：スペイン語において DO＞doy(私が与える), STO＞estoy(私は～にいる), *so＞soy(私は～である), *vo＞voy(私は行く), etc. は hay(～がある)の -y の類推的影響の可能性もある。もっとも，アクセントがある品詞なので，語末で下降二重母音になるのは極めて自然な現象ではある。

e）発音の弛緩現象：CABALLUM＞ル語 cal(馬), FILIAM＞フ語 fille [fij]（娘), etc.

f）明確さを求めて分析的にする：EXIBO＞ス語 voy a salir. フ語 je vais partir. DICET(彼は言うだろう)と DICIT(彼は言う)は発音が紛らわしいので，ス語ではそれぞれ dirá, dice となった。AMABIT(彼は愛するだろう)と AMAVIT(彼は愛した)の発音が似ているので，ス語ではそれぞれ amará(＜*amare + habeo), ha amado(＜*habet amatum)となった。DIXI(私は言った)はフランス語では j'ai dit と分析的になった。ルーマニア語では CANTABO(私は歌うだろう)は (*volo cantare)＞voi cânta, am să cânt で知的・感情的な表現の差を表した。

　ALTIOR(より高い)などの形容詞の総合的比較級は「magis, plus + 原級」の形式で altior より豊かで・明確な表現［ス語 más alto, フ語 plus haut］になった。

第 2 章　ロマンス諸語の起源・ロマンス諸語の初出文献

g）縮小辞・増大辞などの接尾辞を用いて，意味の転換に対処した： OCU-LUM＞イ語 occhio（目）＞ocello（昆虫の単眼），AVEM＞ave（鳥），ス語 ave（鳥），avión（飛行機），etc.

2.1.7 偶発的原因

音位転換：OBLITUS → *oblitare＞olvidar（忘れる），cf. フ語 oublier, HIBERNUM＞ス語 invierno（冬），cf. フ語 hiver, etc.

同化現象：ス語 tener → tendré 渡り音の挿入。フ語 Il y a... → Qu'y a t-il?

異化現象：ARBOR＞árbol（樹木），ポ語 árvore，フ語 arbre，イ語 albero，ル語 arbore, etc.

語頭音の添加：SPIRITUM（魂）＞ス語 espíritu，フ語 esprit, etc. cf. 日語 ロシア＞オロシャ。

2.1.8 上に挙げた要因はお互いに影響しあっている可能性があり，ある特定の現象の原因は 1 つだけであるとは断定しがたい場合が多い。

2.2 ラテン語がある程度統一されている原因

　言語が言語たり得るのは，一定の地域においてお互いに意志疎通の手段として共通の規範を一定期間有しているからであり，「不変」はその意味において言語の本質である。AD212年にカラカラ帝によって発布された Constitutio Antoniana（アントニウスの勅令）によってすべての住民にローマ市民権が与えられると，ローマに対する帰属意識が強くなり，それがラテン語の統一に大きく寄与した。さらに軍隊の移動・学校の建設によって統一的規範が広まった。

　地域によっては最長 5 世紀にわたってキリスト教の布教に用いられたラテン語が，ローマ帝国という一つの国に共通の文化基盤の上に広まり，さらにヒエロニームス（AD345?-419）によって翻訳された Vulgata『ウルガタ』［普及版聖書］がラテン語の伝播に大いに寄与したと言える。

　中世以降カロリング・ルネッサンスのような古典ラテン語に帰る強い運動が起こり，多くの教養語が導入されて，ロマンス諸語の統一に大いに寄与した。

— 23 —

2.3 ロマンス諸語の誕生

　カロリング・ルネッサンスと時を同じくして，813年のトゥールの宗教会議において，司教は田舎のロマンス語で説教を行うように決議されたという事実［司教は誰もが内容をよく理解できるように，説教を rustica Romana lingua（田舎のローマ語）か Thiotisca lingua（ドイツ語）でするように努めるべきであるという意見に一致した］が示すように，9世紀には今日のロマンス諸語の元になる原始的なロマンス語が既に誕生していたことは間違いない。

　既にロマンス語が誕生していたことを物語るものとして，かなり多くの地方で『語彙集』が作成されている。

　スペイン語に関して978年と推定される Glosas Emilianenses『サン・ミリャン注解』，10世紀末の Glosas Silenses『シロス注解』，1100年頃の『アラブ語－(イベリア・)ロマンス語語彙集』，フランス語に関して Glosas de Reichenau『ライヘナウ語彙集』(8世紀末，フランス北部の方言で Vulgata『ウルガタ』のラテン語の表現を大衆語で説明したもの)，イタリア語に関して Breve de inquisizione『異端審問証明書』(715年シエナ，しかし150-200年後の写本でしか残っていない)，10世紀のものと思われる Glosario de Monza『モンザ語彙集』(ポー川流域でギリシア語の単語をイタリア語の単語に置き換えたもの)，などがある。

　12世紀頃になると文学作品も現れる。例えば，スペインでは Kharjas『ハルジャ』(「ムワシャッハ」と呼ばれるアラブ語もしくはヘブル語で書かれた叙情詩の末尾に書かれたイベリア半島のロマンス語による短い詩)，1140年の作とされている(しかし14世紀の写本しか残っていない) Cantar de Mio Çid『我がシッドの歌』，フランスの Chanson de Roland『ローランの歌』(1100年頃)などがあるが，次に，これらの文学作品の現れる前に出現した各々のロマンス語の初出文献を見てみよう。

第2章　ロマンス諸語の起源・ロマンス諸語の初出文献

2.3.1 ポルトガル語とガリシア語に共通の現存する最古の文献

　ポルトガル語とガリシア語に共通の最古の文献はSanchiz兄弟の遺産相続に関する次の文(1192年)である。

　In Christi nomine amen. Hec est notitia de partiçon e de deuision que fazemus antre nos dos herdamentus e dus cout(us e) das onrras e dous padruadigus das eygreygas que forum de nossu padre e de nossa madre en esta maneira: que Rodrigo Sanchiz ficar por sa partiçon na quinta do couto de Uiiturio, e na quinta do padroadigo dessa eygreyga en todolus (us) herdamentus do couto e de fora do couto...

　ポルトガル語とガリシア語に共通の現存する2番目に古い文献は，尼僧院長Elvira Sanchizの財産を修道院に寄贈する内容で1193年のものである。

　In Christi nomine. Amen. Eu Eluira Sanchiz offeyro o meu corpo áás virtudes de Sam Saluador do mõnsteyro de Vayram, e offeyro cono meu corpo todo o herdamento que eu ey en Centegãus e as tres quartas do padroadigo d'essa eygleyga e todo hu herdamento de Crexemil, assi us das sestas como todo u outro herdamento: que u aia u moensteyro de Vayram por en saecula saeculorum. Amen.

　Fecta karta mense Septembri era MCCXXXI.

　Menendus Sanchis testes. Stephanus Suariz testes. Vermúú Ordoniz testes. Sancho Diaz testes. Gonsaluus Diaz testes.

　Ego Gonsaluus Petri presbyter notauit.

2.3.2 スペイン語の現存する最古の文献

　スペイン語の文の構造が分かる，現存する最古の文献はGlosas Emilianenses『サン・ミリャン注解』(978年)である。

　Conoajutorio de nuestro dueno, dueno, Christo, dueno Salbatore, qual dueno get ena honore, enos sieculos delosieculos. Facanos Deus omnipotes tal serbitjio fereke denante ela sua face gaudioso segamos. Amen.

これは Vulgata の "...adiubante domino nostro Ihesu Christo cui est honor et imperium cum patre st Spiritu Sancto in secula seculorum" をリオハ・アラゴン方言に訳したものであるが，恣意的な訳で原文にない部分が補足されている。

現代スペイン語訳は次のようになろう。

Con el ayudamiento de nuestro dueño don Cristo, don Salvador, el cual dueño es en la honra y el cual dueño tiene la potestad con el Padre con el Espíritu Santo en los siglos de los siglos. Háganos Dios omnipotente tal servicio hacer que delante la su faz gozoso seamos. Amén.

日本語ではおおよそ，「幾世にもわたり父と聖霊にたいしてお力のある，天にまします救世主であられる我らが主キリストのお力をもって，全知全能の神様，御前にて喜ばしき御仕えをさせ賜え。アーメン。」となろう。

現代標準スペイン語の元になるカスティリア語の最古の文献は Glosas Silenses『シロス注解』であるが，文は現れていない。現存する詩文の構造がある程度分かるカスティリア語の最古の文献は Kharjas『ハルジャ』[11世紀以降 Muwaʃʃah「ムワシャッハ」と呼ばれるアラブ語・ヘブル語で書かれた叙情詩の末尾につけられた短い詩］である。

In sidi Ibrahim ya tu omno dolje vent'a mib de nohte.

In non ʃi non queriʃ yireym'a tib gar me a ob legarte.

2.3.3 カタルーニア語の現存する最古の文献

カタルーニア語の現存する最古の文献は Homilies d'Organyà 『オルガニャー修道院の説教』(1200年頃)である。

Egressus Jhesus ssecessit in partes Tiri et Sidonis. Et ecce mulier cananea a finibus illis egresa clamavit dicens: Nliserere mei, Domine, fili Marie e David, filia mea male a Demonio vexatur. Senniors, audir e entendre devem Sent Mateu l'Apòstol e Evangelista qè dix en Evangeli que adés avetz ozid. Dir vol e mostrar qe qan Nostre Sèiner anave per la tera, si anà el per les teres d'oltra mar. Per qe él s'aproxmave a la Passió que devie [prendre] en Jherusalem, -tot per zo qe･ls falses judeus no･l anasen cercar en altra terra, -ja veng él en les ciutatz qi són en riba de mar, qi són molt fortz si qe･ls fils d'Isrel anc no les pogren prendre per forza…

2.3.4 オック語の現存する最古の文献

　オック語の現存する最古の文献は1000年頃のBoecis(ラテン語名はBoethius(約480-524年)キリスト教の作家で哲学者，東ゴート族の王に迫害・投獄になった嘆きを歌ったもの)である。

Boecis

　Donz fo Boecis, corps ag bo e pro(s)
Cui tan amet Torquator Mallios.
De sapiencia non fo trop nuallos:
Tane en retenc que de tot no'n fo blos.
Ta bo essemple en laiset entre nos,
No cuid qu'e Roma om de so saber fos.
　Coms fo de Roma e ac ta gran valor
Aprob Mallio lo rei emperador:
El era-l meler de tota la onor,
De tot l'emperi-l tenien per senor.
Mas d'una causa nom avia genzor:
De sapiencia l'apellaven doctor…

2.3.5 フランス語の現存する最古の文献

　フランス語に関して，筋の通った完全な文を示し最古の文献と言えるのは，842年の Les Serments de Strasbourg『ストラスブールの誓約』であるが，残念ながらフランスのどこのロマンス語で書かれたのか明確でなく，1000年頃の写本しか残っていない。カール大帝には3人の孫がいたのであるが，異母兄弟のルードヴィッヒ・ドイツ人王はドイツ語圏の東フランク王国を統治

し，シャルル禿げ頭王はガリア・ロマンス語圏の西フランク王国を統治することになったことを長兄のロタールに示すための宣誓をストラスブールの近くで，お互いの敵の兵隊たちによく理解してもらうために，ルードヴィッヒ・ドイツ人王はフランス語で，シャルル禿げ頭王はドイツ語で宣誓した。

…Cumque Karolus haec eadem uerba romana lingua perorasset, Ludhuuicus, quoniam maior natu erat, prior haec deinde se seruaturum testatus est:

Pro Deo amur et pro cristian poblo et nostro commun saluament, d'ist di in auant, in quant Deus sauir et podir me dunat, si saluarai eo cist meon fradre Karlo, et in a(d)iudha et in cadhuna cosa, si cum om per dreit son fradra saluar dift, in o quid il mi altresi fazet, et ab Ludher nul plaid nunquam prindrai qui, meon uol, cist meon fradre Karle in damno sit.

Quod cum Lodhuuicus explesset, Karolus teudisca lingua sic haec eadem uerba testatus est: In Godes minna ind in thes cristianes folches ind unser bedhero gehaltnissi, fon thesemo dage frammordes, so fram so mir Got geuuizci indi mahd furgibit, so hald in thesan minan bruodher, soso man mit rehtu sinan bruher scal, in thiu thaz er mig so sama duo, indi mit Ludheren in nohheiniu thing ne gegango, the, minan willon, imo ce scadhen uuerdhen.

Sacramentum autem quod utrorumque populus quique propria lingua testatus est, romana lingua sic se hebet:

Si Lodhuuigs sagrament, que son fradre Karlo iurat, conseruat, et Karlus, meos sendra, de suo part non l'ostanit, si io returnar non l'int pois, ne io ne neuls cui eo returnar int pois, in nulla aiudha contra Lodhuuig nun li iu er.

Teudesca autem lingua: Oba Karl then eid, then er sinemo bruodher Ludhuuige gesuor geleistit, indi Ludhuuig, min herro, then er imo

第2章　ロマンス諸語の起源・ロマンス諸語の初出文献

gesuor forbrihchit, ob ih inan es irwenden ne mag, noh ih noh thero nohhein, then ih es irwenden mag, uuidhar Karle imo ce follusti ne uuirdhit.

Quibus peractis Lodhuwicus Renotenus per Spiram et Karolus iuxta Wasagum per Wizzunburg Warmatiam iter direxit.

古典ラテン語訳（Brunot, F.: Histoie de la langue française による）は次のようになる。

Per Dei amorem et per christiani populi et nostram communem salutem, ab hac die, quantum Deus scire et posse mihi dat, servabo hunc meum fratrem Carolum, et ope mea et in quacumque re, ut quilibet fratrem suum servare jure debet, dummodo mihi idem faciat, et cum Clotario nullam unquam pactionem faciam, quae mea voluntate huic meo fratri Carlo damno sit.

Si Hlotavigus sacramentum quod fratri suo juravit observat, et Carolus dominus meus pro parte sua suum non observat, si eum non avertere possum, nec ego nec ullus quem ego avertere possim, ullam opem adversus Hlotavigum ei feremus.

現代フランス語訳は次のようになる。

Pour l'amour de Dieu et pour le salut commun du peuple chrétien et le nôtre, à partir de ce jour, autant que Dieu m'en donne le savoir et le pouvoir, je soutiendrai mon frère Charles de mon aide et en toute chose, comme on doit justement soutenir son frère, à condition qu'il m'en fasse autant, et je ne prendrai jamais aucun arrangement avec Lothaire, qui, à ma volonté, soit au détriment de mon dit frère Charles.

Si Louis tient le serment qu'il a juré à son frère Charles, et que Charles, mon seigneur, de son côté n'observe pas le sien, au cas où je ne l'en pourrais détourner, je ne lui prêterai en cela aucun appui, ni moi ni nul que j'en pourrais détourner.

　スペイン語訳は次のようになろう。

　Por el amor de Dios y por la salvación común del pueblo cristiano y nuestra, de hoy en adelante, en cuanto Dios me dé saber y poder, así salvaré yo a este mi hermano Carlos, y en ayuda y en toda cosa, como es justo que se deba salvar al propio hermano, en aquello que también él me haga a mí, y con Lotario jamás haré ningún pacto que, por mi voluntad, cause daño a este mi hermano Carlos.

　Si Luis mantiene el juramento que su hermano Carlos juró, y Carlos, mi señor, por su parte no lo mantiene, si yo pueda convencer, de ninguna ayuda contra Luis seré.

　日本語訳（片岡孝三郎『ロマンス語言語学』による）

　神の恩寵の前に，またキリスト教徒と我々共同の救護のために，今日以後，将来神が余に知能と能力を与え給い続けるその日まで，余はこの余の弟カルロスを，人すべてがその兄弟を自らの権利として擁護するが如くに，かつまた彼カルロスも余に同様の救援を与えるであろうと信じて，あらゆる場合に援助するであろう。また余は，余の見るところ，この余の弟カルロスに害心を持つと見られるロタールとはいかなる場合にも決して協約を結ばないであろう。

　ルイスがその弟カルロスに誓った誓約を守り，他方我らの主君カルロスが，この誓約を破るような場合，もし我らが彼を思いとどまらせることが出来ないならば，我らはルイスに対抗するカルロスに何らの支援を与えることは出来ないであろう。

　フランス語に関して，場所と年代がはっきりしている最古の文献は Séquence de Sainte Eulalie『聖女ユーラリの続誦』である。これは880-890年頃ピカール方言とヴェロニー方言の境界あたりの口語で書かれた29行からなるスペイン人の聖女エウラリアを称えた韻文である。

第 2 章　ロマンス諸語の起源・ロマンス諸語の初出文献

Buona pulcella fut Eulalia,
Bel auret corps, bellezour anima.
Uoldrent la ueintre li Deo inimi,
Uoldrent la faire diaule seruir.
Elle no'nt eskoltet les mals conselliers,
Qu'elle Deo raneiet chi maent sus en ciel,
Ne por or ned argent ne preiement;
Niule cose non la pouret omque pleier
La polle sempre non amast lo Deo menestier.
E por o fut presentede Maximiien,
Chi rex eret a cels dis soure pagiens.
Il li enortet, dont lei nonque chielt,
Qued elle fuiet lo nom christiien.
Ell'ent adunet lo suon element;
Melz sostendreiet les empedementz
Qu'elle perdesse sa virginitét;
Por os furet morte a grand honestét.
Enz enl fou lo getterent com arde tost;
Elle colpes non auret, por o nos coist.
A czo nos voldret concreidre li rex pagiens;
Ad une spede li roveret tolir lo chieef.
La domnizelle celle kose non contredist:
Volt lo seule lazsier, si ruovet Krist;
In figure de colomb volat a ciel.
Tuit oram que por nos degnet preier
Qued auuisset de nos Christus mercit
Post la mort et a lui nos laist venir
Par souue clementia.

2.3.6 フランス・プロヴァンス語の現存する最古の文献

フランス・プロヴァンス語の現存する最古の文献は105行からなるアレクサンダー大王の詩である。

Dit Salomon, al primier pas,
Quant de son libre mot lo clas:
"Est vanitatum vanitas
Et universa vanitas."
Poyst lou me fay m'enfirmitas,
Toylle s'en otiositas!
Solaz nos faz'antiquitas
Que tot non sie vanitas!

2.3.7 イタリア語の現存する最古の文献

イタリア語の現存する最古の文献は Indovinello veronese『ヴェローナの謎々』(8世紀末か9世紀初頭)である。「謎々」とは言え全くの大衆語ではなく半教養語で書かれていると思われるので、厳密には最古の文献ではないという説もある。

Se pareba boves, alba pratalia araba,
albo versorio teneba, negro semen seminaba.

次に古いものは Placiti cassinesi〔＝Placito Capuano『カプアの判決文』〕(モンテ・カシーノ大寺院などの土地所有にかかわる法律文、960-963年)である。

Sao ko kelle terre, per kelle fini que ki contene, trenta anni le possette parte sancti Benedicti.〔聖ベネディクト側が30年間その土地を、ここに示される範囲内において、所有したことを私は知っている〕(960年3月)

2.3.8 レティア・ロマンス語の現存する最古の文献

レティア・ロマンス語の現存する最古の文献は、12世紀初頭にラテン語の説教を行間に訳したものである。

第2章　ロマンス諸語の起源・ロマンス諸語の初出文献

ラテン語のテキスト

Satis nos oportit timere tres causas, karissimi fratres, per quas tottus mundus perit: hoc est gula et cupiditas et superbia, quia diabulus per istas tres causas Adam primum hominem circumuenit dicens: "In quacumque die commederitis de ligno hoc aperientur oculi uestri." Nos autem semper timeamus istas tres causas pessimas, ne sicut Adam in inferno damnatus est, ne nos damnemur. Teneamus abstinentia contra gula, largitate contra cupiditate, humilitate contra superbia, nam hos sciamus quia christiani dicimur, angelum Christi custodem habemus, sicut ipse Saluator dicit: "Amen dico uobis, quod angeli eorum semper uident faciem patris mei qui in caelis est…"

レティア・ロマンス語への翻訳

Afunda nos des time tres causas, kare frares, per aquilla tut ilo seulo perdudo: aquil is gurdus et quil homo (mo)pote(n)s ille et arcullus, ki fai diabulus per aquillas tres causas ille primaris homo cannao. Si plaida ille diauolus: "In quali die quo uo manducado de quil linas, si uene su auirtu fos oili." Nus timimo semper aquillas tres periuras causas, sicu ueni Adam perdudus int inferno, ne no ueniamo si perdudi. Prendamus ieiunia contra quilla curda, prendamus umilanz(a) contra contenia. Aquill a sauir e, ki nos a cristiani ueni(mo n) ominai, Angeli Dei aquill auem nos wardadura, siqu il sipse Saluator dis: "Ueridade dico uos aquil illi angeli…"

2.3.9 サルデーニア語の現存する最古の文献

サルデーニア語の現存する最古の文献は Privilegio logudorese（別名 Carta consolare pisana）[1080-1085] である。

In nomine Domini amen. Ego iudice Mariano de Lacon fazo istam carta ad onore de omnes homines de Pisas pro xu toloneu ci mi pecterunt, e ego donolislu pro ca lis so ego amicu caru e itsos a mini:

ci nullu inperatore ci lu aet potestare istum locu de non apat comiatum de levarelis toloneum in placitu; de non occidere Pisanu ingratis; e ccausa ipsoro ci lis aem levare ingratis, de facerlis iustitia inperatore ci 'nce aet exere intu locu. E ccando mi petterum su toloneu, ligatarios ci mi mandarum homines ammicos meos de Pisas fuit Falcerie Azolinu e Manfridi, ed ego fecindelis carta pro honore de xu piscopum Gelardu e de Ocu Biscomte e de omnes consolos de Pisas e ffecila pro honore de omnes ammicos meos de Pisas: Guidu de Vabilonia e ILeo su frate, Repaldinu e Gelardu e Iannellu e Valduino e Bernardu de Cozino, Francardu et Dodimundum e Brunu e rRannuzu e Vernardu de Garudictu e t'Tornulu, pro siant in onore mea ed in aiutorium de xu locum meu. Custu placitu lis feci per sacramentu ego e domnicellu Petru de Serra e Gostantine de Azzem e Voso Veccesu e Dorgotori de Ussam e nNiscoli su frate (e n)Niscoli Zor(i e) Mariane de Ussam.

2.3.10 ダルマチア語の現存する最古の文献

　ダルマチア語の現存する最古の文献は『ザラの貴族からの手紙』(1325年) である。

　Zara(現在はユーゴスラビアのZadar, ヴェニスから南東に300kmのダルマチアの海岸にある町)のダルマチア語には中世後期からイタリア語の影響が見られる。

　A ser Pon, unurivol canciler de Ragusa. Todru de Fomat de Çara saluduvi con oni nostru unur. A mi fo ditu, qui lu frar de maistru Nicola murar sì dimanda rasun nanti la curti de Ragusa contra Franciscu, meu fiiol, de soldi XX de grossi, li qual avia dat maistru Nicola a Franciscu per durli a mi. Undi posu dit cun oni viritat, quil frar de maistru Nicola nun fe ço quil divia e fe vilania a far tal dimandasun a Franciscu, qui plu unur e rasó di mandar a mi una litera, dimandandumi qui è di quili soldi XX de grossi, quil mandà maistru Nicola per Franciscu. E s'eu nu li avisi ditu la viritat, poi nu li mancava de dimandar de Franciscu, ma ev sì lu do a savir a voi.

2.3.11 ルーマニア語の現存する最古の文献

ルーマニア語の現存する最古の文献はスラヴ文字で書かれた『クンプルンクの貴族ネアクシュの手紙』(1521年)である。

Nudromu i plemenitomu i čistitimu i b(o)gorn darovannomu župan Hanăš Begner of Brašov mnog(o) zdravie of Neakšiul ot Dlăgopole.

I pak dau štire domnietale za lekrul turčilor, kum am' auzit eu kă împăratul au ešit den Sofiia, ši aimintrea nu e, ši seau dus în sus pre Dunăre. I pak să štii domniiata kă au venit un om de la Nikopoe de mie meau spus kă au văzut ku okii loi kă au trekut čeale korabii če štii ši domniiata pre Dunăre în sus.

第 3 章　古典ラテン語・俗ラテン語

3.1 インド・ヨーロッパ語族

　現在ヨーロッパで話されている言語の大部分は，類型的に分類した場合，インド・ヨーロッパ（＝印欧）語族に属すると言える。現在ヨーロッパにおいて話されている非印欧語の代表的な言語は，ウラル語族に属するフィンランド語とハンガリー語，そして所属不明のバスク語である。これらの3言語以外の印欧諸語は，紀元前3,000年頃，ドナウ河・ドン河・ドニェステル河の近く，すなわち黒海とカスピ海の間の北部に位置する，ブナの木の自生する地域において鮭や亀を取りながら，馬・車を用いて半遊牧的原始的農業を営む共同体の一つの言語であったと考えられる。その元の単一の言語のことを印欧祖語［素語］と言うが，紀元前2,000年頃には諸部族・諸民族の移動にともなって，11の語派に別れていたものと考えられる。

3.2 イタリア語派

　印欧語族はcentum（ケントゥム）グループとsatəm（サタム）グループに分れるが，ラテン語はケントゥム・グループのイタリア語派に属する。イタリア語派に属するのはオスク語・ウンブリア語とラテン語・ファリスク語である。オスク語とウンブリア語が類似しているために，オスク・ウンブリア語と呼ばれることもある。同様にラテン語とファリスク語が近似しているので，ラテン・ファリスク語と呼ばれることもある。

第3章　古典ラテン語・俗ラテン語

次にイタリア語派に属する現代語を示そう。

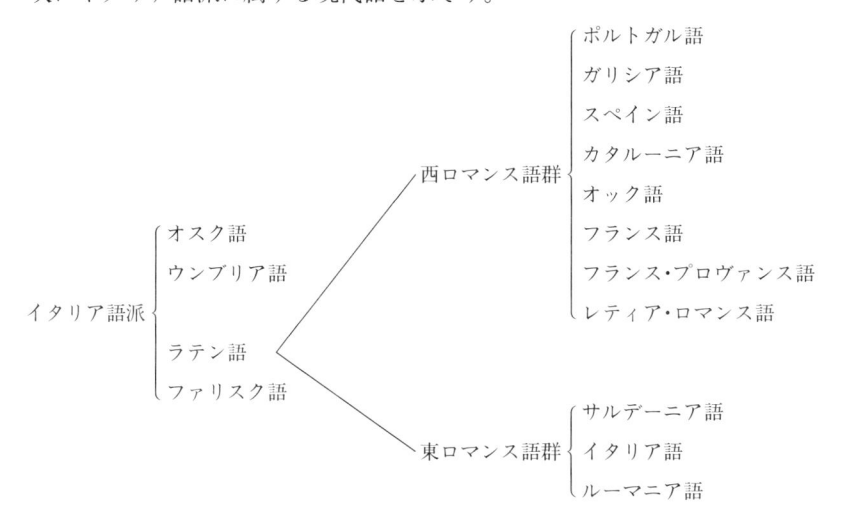

```
                              ┌ ポルトガル語
                              │ ガリシア語
                              │ スペイン語
                              │ カタルーニア語
                  ┌ 西ロマンス語群 ┤ オック語
                  │           │ フランス語
       ┌ オスク語    │           │ フランス・プロヴァンス語
       │ ウンブリア語 │           └ レティア・ロマンス語
イタリア語派 ┤           │
       │ ラテン語    │           ┌ サルデーニア語
       └ ファリスク語  └ 東ロマンス語群 ┤ イタリア語
                              └ ルーマニア語
```

　原始ラテン語の話者である latini(ラテン人)は BC1,000年頃には既にラティウムに定着していたであろう。ラテン語はインド・ヨーロッパ語族のイタリア語派に属する言語で，ファリスク語とともにラティン・ファリスク語群を形成し，同様にイタリア語派に属する言語としてオスク語(少なくともヴェズヴィオ火山が AD79年に爆発するまで主に南イタリアで話されていた)とウンブリア語(主にティベリス川の北で話されていた)がオスク・ウンブリア語群を形成していた。イタリア半島の北部では非インド・ヨーロッパ語族のエトルリア語が，ポー川流域ではケルト語が，半島の最南端ではギリシア語が話されていた。オスク語とウンブリア語がラテン語に似ていたことは次の文を比較すれば分かるであろう。

オスク語　Suae pis pru meddixud altrei castrous auti eituas zicolom dicust, izic comono ne hipid ne pon op toutad petirupert urust.

ラテン語　Si quis pro magistratu alteri de agro aut pecunia diem dixerit, is comitia ne habuerit priusquam apud populum

― 37 ―

	|quater oraverit.
日本語訳	もし誰かが判事の資格において，土地やお金に関して別人に日にちを約束したならば，人々の前で4回話をするまで，議会での投票権は無いものとする。
ウンブリア語	Inumek via mersuva arvamen etuta; erak pir persklu eRetu; sakre uvem kletra fertuta, aituta; arven kletram amparitu; eruk esunu futu; kletre tuplak pruumum antentu.
ラテン語	Tunc via iusta in arvum eunt; ea ignem cum supplicatione adoleto; sacrum ovem lectica ferunto, agunto; in arvo lecticam collocato; eo sacrum fiat; lecticae furcam (duplex) primum intendito.
日本語訳	それから彼らは正しい方法で畑へ行ってもらおう。そこで彼に祈りを捧げてもらい，火をつけてもらおう。彼らには神聖なる羊を担架に乗せてもらおう。彼には担架を畑に置いてもらおう。そこで犠牲を捧げてもらおう。まず最初に彼にフォークを担架に置いてもらうとしよう。

　さらにラテン語とファリスク語がいかに似ているかを，杯に書かれたファリスク語とそれに対応するラテン語訳で比較してみよう。

ファリスク語　Foied uino pipafo cra carefo.
ラ　テ　ン　語　Hodie uinum bibam cras carebo.
日　本　語　訳　今日・ワインを・私は飲むだろう・明日・ないだろう。

　イタリア半島の中央部においてラテン語が政治的・文化的に優位になり，イタリア語派の他の3言語を吸収し，駆逐してしまった。しかし，そのラテン語がいつ誕生したのかは実のところ明らかではない。

第 3 章　古典ラテン語・俗ラテン語

3.3　ローマの歴史

　BC1,000年頃のイタリア半島では，北部で非印欧語のエトルリア語が，東部では印欧語のウンブリア語が，西部から南部にかけて印欧語のオスク語が，最南部とシチリア島では印欧語のギリシア語が用いられていた。ラテン語はエトルリア語から多くの影響［度量衡の単位，Gaius Iulius Caesar［個人名・氏族名・家族名］，Cato, Cicero, Piso, Varro, etc. といった人名］を受けている。ラテン・アルファベットはエトルリア人の手によって西ギリシア文字が改良されたもので，ABCDEFGHIKLMNOPQRSTVX の21の大文字であった。古典期にYとZがギリシア語を記すために借用された。BC753年テーヴェレ（イタリア語名，ラテン語では「ティベリス」）川の左岸はローマの7つの丘の1つにラテン人によって建設されていたラティウムという羊飼いたちの小さな部族共同体が，狼に育てられた双子の兄弟のうち占いに勝ったロームルス(Romulus)の名前を王国の名前にしたと伝えられている。

　伝説によれば，アルバ人の勇敢な王シルウィウス・プロカにはヌミトルとアムーリウスという2人の息子がいた。父王はヌミトルに王権を譲ったが，アムーリウスはヌミトルを国外に追放して自らが支配者になった。ヌミトルの娘レア・シルウィアは双子のロームルスとレムスを生んだ。アムーリウスは双子の兄弟をティベリス川に捨てるようにと命じた。幸運にも双子の兄弟は溺死せず，狼と親しくなり乳をもらって育てられた。何年かして羊飼いのファウストゥルスが双子の兄弟を見付けると，「ヌミトルはおまえ達の祖父である」ことを伝えた。この言葉を聞いた双子の兄弟はアムーリウスを殺し，アムーリウスによって国外追放になっていたヌミトルに王権を委ねた。ロームルスとレムスは双子の兄弟であったが，ロームルスはレムスに譲歩するような性格でもなく，その後ロームルスはレムスを殺し，1人で王国を支配したという。そのような訳で，日本の場合と異なって，国の名前はローマだが，言語名はラテン語(lingua latina)で，ローマ語とは呼ばれない。歴史的に信頼のおけるラテン語で書かれた文献が現れるのはBC500年少し前のことである。それより前には書き言葉としてギリシア語が用いられていた。ローマ

はエトルリア系のタルクィニアを追放して共和制を設立し，同盟・植民・結婚などを通じてエトルリアをも平定した。しかしそのエトルリアからは王・政治制度・宗教・暦法・アルファベットなどを譲り受けた。ハルシュタット文化やラテーヌ文化といった高度な文化を有していたケルト人がBC387年7つの丘の孤塁を守るローマを攻撃し，7月18日にはいわゆる「災いの日」をアリア河畔にて経験するなど，ローマは決して安泰ではなかったが，BC275年には全イタリア半島を征服した。

セム語族のフェニキア人はローマの建国の時には既に，今日のチュニスにほぼ当たる地に植民地カルタゴを経営していた。カルタゴはギリシアと同様に，地中海を四方八方幅広く商活動を行っていた。BC509年ギリシアは早くからシチリア島に植民地を経営していたが，メッサナがシラクサのヒエロン2世の脅威にさらされて，援助をローマとカルタゴに求めたことから第1次ポエニー戦争(BC264-241)が始まった。カルタゴは第1次ポエニー戦争でシチリア島(BC261)を失う。勢いに乗ったローマはサルデーニア島(BC227)とコルシカ島(BC227)を獲得して「属州」とし，ティレニア海を「我らが海」と呼ぶ。「我らが海」を股にかけた遠隔地貿易が拡大する。軍需産業が発展し，大土地所有制度にも多くの奴隷が導入された。そしてギリシアの文化が大量に流入するようになる。

その「我らが海」は第2次ポエニー戦争を契機に地中海全域に拡大する。カルタゴは銀を産出する豊かなイスパニアの開発・経営に乗り出し，ハスドルバルはBC227年今日のカルタヘーナにカルタゴ・ノウア(新カルタゴ)を建設し，ローマは「ローマはエブロ川以南におけるカルタゴの主権を認める」というエブロ条約を結ぶ。しかしながら，ハミルカルの長男ハンニバルがサグントゥムを攻略すると，それがエブロ川以南であるにもかかわらず，ローマはサグントゥムの救援依頼に応じて，第2次ポエニー戦争(BC218-201)いわゆるハンニバル戦争が始まる。スキピオ・アフリカーヌスとハンニバルとのザマの決戦で，ローマの決定的勝利となる。イスパニアはローマの支配下におかれるが，ケルト・イベリア族の反乱はBC133年のヌマンティアの戦い

第3章　古典ラテン語・俗ラテン語

まで続く。BC2世紀中葉には「我らが海」は地中海全域に及ぶ勢いとなった。

　Gallia Transalpina（アルプスの向う側のガリア＝Gallia Comata 長髪のガリア）と Gallia Cisalpina（アルプスのこちら側のガリア＝Gallia togata トガを着たガリア）や南部のギリシアの諸都市は第2次ポエニー戦争 (BC218-201) まで独立を保っていた。カエサル (BC100-44) は BC58-51年の間にガリアを征服し，ローマの領土はますます拡大する。

　カエサルの養子オクタウィアーヌス (BC63-AD14) は，BC17年 Pax romana (ローマの平和) を宣言した。イスパニア出身のトラヤーヌス皇帝 (AD98-117年) の時代に帝国が最大版図に達し，ダーキア（ほぼ今日のルーマニア）をもその領土とする (AD101-102, 105)。

　ケルト族が強かったのはイタリア半島以北だけではない。BC133年ヒスパニアはヌマンティアにおける戦いにおいてケルト・イベリア族を鎮圧するまで，ローマはケルト族に苦しめられ，音韻・語彙の言語的影響を受ける程である。

　皇帝ネロー (AD54-68) の時代には残酷な迫害を受けていたキリスト教であるが，AD313年コンスタンティーヌス大帝 (306-337) によって発せられた「ミラノの勅令」によって公認され，テオドシウス大帝 (AD379-395) によって AD391年すべての異教が禁止され，キリスト教が国教となる。このことはラテン語の統一に大きく寄与することになる。

　カラカラ帝 (AD212-217) は AD212年帝国内に住むすべての自由人にローマ市民権を付与する。このことはラテン語の伝播と統一に大いに寄与する。しかし，AD395年ローマ帝国は東西に分割され，西ローマ帝国は AD404年以降首都をラヴェンナとするが，フン族とゲルマン族に常に脅かされ続ける。AD476年9月4日ゲルマン族の傭兵隊長オドアケルは西ローマ帝国最後の皇帝ロムルス・アウグストゥルス（当時2歳）を廃位し，ここに西ローマ帝国は滅亡した。当然のことながら，ラテン語は分裂の道を歩むことになる。

3.4 ラテン語の歴史
3.4.1 原始ラテン語

　BC10世紀頃から，そしてローマの建国の年とされているBC753年頃には既に，ヨーロッパの中央部に誕生しケルト人とゲルマン人に隣接していた原始的なラテン語は，ラティウムに定着していたものと思われる。羊飼いたちのこの原始ラテン語の姿は文献が不足していて明らかではないが，何事においても進歩の度合いが遅かった時代のことであるから，印欧祖語との大きな差異はなかったであろう。

　「古代ラテン語」と「原始ラテン語」を明確に区別するのは，文献が少なく，いささか困難であるが，ローマ建国の時から「古代ラテン語」の始まるBC240年頃までのラテン語は，音形・語彙・統辞的特徴から，「原始ラテン語」と呼ばれる。現存する「原始ラテン語」の最古の例は，1871年にプラエネステ[注]で発見された，次の短文である。

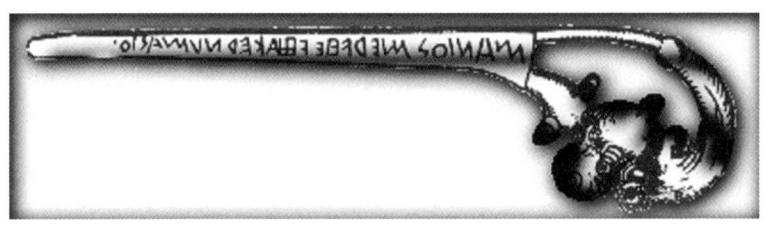

プラエネステの留め金

　金の留め金にギリシア文字［ギリシア語が高い文化水準をもつ言語であったためと，ラテン・アルファベットがまだ十分にギリシア文字から発達していなかった］で右から左に書かれている。BC600年頃のものと推定されている。

　　原始ラテン語　Manios med fhefhaked Numasioi.
　　古典ラテン語　Manius me fecit Numerio.
　　日　本　語　訳　マニウスはヌメリウスのために私を作った。

　印欧祖語ではアクセントは第1音節に固定していたが，「原始ラテン語」では終わりから2番目の音節の長さに左右されるようになった。deico＞dico(私が言う)，oinos＞unus(1)の例が示すように，二重母音ei, oiはそ

第 3 章　古典ラテン語・俗ラテン語

れぞれ i, u になった。処格・具格が消失して，格変化がより単純になった。希求法は接続法に吸収されて動詞の活用も単純になった。これらの例が示すように，ラテン語の簡略化の歴史が既に始まっていた。

3.4.2 古代ラテン語

「古代ラテン語」は，「原始ラテン語」と「古典ラテン語」の中間にあるラテン語のことで BC240 年から BC81 年までの文語ラテン語を指す。今日散発的に残っている文献によると，より高度な文化を有していたギリシア語の影響を受けるなどして，かなり「古典ラテン語」に近づいて来ている。この時代のラテン語に大きく寄与したのは，第 1 次ポエニー戦争の戦勝記念に上演するためにホメーロスの『オデュッセイア』をラテン語訳した (BC240 年) ギリシア人の捕虜で，ローマ最初の叙事詩人であるリーウィウス・アンドゥロニークス (BC284-BC204) である。そのほか，Bellum Poenicum『ポエニー戦記』のナエウィウス (?BC265-?BC202)，喜劇詩のプラウトゥス (?BC254-BC184)，Annales『編年暦』のエンニウス (?BC239-BC169)，元老院でのカルタゴ殲滅演説や Origines『ローマ起源史』で有名なカトー (BC234-BC149)，悲劇作家のパークウィウス (?BC220-BC132)，喜劇詩のテレンティウス (?BC190-BC159)，風刺詩のルキーリウス (?BC148-BC103)，悲劇詩のアッキウス (BC170-BC94)，などギリシア語法・古語法・言文一致など様々な特徴が見られる作家が活躍した。

3.4.3 古典ラテン語

BC81 年 (キケロ の最初の雄弁論 Pro Quinctio『クイーンクティウスの弁護』発表) から AD180 年 (五賢帝最後の皇帝マルクス・アウレーリウス死去) 頃までの文語ラテン語を広義の「古典ラテン語」と呼ぶ。その間には De republica『国家論』，De legibus『法律論』，De amicitia『友情論』，その他多くの散文で有名なキケロー (BC106-BC43)，Caesaris Commentarii de Bello Gallico『ガリア戦記』で有名なカエサル (BC100-BC44)，De re rustica『農事論』のワロー (BC116-BC28)，Libri historiarum『歴史書』，Descriptio de Euxino Ponto『黒海の描写』などの歴史文学で有名なサルス

ティウス(BC87-BC35)，De viris illustribus『偉人伝』，Vita Catonis『カトー伝』などで有名なネポース(?BC94-BC24)，Ab urbe condita libri『ローマ建国以来の歴史』(142巻)で有名なティトゥス・リウィウス(BC59-AD17)，韻文ではDe rerum natura『自然について』のルクレーティウス(?BC99-BC55)，叙情詩人カトゥルス(?BC84-?BC47)，Eglogas『牧歌』，Georgigas『農耕の詩』，Aeneis『ローマ建国の歴史』などでラテン語による韻文を確立したウェルギリウス(BC70-BC19)，Odae『頌歌』，Satirae『諷刺詩』などで有名なホラーティウス(BC65-BC8)，Metamorphoses『変身譜』，Ars Amatoria『恋愛術』などで有名なオウィディウス(BC43-AD17)，などを輩出した。これらの作家たちは長いラテン語の歴史の中で最も完成したラテン語の姿を見せた。BC81年からAD14年(アウグストゥス皇帝死去の年)までの時代のこれらの教養人の文語ラテン語を狭義の「古典ラテン語」と呼ぶ。私達が今日ラテン語を学ぶというとき、この狭義の古典ラテン語を指す訳である。

　古典ラテン語時代の後期はいくぶんラテン語による文学作品にも陰りが現れだし、特に白銀期(AD14年から180年頃まで)と呼ばれる。この白銀期には修辞学者の老セネカ(?BC55-AD39)，哲学者のセネカ(BC4-AD65)，Natura historiarum『博物誌』で有名な大プリーニウス(AD23-AD79)，Epistolae『書簡集』で有名な小プリーニウス(AD61-AD114)，Bellum civile『内戦』，Pharsalia『パルサリア』で有名なルカーヌス(AD39-AD65)，Institutione oratoriae『弁論術入門』で有名なクィンティリアーヌス(?AD42-?AD108)，Germania『ゲルマーニア』で有名なタキトゥス(?AD55-?AD118)，写実的かつ痛烈な風刺で有名なユウェナーリス(?AD50-?AD127)，Epigramae『警句詩集』で有名なマルティアーリス(?AD40-?AD104)，De vita Caesarum『歴代皇帝論』で有名なスエトーニウス(?AD69-?AD140)，Apologia『弁明』で有名なアプレイウス(?AD123-?AD164)，皇帝マルクス・アウレリウスの師として有名なフロントー(?AD100-AD175)，などが散文や韻文の華麗な花を咲かせた。しかし、ラテン語そのものは低迷し、衰退

第3章　古典ラテン語・俗ラテン語

の道を歩んだ。

　「原始ラテン語」時代のアクセントは強弱アクセントであったが，「古典ラテン語」時代のアクセントは高低アクセントに変わった。当時用いられていたラテン・アルファベットは ABCDEFGHIKLMNOPQRSTVXYZ の23の大文字であった。ちなみに，小文字は中世になってから大文字を元にして作られたものである。母音には長短の区別があり，語末には母音のほかに，-L, -M, -N, -R, -S, -T の子音も来ることができた。

　広義の「古典ラテン語」の時代に修辞学者セネカ父(BC54-AD39)，哲学者セネカ子(BC4-AD65)，叙事詩人ルカーヌス(AD39-AD65)，風刺詩人マルティアーリス(AD40-AD104)，修辞学者クインティリアーヌス(AD42-AD117)，五賢帝の1人トラヤーヌス(在位 AD98-117)，五賢帝の1人ハドリアーヌス(在位 AD117-138)，のような政治家・知識人がイスパニアから輩出したことは，いかに当時イスパニアが知的・文化的水準が高かったかということと，文化の中心地がローマだけでなかったということを物語るものである。

3.4.4　後期ラテン語

　白銀期の終わりから西ローマ帝国の崩壊する AD476年までのラテン語を「後期ラテン語」と呼ぶが，この時代のラテン語には口語すなわち「俗ラテン語」が文語の中に混入し始める。この時代にキリスト教が徐々に庶民の間に浸透して来て，教会が設立されてラテン語で教会関係の文献が記されたので，この時代は教会ラテン語の時代でもある。

　Idyllium『牧歌』のアウソニウス(?AD310-393)，De Bello Gothico『ゴート戦記』のクラウディアーヌス(AD395-401ローマ在住)，Epistolarium『書簡集』のシュンマクス(?AD350-410)，司教のアポリナーリス(?AD431-487)，などが活躍し，Apologeticum『護教論』のテルトゥリアーヌス(AD160-?230)，De virginitate『純潔性について』の聖アンブロシウス(?AD337-397)，Confessiones『告白録』の聖アウグスティーヌス(AD354-430)，ダルマチア出身の聖ヒエロニームス(AD348-?420)，などによって教会ラテ

ン語が最盛期を迎える時代でもある。特に聖ヒエロニームスは,「読みやすくするために民衆の言葉を用いるべく」Vulgata『新訳・旧約聖書のラテン語訳聖書』を完成させ,「教会ラテン語」を豊かなものにし,同時に信者である大衆に理解しやすい「教会ラテン語」を成立せしめた。「教会ラテン語」は,総合的と言うよりも分析的で語彙が豊かになり民衆に理解しやすい言語になった。

3.4.5 中世ラテン語

　西ローマ帝国崩壊(AD476)から東ローマ帝国崩壊(AD1453)までのラテン語は「中世ラテン語」と呼ばれる。この時代,ラテン語の低俗化は一段と進み,文語としての品位は落ちた結果,フランク王シャルルマーニュ(在位768-814)[＝西ローマ帝国皇帝カール大帝(在位800-814)]は,「正しい言葉は正しい行為と同じく神の恵みを受けるものであり,ラテン文学の正しい学習は聖職者たちに聖書の神秘をより深く探求させる端緒となる」と信じ,また格調の高いラテン語の復活を願ってカロリング・ルネッサンスの運動を起こす必要があった程であった。西欧各国から学者・文人が集められ,「古典ラテン語」への回帰が試みられたが果たされず,「古典ラテン語」でもなく「教会ラテン語」でもない独特な「中世ラテン語」が誕生し,宮廷・教会・大学・国際交流の場で,知識人の共通語として大いに用いられた。

　フランスはトゥールの宗教会議で「大衆に分かりよくするために,説教はラテン語でなくロマンス語で行う」ように決定された(813年)のも,この時代であった。

3.4.6 近代ラテン語

　ルネッサンス以降今日までの文語ラテン語は,「近代ラテン語」と呼ばれる。既に「俗ラテン語」から派生している固有語とも言うべきロマンス語が文語としての地位を得て来ている時代ではあるが,非ローマニア地域のオランダ出身のエラスムス(1466-1536)がラテン語で多くの作品を書いたり,「我思う,ゆえに,我あり」(Cogito, ergo sum)で有名なデカルト(1596-1650)のPrinciporum philosophiae『哲学原理』(1647)がラテン語で書かれ,後

にフランス語に訳されたり，『方法序説』がフランス語からラテン語に訳されたり，ニュートン(1642-1727)，ライプニッツ(1646-1716)，リンネ(1707-1778)などの科学者たちがラテン語で著述したことから分かるように，18世紀まではラテン語の学術用語としての地位は高く，確固たるものであった。今日，テレビ・ビデオ・オーディオなどといった，科学技術に対応した新たな名前をつけるときにギリシア語やラテン語を用いるのは，それらの言語がそれほど文化程度が高く，造語能力が豊かであったからである。

3.5 俗ラテン語

　クインティリアーヌス(AD41-117)は既に "aliud esse latine loqui, aliud grammatice"（ラテン語を話すことと文法的に話すことは別である）と言っているくらいであるから，社会階層による方言の差異が生じていたことは容易に頷ける。「俗ラテン語」は BC200年から AD600年頃までの話言葉のことである。その性格上，書かれた文献の量は少ない。latín vulgar（俗ラテン語）と bajo latín（低ラテン語）とは明確に区別されなければならない。「低ラテン語」は，本質的に「教会ラテン語」の流れを汲み，中世の学僧たちの書き言葉であり，話されることはなかった。時代的には「低ラテン語」は「俗ラテン語」より遅く誕生し，初期ロマンス語の時代とほぼ一致する。「俗ラテン語」の後継者はロマンス諸語であるが，「低ラテン語」の後継者はない。

　「俗ラテン語」の姿は AD79年のヴェズヴィオ火山の爆発で埋没したポンペイ，エルコラーノ，スタビアなどで発掘された落書きでよく分かるが，「俗ラテン語」の姿を知るのに重要な作品は，ペトゥロニウスの Satylicon『サテュリコン』の中に現れる口語体の饗宴の部 Cena Trimalchionis『トゥルマルキオの饗宴』(AD1世紀)，クラウディウス・エルメロスの Mulomedicina Chironis『キロの家畜治療法』(AD400年頃)，パラディウスの Medicina pecorum『家畜治療法』，Regula Monachorum『ベネディクト修道会の会則』(AD530年頃の北イタリア)，イスパニア出身［またはアキタニア出身］の尼僧エジェリア［またはアエテリア］によって4世紀末頃

(AD381-388年)に書かれた Peregrinatio ad loca sancta『聖地巡礼』［オリジナルではなく，11世紀のモンテカッシーノの写本で残っている］などである。聖イシドールス(AD570-636)の Etymologiae『語源考』によって，当時のイスパニアの「教会ラテン語」の姿が特によく分かるが，6・7世紀は「俗ラテン語」の地方色・俗語色が豊かになった時代でもあった。

　「俗ラテン語」を知るうえで最も重要な手掛かりとなる Appendix Probi『プロブスの付録』［プロブスは多分 AD 3 世紀にローマかアフリカに住んでいた文法家。これは Instituta Artium『学芸原理』の巻末に付録として付け足されたもの］は，残念ながら 8 世紀の写本でしか残っていないが，227対の正誤表を示し，そのお陰で AD 3 世紀の「俗ラテン語」の一般的傾向をうかがい知ることができる，極めて貴重な文献である。次にいくつかの実例を示そう。右側に掲げる例が当時行われていた実例である。

3.5.1 語中母音消失

ANGULUS NON ANGLUS	角	ARTICULUS NON ARTICLUS	関節
BACULUS NON VACLUS	杖	CALIDA NON CALDA	温湯
IUGULUS NON IUGLUS	咽喉	MASCULUS NON MASCLUS	男の
OCULUS NON OCLUS	目	SPECULUM NON SPECLUM	鏡
VETULUS NON VETLUS	老人	VIRIDIS NON VIRDIS	若々しい

3.5.2 ヨッドの発展：

ALIUM NON ALEUM	ニンニク	BRATTEA NON BRATTIA	金箔
CAVEA NON CAVIA	凹み	COCHLEA NON COCLIA	カタツムリ
LANCEA NON LANCIA	槍	LILIUM NON LILEUM	ユリ
OSTIUM NON OSTEUM	入口	SOLEA NON SOLIA	サンダル
VINEA NON VINIA	ぶどう畑		

3.5.3 短い U の O への変化：

COLUBER NON COLOBER	小さな蛇	COLUMNA NON COLOMNA	柱
TURMA NON TORMA	群衆		

第3章　古典ラテン語・俗ラテン語

3.5.4 AU＞O:
AURIS NON ORICLA	耳	

3.5.5 -M の消失:
IDEM NON IDE	同様に	NUNQUAM NON NUNQUA	決して～でない
OLIM NON OLI	かつて	PASSIM NON PASSI	至るところに
PRIDEM NON PRIDE	ずっと以前に		

3.5.6 H の消失:
ADHUG NON ADUC	ここまで	HOSTIAE NON OSTIAE	犠牲の獣

3.5.7 -NS-＞-S-，及びその矯正過多:
ANSA NON ASA	取っ手	FORMOSUS NON FORMUNSUS	美しい
HERCULES NON HERCULENS	ヘラクレス	MENSA NON MESA	机
OCCASIO NON OCCANSIO	機会		

3.5.8 母音間 V の後母音の前での消失:
AVUS NON AUS	祖父	FLAVUS NON FLAUS	金色の
PAVOR NON PAOR	恐怖	RIVUS NON RIUS	川

3.5.9 B と V の混同:
ALVEUS NON ALBEUS	空洞	BACULUS NON VACULUS	杖
BRAVIUM NON BRABIUM	賞品	PLEBES NON PLEVIS	平民
VAPULO NON BAPLO	私は打たれる		

3.5.10 重子音と単子音の混同:
AQUA NON ACQUA	水	BASILICA NON BASSILICA	大聖堂
CAMERA NON CAMMARA	円天井	DRACO NON DRACCO	竜，蛇

3.5.11 不等音節語の改作:
GLIS NON GLIRIS	ヤマネズミ	GRUS NON GRUIS	鶴
PECTEN NON PECTINIS	櫛		

3.5.12 第3変化形容詞の第1変化形容詞への編入:
ACRE NON ACRUM		辛辣な cf. ACER
IPSE NON IPSUS		自ら

PAUPER MULIER NON PAUPERA MULIER		哀れな女
TRISTIS NON TRISTUS		悲しい
GARRULUS NON GARULUS		おしゃべりの

3.5.13 第4変化女性名詞の第1変化名詞への編入

ANUS NON ANUCLA	指輪, 肛門	NURUS NON NURA	嫁
SOCRUS NON SOCRA	姑		

3.5.14 縮小辞を用いることによって第3・第4変化名詞の第1変化名詞への編入:

AURIS NON ORICLA	耳	FAX NON FACLA	松明
NEPTIS NON NEPTICLA	孫娘, 姪	ANUS NON ANUCLA	指輪, 肛門

3.5.15 中性複数の第1変化名詞への編入:

VICO CASTRORUM NON VICO CASTRAE　　　　陣営用村落

3.5.16 人称代名詞の奪格の消失:

NOBISCUM NON NOSCUM	我々と共に	VOBISCUM NON VOSCUM	君たちと共に

3.5.17 第3変化名詞主格語尾 -ES の -IS への変化:

CAUTES NON CAUTIS	尖棒	FAMES NON FAMIS	飢え
SEDES NON SEDIS	座席	TABES NON TAVIS	腐敗
VATES NON VATIS	予言者		

3.5.18 第3変化名詞主格語尾 -ES, -IS の -S への縮小:

NUBES NON NUBS	雲	ORBIS NON ORBS	円, 輪

3.5.19 男性語尾 -US の消失:

BARBARUS NON BARBAR	野蛮な	FIGULUS NON FIGEL	陶工
MASCULUS NON MASCEL	男の		

Appendix Pribi の残りの例は EQUS NON ECUS (馬), GYRUS NON GIRUS (輪, 旋回), VIR NON VYR (男), VIRGO NON VYRGO (処女), etc. といった文字の使い方に関するものが多い。残念ながら文構成に関する情報は示されていない。

第3章 古典ラテン語・俗ラテン語

3.5.20 俗ラテン語の一般的特徴
「俗ラテン語」の時代は長いが，上記の複数の文献を調査した結果，「原始ロマンス語」が誕生する直前の「俗ラテン語」の姿は，おおむね次のようであったと想像される (Appendix Probi に現れている項目は除く)。

3.5.20.1 音韻的特徴
アクセントは古典ラテン語の高低アクセントに対して，原始ラテン語のように強弱アクセントであっただろう。母音の長短の区別がなくなり，狭広の差になった。

古典ラテン語	Ā	Ă	Ē	Ĕ	Ī	Ĭ	Ō	Ŏ	Ū	Ŭ
俗ラテン語	a		ẹ	ę	i	ị	ọ	ǫ	u	ụ

二重母音は単母音化(AE>e, OE>e, etc.)した。語尾子音 -M, -N, -S, -T は黙音化し，消失した。[h]音は語中でより早く，次に語頭で消失した。

3.5.20.2 形態的特徴
a) 名詞の性転換 [第3変化から第1変化へ: TEMPESTAS>tempesta (嵐); 第5変化から第1変化へ: FACIES>facia (顔); 第4変化から第1変化へ: NURUS>nura (嫁), SOCRUS>socra (姑), 第2変化女性名詞が男性名詞に: FRAXINUS (トネリコ), etc.] が行われ，多くの中性単数名詞が男性名詞になり: CASEUM>caseus (チーズ), VADUM>vadus (浅瀬), 多くの中性複数名詞は語尾の特徴から女性単数名詞になった: FOLIUM>folia (葉), GAUDIUM>gaudia (喜び), LIGNUM>ligna (木), etc.。第5変化の DIES (日), SPES (希望), RES (物), etc は第3変化名詞となった。その結果，第4・第5変化名詞が消失し，第1・第2・第3変化のみが残った。形容詞も中性形が消える傾向にあった。動詞に関して多くの地域では第2活用と第3活用が混同され，多くの第2活用動詞が第3活用に編入された: ARDĒRE>ardĕre (燃える), FERVĒRE>fervĕre (煮え立つ), etc.。しかし，イスパニアでは多くの第3活用動詞が第2活用動詞になった: CAPĔRE>·capēre (捕らえる), SAPĔRE>sapēre (知る), etc.。

b) 格の消失と前置詞の発達

呼格は殆ど消滅した。語末の発音が曖昧になり格が明確に表されなくなって，前置詞が発達した。AB, EX の機能を de が担うようになる: De palatio exit(彼は宮殿から出る)。属格は「de + 奪格」で表されるようになった: possessor de propria terra (自らの土地の所有者)；静止した場所は殆ど「in + 奪格」で表されるようになった。属格は LUNAE DIES＞lunes [ス語]（月曜日），lundi [フ語]（月曜日），CUIUS＞cuyo [関係形容詞]，ILLORUM＞loro [イ語]（彼らの），etc. のような特殊な表現においては保存されている。与格は「ad, super + 対格」で表されるようになった: Super me misericordiam praestat (彼は私に同情している)，etc.。対格は「ad, in, per + 対格」で表された: Fui ad ecclesiam (私は教会へ行った)，Per totos octo dies is ornatus est (それは8日間も飾られた)，etc.。

ダーキアの俗ラテン語においては格は保存されていたと考えられる。

c) 分析的な二重比較級・二重最上級の誕生;

MAIOR＞magis maior (より大きな)，PESSIMUS＞pessimissimus (最も悪い)，etc.。

d) 受動態の時制に変化が生じた: AMATUS EST, AMATUS ERAT がそれぞれ amatus fuit, amatus fuerat になった。

e) 総合的な受動態が再帰動詞や迂言的表現にとって代られた。

f) スピーヌム・未来分詞が不定詞によって表されるようになった: AMATUR＞se ama(t), amatus es(t) (彼は愛される)，etc.。

g) 形式受動動詞が能動動詞になった: MORI＞morire (死ぬ)，SEQUI＞sequire(続ける)，etc.。

3.5.20.3 文構成上の特徴

完了と受動の不定詞が消失したが，能動の不定詞が非常に多くの機能を獲得した: bonus est dicere et facere (言ってすることは良いことである)。

命令法が2人称単数・複数に限られ，3人称の命令は接続法にとって代わられた。

第3章　古典ラテン語・俗ラテン語

ダーキアでは接続法過去完了が直説法過去完了の機能を担った。

古典ラテン語では「HABERE + 過去分詞」は「継続」を表していたが，俗ラテン語では「現在・過去完了」を表した: pacunias magnas collocatas habent (彼らは大金を投資した)[性・数の一致に注意]。

未来時制は多くの地域で「habere + 不定詞」で，しかしダーキアでは「velle + 不定詞」で表されるようになった: multa habeo dicere (私は多くのことを言うでしょう)，tollere habet (彼は殺すだろう)，etc.。

3.5.20.4 語彙的特徴

canis (犬)，filius (息子)，mater (母)，panis (パン)，pater (父)，bonus (良い)，bene (良く)，amare (愛する)，dicere (言う)，audire (聞く)，などの多くの基本語彙は「古典ラテン語」と「俗ラテン語」に共通していた。しかし，funus (葬式)，iubere (愛する)[cf. ルーマニア語のみは例外で a iubi が用いられる]，proles (子孫)；autem (しかし)，ergo (それゆえに)，ita (このように)，sed (しかし)，sive (あるいは)，tamen (しかし)，ut (いかに)のように，「古典ラテン語」で用いられながら「俗ラテン語」では用いられない単語もある。そして，「古典ラテン語」の単語の意味が「俗ラテン語」ではより具体的になり，その結果，意味が制限されたものや，反対に意味が拡大された単語がある。

a) 「古典ラテン語」と「俗ラテン語」の意味が同じ単語は当然のことながら多い: FILIUS (息子)，MATER (母)，PATER (父)；ALTUS (高い)，BONUS (良い)；AMARE (愛する)，DICERE (言う)，etc.。

b) 意味が制限されたもの: cognatus (義兄弟)，collocare (横にさせる)，ingenium (機敏)，mulier (妻)，orbus (盲目の)，robur (「樫の木」の意味は保存されるが「力・権力」の意味は失われる)，tractatus (条約)，etc.。

c) 意味が拡大されたもの: ambulare (歩く)，fortis (とても)，infans (子供)，parentes (親戚)，se plicare (行く)，villa (都市)，facere (時が経過する)，habet (〜がある)[cf. ス語 hay，フ語 il y a]，homo (誰も)，[フ語 on]，ille (その)，[ス語 el (男性単数定冠詞)，él (彼は)]，unus (一つ

の),［ス語 un］,etc.。

d)　別の単語にとって代わられたもの: EQUUS（馬）は caballus に，LUDUS（遊び）は iocus に，MAGNUS（大きな）は grandis に，OS（口）は bucca に，DISCERE（学ぶ）は apprendere に，DOMUS（家）は casa に，EDERE（食べる）は comedere, manducare に，EMERE（買う）は comparare に，HUMERUS（肩）は spatula に，IGNIS（火）は focus に，NUNC（今）は hora に，OMNES（皆）は toti に，URBS（都市）は civitas に，RES（物）は causa に，TELLUS（大地）は terra に，SIDUS（星）は stella に，PULCHER（美しい）は bellus, formosus に，FERRE（運ぶ）は portare に，取って代わられた。

　縮小辞をつけて同音異義の混同を避けたり，単語に一定の勢いを与えた: APIS＞apicula（蜜蜂），AVIS＞avicellum（鳥），etc.; SOL（太陽）＞soliculus, VETUS（年老いた）＞vetulus, etc.。

3.6 古典ラテン語から俗ラテン語へ

　年代的に「古典ラテン語」から「俗ラテン語」に変化したのではないが，「ロマンス語」の誕生に深くかかわりがあるのは「俗ラテン語」であるという観点から，我々は「俗ラテン語」の本当の姿を知りたくなる。

　「俗ラテン語」は書き言葉としてではなく口から耳へと伝わったがために，文語の規範が正確に伝わらずに，しかも気取りのないより自由で表現力豊かな形態を好んだがために，多くの新たな形式が誕生した。発音は一般的にぞんざいになった。特に強弱アクセントの関係で，アクセントのある音節の次のアクセントのない母音は消失し，語中の子音は摩擦音化し，さらには消失するようになった。アクセントのない E, I の発音の区別がつかなくなり，その結果ヨッドが発生し，その影響で口蓋子音が多く誕生した。語頭の H-や多くの語末子音は消失する傾向にあった。その結果，多くの単語が短くなった。そこで適切な長さを保つために，本来意味的にはあまり関係のない縮小辞［APIS＞apicula 蜂］・起動相［FLORERE＞florescere（花が咲き始

第3章　古典ラテン語・俗ラテン語

める）］・反復相［CANERE＞cantare（繰り返し歌う）］の語尾などが用いられ，感情移入が成されるようになった。語末の発音がぞんざいになった結果，格が明確に示されなくなり，さらに文法上の無知を補い，格を明示する手段として前置詞が発達した。等位接続詞を多用し，完了時制は分析的な複合形になった。新たな概念を表すために多くの品詞に意味変化が生じた。とはいえ，例えば「太陽」はラテン語では SOL, SOLEM であったが，ポルトガル語・スペイン語・イタリア語・ルーマニア語では縮小辞を用いずに，それぞれ sol, sol, sole, soare であるが，フランス語では縮小辞を用いて soleil（＜SOLICULUS）であるといったように，すべての言語に一様に同じ現象が起こったのではない。もし一様に同じ現象が起こっていればラテン語のまま継承され，「ロマンス語」は誕生しなかったはずである。

　ラテン語の歴史は「単純化」の歴史である。時代が下るに従って，そして地理的にはローマからイタリア半島全土へ，さらには各属州へと伝播するに従ってラテン語は単純化して来た。そして，「古典ラテン語」から「俗ラテン語」の変化は「総合」から「分析」への歴史に外ならない。「総合」とは VENI, VIDI, VICI（来た，見た，勝った）のように少数の単語で多くを言い表すことができることであり，「分析」とは，例えばフランス語で Je suis venu, j'ai vu, j'ai vaincu. のように多くの単語を必要とすることでもある。

〔注〕
　Praeneste は現在は Palestrina と呼ばれる。紀元前82年に Sulla に破壊されるまで栄えていた。ローマの東南東約30kmに位置し，海抜450m。Praeneste は「高所」を意味する Prenesteo に由来する。風に備えて衣服に留めピンを用いる習慣があった。

第4章 音　　韻

　第3章で古典ラテン語から俗ラテン語への大まかな変化を見たが，ここでは音韻に関する変化を見てみよう。音韻史に関する記述をする場合，アクセントがある音節か否か，アクセントのある音節の前か後ろか，語頭か語末かの区別をすることが肝心である。比較をする際に注意したいのは，すべてのロマンス語がラテン語に由来する語彙を用いているのではないということである。例えば，「愛する」はポルトガル語とスペイン語ではamar，フランス語ではaimer，イタリア語ではamareで，すべてラテン語のAMAREに由来するが，ルーマニア語はa iubiでスラブ語に由来する。ここではできるだけラテン語の同一語源に由来する語彙の比較を示すことを心掛けたが，実際にはそれが不可能な場合もある。原則として，ラテン語の名詞は対格を，形容詞は主格を，動詞は不定詞を示した。例として示す単語は，発音記号ではなく，現行の正書法を示した。

4.1 アクセントのある位置における母音の変化

　アクセントのある位置における母音は重要なので，そのまま保たれたり，規則的音韻変化をする場合が多い。

4.1.1 ((-)A-):

ラ語	ポ語	ス語	フ語	イ語	ル語	意味
ASINUM	asno	asno	âne	asino	asin	ロバ
CAMPUM	campo	campo	champ	campo	câmp	田畑
CANTARE	cantar	cantar	chanter	cantare	cânta	歌う
LANAM	lã	lana	laine	lana	lână	羊毛
MANUM	mão	mano	main	mano	mână	手
MARE	mar	mar	mer	mare	mare	海

第4章 音　韻

| PANEM | pão | pan | pain | pane | pâine | パン |

NB (-)A- はロマンス諸語では一般に(-)a- になるが、次のような例外がある：鼻音の前ではポルトガル語・フランス語・ルーマニア語はそれぞれ、ā, ai, â となる。-r の前ではフランス語は -e- になる。「海」はラテン語では中性であったが、ポルトガル語・スペイン語・イタリア語では男性であり、フランス語とルーマニア語では女性である。

4.1.2 (-ARIUS):

CABALLARIUM	cavaleiro	caballero	chevalier	cavaliere	cavaler	騎士
IANUARIUS	janeiro	enero	janvier	gennaio	anuarie	1月
FEBRUARIUS	febreiro	febrero	février	febbraio	februarie	2月
LIBRARIUM	livreiro	librero	libraire	libraio	librar	本屋
MOLINARIUM	moleiro	molinero	meunier	molinaio	morar	粉屋

4.1.3 (-ATICUM)

CORATICUM	coragem	coraje	courage	coraggio	curaj	勇気
HIMINATICUM	(h)omenagem	homenaje	hommage	omaggio	omagiu	敬意
LINGUATICUM	linguagem	lenguaje	langage	linguaggio	limbaj	言葉遣い
SULVATICUM	selvagem	salvaje	sauvage	selvaggio	sălbatic	野生の
VIATICUM	viagem	viaje	voyage	viaggio	(călătorie)	旅行

4.1.4 (-AU-)

AURUM	ouro	oro	or	oro	aur	金
TAURUM	touro	toro	taureau	toro	taur	牡牛
THESAURUM	tesouro	tesoro	trésor	tesoro	tezaur	宝

4.1.5 (-E-, -AE-)

DECEM	dez	diez	dix	dieci	zece	10
FEL	fel	hiel	fiel	fiele	fiere	胆汁
MEL	mel	miel	miel	miele	miere	蜂蜜
CAELUM	céu	cielo	ciel	cielo	cer	空

NB FEL, MEL は明らかに与格から派生した。HERBAM(草)＞erva, hierba, herbe, erba, iarbă; SEPTEM(7)＞sete, siete, sept, sette, şapte; VENTUM(風)＞vento, viento, vent, vento, vânt, etc. において、ル語は例外的音韻変化をしている。

ロマンス語概論

4.1.6 (-E, I-)

CREDIT	cré	cree	croit	crede	crede	彼は信じる
PARETEM	parede	pared	paroi	parete	perete	壁
VIDET	vê	ve	voit	vede	vede	彼は見る
SICCUM	sêco	seco	sec	secco	sec	乾燥した
VIRIDEM	verde	verde	vert	verde	verde	緑の

4.1.7 (-I-)

VITAM	vida	vida	vie	vita	viaţă	生命
MILLE	mil	mil	mille	mille	mie	千
VENIRE	vir	venir	venir	venire	vine	来る

4.1.8 (-O-)

BOVEM	boi	buey	bœuf	bue	bou	牡牛
NOVUM	novo	nuevo	neuf	nuovo	nou	新しい
OSSUM	ôso	hueso	os	osso	os	骨
OVUM	ôvo	huevo	œuf	uovo	ou	卵
SOMNIUM	sonho	sueño	songe	sogno	somn	夢

4.1.9 (-O, U-)

CORTEM	côrte	corte	cour	corte	curte	庭
FLOREM	flor	flor	fleur	fiore	floare	花
SOLUS	só	solo	seul	solo	solo	一人の
MUSCAM	môsca	mosca	mouche	mosca	muscă	蝿
ULMUM	olmo	olmo	orme	olmo	ulm	楡

4.1.10 (-U-)

LUNAM	lua	luna	lune	luna	lună	月
MATURUS	maduro	maduro	mûr	maturo	matur	熟した
SCUTUM	escudo	escudo	écu	scudo	scut	盾

第4章 音　韻

4.2 アクセントのない母音の変化

アクセントのない母音は，アクセントのある母音ほど重要であるとは考えられないので，ぞんざいに発音され，場合によっては消失する傾向にある。

4.2.1 語頭のアクセントのない母音の変化

4.2.1.1 (A-,)

| LAVARE | lavar | lavar | laver | lavare | la | 洗う |
| PARIETEM | parede | pared | paroi | parete | perete | 壁 |

4.2.1.2 (E-, Ē-)

| SECURUS | seguro | seguro | sûr | sicuro | sigur | 確実な |
| SEPTIMANAM | semana | semana | semaine | settimana | săptămânā | 週 |

4.2.1.3 (I-, Ī-)

| CIVITATEM | cidade | ciudad | cité | città | (oraş) | 都市 |
| MINUTUS | miudo | menudo | menu | minuto | mărunt | 細かい |

4.2.1.4 (O-, Ō-)

| DOLOREM | dôr | dolor | douleur | dolore | duroare | 苦痛 |
| PORTARE | portar | portar | porter | portare | purta | 運ぶ |

4.2.1.5 (U-, Ū-)

| IUDICARE | julgar | juzgar | juger | giudicare | judeca | 判断する |
| MUTARE | mudar | mudar | muer | mutare | muta | 変える |

4.2.1.6 (AU-)

AURICULAM	orelha	oroja	oreille	orecchio	ureche	耳
AUSCULTO	escuto	escucho	écoute	ascolto	ascult	私が聴く
LAUDARE	louvar	laudar	louer	lodare	lăuda	称賛する

4.2.2 語末のアクセントのない母音の変化

4.2.2.1 (-A)

| LAUDAT | louva | loa | loue | loda | laudă | 彼が褒める |
| ROTAM | roda | rueda | roue | ruota | roată | 車輪 |

4.2.2.2 (-E)

| DENTES | dentes | dientes | dents | denti | dinţi | 複数の歯 |
| LEVARE | levar | llevar | lever | levare | lua(re) | 運ぶ・上げる |

4.2.2.3 (-I)

| VENI | vem | ven | viens | vieni | vin | 来い |
| VENIT | vem | viene | vient | viene | vine | 彼が来る |

4.2.2.4 (-O)

| CANTO | canto | canto | chante | canto | cânt | 私は歌う |
| OCTO | oito | ocho | huit | otto | opt | 八 |

4.2.2.5 (-U)

| AUTUMNUM | outono | otoño | automne | autunno | toamnă | 秋 |
| CAVALLUM | cavalo | caballo | cheval | cavallo | cal | 馬 |

4.3 語頭の子音の変化

語頭の子音は重要であるので，そのまま保たれる場合が多い。

4.3.1 (CA-)

CANEM	cão	can	chien	cane	câine	犬
CAMISIAM	camisa	camisa	chemise	camicia	cămaşă	シャツ
CAPRAM	cabra	cabra	chèvre	capra	capră	雌山羊

NB スペイン語の「犬」は普通は，擬声音に由来する perro である。

4.3.2 (C+e, i-)

CAELUM	ceu	cielo	ciel	cielo	cer	空
PACEM	paz	paz	paix	pace	pace	平和
PICEM	pez	pez	poix	pece	(smoală)	チャン
VICINUM	vezinho	vecino	voisin	vicino	vecin	隣人
VOCE	voz	voz	voix	voce	voce	声

4.3.3 (F-)

| FACERE | fazer | hacer | faire | fare | face | する |

第4章 音　韻

FERRUM	ferro	hierro	fer	ferro	fier	鉄
FICATUM	fígado	hígado	foie	fegato	ficat	肝臓
FOLIAM	folha	hoja	feuille	foglia	foaie	葉
FORMICAM	formiga	hormiga	fourmi	formica	furnică	蟻

NB スペイン語の h-(＜F-) の現象に関しては，バスク語基層説と構造内変化説がある。

4.3.4 (H-)

HISPANIA	Espanha	España	Espagne	Spagna	Spania	スペイン
HONOREM	honra	honor	honneur	onore	onoare	名誉
HORAM	hora	hora	heure	ora	oră	時刻

NB h はロマンス諸語においては [∅] である。

4.3.5 (CL-, FL-)

CLAMARE	chamar	llamar	clamer	chiamare	chema	呼ぶ
CLAVEM	chave	llave	clef	chiave	cheie	鍵
FLAMMAM	chama	llama	flamme	fiamma	flacără	炎

4.3.6 (PL-)

PLANAM	chão	llana	plaine	piana	(câmp)	平野
PLENUM	cheio	lleno	plein	pieno	plin	満ちた
PLOVERE	chover	llover	pleuvoir	piovere	ploua	雨が降る

4.3.7 (S- ＋ 子音)

SCALAM	escada	escala	échelle	scala	scară	はしご
SCHOLAM	escola	escuela	école	scuola	școală	学校
SPATHAM	espada	espada	épee	spada	spadă	剣
SPINAM	espinha	espina	épine	spina	spin	刺
STELLAM	estrêla	estrella	étoile	stella	stea	星

NB estrêla と estrella には明らかに ASTRUM の類推的影響がある。

| STANNEUM | estanho | estaño | étain | stagno | staniu | 錫 |

NB「S- ＋ 子音」の S は「不純な S」と呼ばれる。

4.4 語中の子音の変化

4.4.1 (-B-)

CABALLUM	cavalo	caballo	cheval	cavallo	cal	馬
HABERE	haver	haber	avoir	avere	avea	持つ
PROBARE	provar	probar	prouver	provare	proba	証明する

4.4.2 (-D-)

CRUDUS	cru	crudo	cru	crudo	crud	生の
SUDARE	suar	sudar	suer	sudare	suda	汗をかく
VADUM	vau	vado	gué	guado	vad	浅瀬

4.4.3 (-T-)

ROTAM	roda	rueda	roue	ruota	roată	車輪
SALUTARE	saudar	saludar	saluer	salutare	saluta	挨拶する
VITAM	vida	vida	vie	vita	viață	生命

4.4.4 (-C + ヨッド-)

BRACCHIUM	braço	brazo	bras	braccio	braţ	腕
FACIEM	face	haz	face	faccia	faţă	顔
LANCEAM	lança	lanza	lance	lancia	lance	槍

4.4.5 (-PT-)

BAPTIZARE	boutiçar(古)	bautizar	baptiser	battezzare	boteza	洗礼する
CAPTIVUM	cativo	cautivo	captif	captivo	captiv	捕虜
RUPTUS	roto	roto	route	rotto	rupt	壊れた
SEPTEM	sete	siete	sept	sette	şapte	七

4.4.6 (-C'L-)

AURICULAM	orelha	oreja	oreille	orecchio	ureche	耳
OCULUM	olho	ojo	œil	occhio	ochi	目
VECLUM	velho	viejo	vieux	vecchio	vechi	年老いた

4.4.7 (-CT-)

DIRECTUM	direito	derecho	droit	diritto	drept	法律

第4章 音　韻

FACTUM	feito	hecho	fait	fatto	fapt	事実
LACTEM	leite	leche	lait	latte	lapte	牛乳
NOCTEM	noite	noche	nuit	notte	noapte	夜
OCTO	oito	ocho	huit	otto	opt	八

4.4.8 (-L-)

COLOREM	côr	color	couleur	colore	culoare	色
FILUM	fio	hilo	fil	filo	fir	糸
PERICULUM	perigo	peligro	péril	perìcolo	pericol	危険
POPULUM	povo	pueblo	peuple	pópolo	popor	国民
VOLUNTATEM	vontade	voluntad	volonté	volontà	voinţă	意志

NB スペイン語の peligro は音位転換の例である。ルーマニア語の cer (空) < CAELUM, fir (糸) < FILUM は例外的音韻変化の例である。

4.4.9 (-V-)

CLAVEM	chave	llave	clef	chiave	cheie	鍵
NOVUM	novo	nuevo	neuf	nuovo	nou	新しい
OVUM	ôvo	huevo	œuf	uovo	ou	卵

4.4.10 (-L + 子音-)

ALTERUM	outro	otro	autre	altro	alt	別の
AUSCULTARE	escutar	escuchar	écouter	ascoltare	asculta	聴く
CULTELLUM	cutelo	cuchillo	couteau	coltello	cuţit	ナイフ

4.4.11 (-N-)

LEONEM	leão	león	lion	leone	leu	ライオン
MANUM	mão	mano	main	mano	mână	手
SAPONEM	sabão	jabón	savon	sapone	săpun	石鹸
SPINAM	espinha	espina	épine	spina	spin	刺
VANUS	vão	vano	vain	vano	van	空虚な

4.4.12 (-P-)

COPERTUS	coberto	cubierto	couvert	coperto	acoperit	覆われた

ロマンス語概論

| EPISCOPUM | bispo | obispo | évêque | vescovo | episcop | 司教 |
| SAPONEM | savon | jabón | savon | sapone | săpun | 石鹼 |

4.4.13 (-QU-)

AQUAM	agua	agua	eau	acqua	apă	水
QUANDO	quando	cuando	quand	quando	când	〜の時
QUINQUE	cinco	cinco	cinq	cinque	cinci	五

4.4.14 (-X-, XT-)

AXEM	eixo	eje	essieu	asse	axă	軸
DIXIT	disse	dije	dit	disse	zise	彼は言った
EXEMPLUM	exemplo	ejemplo	exemple	esempio	exeplu	例
LUXUM	luxo	lujo	luxe	lusso	lux	光
EXTRANEUS	extranho	extraño	étrange	strano	straniu	奇妙な

4.4.15 (-[重子音] CC, GN, LL, MN, NN, RR, SS, TT-)

SACCUM	saco	saco	sac	sacco	sac	袋
VACCAM	vaca	vaca	vache	vacca	vacă	雌牛
PUGNUM	punho	puño	poing	pugno	pumn	こぶし
SIGNUM	senha	seña	seing	segno	semn	印，花押

NB フランス語の seing は「サイン」の意味。

CASTELLUM	castelo	castillo	château	castello	castel	城
STELLAM	estrêla	estrella	étoile	stella	stea	星
HOMINEM	homen	hombre	homme	uomo	om	人間
ANNUM	ano	año	an	anno	an	年
TERRAM	terra	tierra	terre	terra	ṭară	土地
PASSUM	passo	paso	pas(se)	passo	pas	通過
GUTTAM	gota	gota	goutte	gotta	(strop)	滴

4.4.16 (-R ... R-)

| ARBOREM | árvore | árbol | arbre | albero | arbore | 樹木 |
| MARMOREM | mármore | mármol | marbre | marmo | marmore | 大理石 |

第4章 音　韻

| PEREGRINUM | peregrino | pelegrino | pèlerin | pellegrino | pelerin | 外国人・巡礼者 |

4.4.17 (-T + ヨッド-)

MARTIUM	março	marzo	mars	marzo	martie	三月
PUTEUM	poço	pozo	puits	pozzo	puț	井戸
SPERANTIA	esperança	esperanza	espérance	speranza	speranță	希望

4.5 語末の子音の変化

4.5.1 (-C)

| DIC | di | di | dis | dì | zice | 言え |

NB 現代フランス語の命令形は dis である。ルーマニア語では普通は spune が用いられる。

| ILLIC, ILLAC | ali | allí | là | lì | la | あそこに |
| SIC | sim | sí | si | sì | (da) | はい |

4.5.2 (-D)

| AD | a | a | à | a | a | ～へ |
| QUID, QUOD | que | que | que | che | că | 接続詞 |

4.5.3 (-L)

FEL	fel	hiel	fiel	fiele	fiere	胆汁
MEL	mel	miel	miel	miele	miere	蜂蜜
SAL	sal	sal	sel	sale	sare	塩

4.5.4 (-M, -ATEM)

IAM	já	ya	déjà	già	deja	既に
CANTABAM	cantava	cantaba	chantais	cantava	cânta	私は歌っていた
NOVEM	nove	nueve	neuf	nove	nouă	九
LIBERTATEM	libertade	libertad	liberté	libertà	libertate	自由
QUALITATEM	qualidade	calidad	qualité	qualità	calitate	質
VANITATEM	vaidade	vanidad	vanité	vanità	vanitate	虚栄

4.5.5 (-N)

| IN | em | en | en | in | în | ～の中に |
| NON | não | no | non | no | nu | いいえ |

4.5.6 (-R)

| QUATTUOR | quatro | cuatro | quatre | quattro | patru | 四 |
| SEMPER | sempre | siempre | (toujours) | sempre | (totdeauna) | 常に |

4.5.7 (-S)

CANTAS	cantas	cantas	chantes	canti	cânţi	君は歌う
MAGIS	mais	más	mais	mai	mai	更に
TRES	três	tres	trois	tre	trei	三

4.5.8 (-T)

CANTAT	canta	canta	chante	canta	cântă	彼は歌う
EST	é	es	est	è	este	彼は～である
SUNT	são	son	sont	sono	sunt	彼らは～である

NB 活用した動詞の音韻変化に関しては，類推作用が働くので，特別な注意が必要である。そして，いかなる単語においても，環境が異なれば変化の仕方も異なることに注意が必要である。

4.6 音韻変化のまとめ

ラテン語からロマンス諸語に移行するに際して生じた主たる音韻変化は，次のようにまとめることが可能であろう。

1) 強弱アクセントの影響で，ラテン語の母音の長さの相関関係が消失した。
2) 母音の3段階の開口が定着した。
3) 多くのロマンス語で子音の長さが示差的特徴を有さなくなった。
4) ヨッドの作用で「口蓋化＞破擦音＞摩擦音」の過程が進んだ。
5) 母音間無声子音の「有声化＞摩擦音＞ゼロ」の過程が進んだ。

第5章 形　　態

次にロマンス諸語の形態に関する比較をしてみよう。

5.1 不定冠詞

言語＼性・数	単 男	単 女	複 男	複 女
ラ語	unus	una	uni	unae
ポ語	um	uma	uns	umas
ス語	un	una	unos	unas
フ語	un	une	des	des
イ語	un, uno	una, un'	degli, dei	delle
ル語	un	o	(niște)	(niște)

　NB ラテン語には不定冠詞は存在せず，ロマンス諸語の不定冠詞はラテン語の数詞 UNUS(1)に由来する。ルーマニア語の不定冠詞 o はラテン語の ILLAM に由来する。ポルトガル語の定冠詞 o＜ILLUM と混同しないこと。ルーマニア語の niște（＜NESCIO QUID）は不定形容詞である。

5.2 定冠詞

言語＼性・数	単 男	単 女	複 男	複 女
ラ語	ille	illa	illi	illae
ポ語	o	a	os	as
ス語	el	la	los	las
フ語	le	la	les	les
イ語	il, lo, l'	la, l'	i, gli, gl'	le
ル語	-ul, -le	-a	-i	-le

NB ラテン語には定冠詞は存在しなかった。ロマンス諸語の定冠詞は原則としてラテン語の指示詞 ILLE の主格に由来する。ラテン語は主格を示したが，ポルトガル語の男性単数定冠詞 o はラテン語の対格 ILLUM に由来する。ルーマニア語の定冠詞は前接的である。ルーマニア語には主格＝対格・属格＝与格そして時に呼格が存在する：omul（その人は），pe omul（その人を）; omului（その人の・に），Mario!（マリアよ！）。

5.3 指示形容詞

ポルトガル語 [esse, essa, esses, essas] とスペイン語 [ese, esa, esos, esas] には中称もあるが，ここではロマンス諸語に共通した近称と遠称のみを扱う。

5.3.1 近称「この」

言語 \ 数性	単 男	単 女	複 男	複 女
ラ語	hic	haec	hi	hae
ポ語	este	esta	estes	estas
ス語	este	esta	estos	estas
フ語	ce, cet	cette	ces	ces
イ語	questo	questa	questi	queste
ル語	acest	această	aceşti	aceste

NB ルーマニア語には前置形と後置形とがあり，主格＝対格・属格＝与格がある。

5.3.2 遠称「あの」

言語 \ 数性	単 男	単 女	複 男	複 女
ラ語	ille	illa	illi	illae
ポ語	aquele	aquela	aqueles	aquelas
ス語	aquel	aquella	aquellos	aquellas
フ語	ce, cet	cette	ces	ces
イ語	quello, quel, quell'	quella, quell'	quegli, quei	quelle
ル語	acel	acea	acei	acele

NB スペイン語の aquel，ルーマニア語の acel は ECCE ILLU に由来し，フランス語の ce は ECCE HOC に由来する。フランス語は近称・遠称の区別をしない。

5.4 主格人称代名詞

人称＼言語＼数	1人称 単	1人称 複	2人称 単	2人称 複	3人称 単	3人称 複
ラ語	ego	nos	tu	vos	ille, illa	illi, illae
ポ語	eu	nós	tu	vós	ele, ela, você	eles, elas, vocês
ス語	yo	nosotros, -tras	tú	vosotros, -tras	él, ella, usted	ellos, ellas, ustedes
フ語	je	nous	tu	vous	il, elle	ils, elles
イ語	io	noi	tu	voi	lui, lei, Lei	loro, Loro
ル語	eu	noi	tu, dumneata	voi, dumneavoastră	el, ea, dânsul, dânsa, dumnealui, dumneaei	ei, ele, dânşii, dânsele, dumnealor
日語	私	私達	君	君達	彼　彼女	彼ら　彼女ら

NB ラテン語には3人称の人称代名詞はなく，必要に応じて ILLE (その人)，IS (その人)，ISTE (その人) などで代用されていた。多くのロマンス語の3人称は ILLE の主格・対格に由来するが，イタリア語は属格に由来する。スペイン語の usted(es) は vuestra merced(es) から17世紀に音韻変化の結果，誕生した。ポルトガル語の você はスペイン語と同じ発想で vossa mercê に由来する。またポルトガル語では o(s) senhor(es), a(s) senhor(as) のほうが丁寧な待遇代名詞である。ルーマニア語の dumneavoastră は domnia voastră に，dânsul は de însul に由来する。

5.5 目的格人称代名詞

別名，弱形代名詞ともいうが，主格の人称代名詞と前置詞格の人称代名詞以外の代名詞，すなわち，直接目的語・間接目的語となる人称代名詞のことである。

5.5.1 直接目的語

人称性数言語	1人称 単数	1人称 複数	2人称 単数	2人称 複数	3人称 男性単数	3人称 女性単数	3人称 男性複数	3人称 女性複数
ラ語	me	nos	te	vos	illum	illam	illos	illas
ポ語	me	nos	te	vos	o, lo	a, la	os, los	as, las
ス語	me	nos	te	os	le, lo	la	los	las
フ語	me, m'	nous	te, t'	vous	le, l'	la, l'	les	les
イ語	mi, m'	ci, c'	ti, te, t'	vi, v'	lo, l'	la, l'	li	le
ル語	mă, m-	ne	te	vă, v-	îl, l-, -l	o	îl, -i	le, li

5.5.2 間接目的語

人称性数言語	1人称 単数	1人称 複数	2人称 単数	2人称 複数	3人称 男性単数	3人称 女性単数	3人称 男性複数	3人称 女性複数
ラ語	mihi	nobis	tibi	vobis	illi	illi	illis	illis
ポ語	me	nos	te	vos	lhe	lhe	lhes	lhes
ス語	me	nos	te	os	le, se	le, se	les, se	les, se
フ語	me, m'	nous	te, t'	vous	lui	lui	leur	leur
イ語	mi,me,m'	ci, ce, c'	ti, t'	vi, ve, v'	gli, glie-	le, glie-	loro	loro
ル語	îmi, -mi	ni	iți, -ti	vi	ii, -i	ii, i	le, li	le, li

NB ルーマニア語には独立形・前接形・後接形の別がある。

5.5.3 弱形代名詞と他の品詞との結合

ラ語　Me amabit.

ポ語　Amar-me-á.

ス語　Me amará.

フ語　Il m'aimera.

イ語　Mi amerà.

ル語　Are să mă iubească.

NB ポ語 A Maria visita-me todos os dias.　A Maria telefona-me hoje à noite.
　＝ス語 María me visita todos los días.　María me telefonea esta noche.

5.5.4 2つの弱形代名詞の結合

ラ語 mihi illam, illam mihi, etc. 制限なし。

ポ語 me+o>mo, te+o>to, lhe+o>lho, nos+o>no-lo, vos+o>vo-lo, lhes+o>lho, etc.

ス語 le(s)+lo(s), la(s)>se+lo(s), la(s), etc. 必ず「与格 + 対格」の語順。

フ語 me, te, nous, vous + le, la, les; le, la, les + lui, leur; 命令形 + le, la, les + moi, nous, lui, leur, etc.

イ語 mi, ti, ci, vi + 対格>me, te, ce, ve + 対格。

ル語 Ți-o trimit. Ni-l dă. Mi-a dat-o. Mi se pare că ți-e somn. 必ず「与格+対格」の語順。

5.6 前置詞格人称代名詞

ラ語	me	mecum	tecum	secum
ポ語	mim	comigo	cotigo	cosigo
ス語	mí	conmigo	contigo	consigo
フ語	moi	avec moi	avec toi	avec soi
イ語	me	con me	con te	con se
ル語	mine	cu mine	cu tine	cu sine
日語	私	私と共に	君と共に	自分と共に

NB フランス語・イタリア語・ルーマニア語の前置詞格の人称代名詞は, すべての前置詞に共通している。スペイン語の conmigo はラ語の mecum に由来する migo にスペイン語の前置詞 con を添加したものである。

5.7 所有形容詞

ロマンス諸語の所有形容詞は各人称にあり, ラテン語には1・2人称のみにあるが, ここでは1人称単数形を挙げる。

5.7.1 1人称単数「私の」

数 性 言語	単 男	単 女	複 男	複 女
ラ語	meus	mea	mei	meae
ポ語	o meu	a minha	os meus	as minhas
ス語	mío	mía	míos	mías
フ語	mon	ma	mes	mes
イ語	il mio	la mia	i miei	le mie
ル語	meu	mea	mei	mele

NB スペイン語には前置形と後置形があるが、ここでは後置形を挙げる。ポルトガル語・イタリア語では通常、定冠詞が前置される。ルーマニア語では主格＝対格・属格・与格の格変化がある。

5.7.2 2人称単数「君の」

数 性 言語	単 男	単 女	複 男	複 女
ラ語	tuus	tua	tui	tuae
ポ語	o tea	a tea	os teus	as teas
ス語	tuyo	tuya	tuyos	tuyas
フ語	ton	ta	tes	tes
イ語	il tuo	la tua	i tuoi	le tue
ル語	tău	ta	tăi	tale

5.7.3 3人称単数「主語と同一人物の」

数 性 言語	単 男	単 女	複 男	複 女
ラ語	suus	sua	sui	suae
ポ語	o seu	a sua	os seus	as suas
ス語	su	su	sus	sus
フ語	son	sa	ses	ses
イ語	il suo	la sua	i suoi	le sue
ル語	său	sa	săi	sale

第5章　形　　態

5.8 名詞の複数形

性数\言語	男性単数	男性複数	女性単数	女性複数
ラ語	lupus	lupi	casa	casae
ポ語	lobo	lobos	casa	casas
ス語	lobo	lobos	casa	casas
フ語	loup	loups	maison	maisons
イ語	lupo	lupi	casa	case
ル語	lup	lupi	casă	case

　NB ロマンス諸語の名詞がラテン語の主格から派生したか対格から派生したかということは，ロマンス言語学上の大問題である。上の例ではラテン語の主格を挙げたが，それぞれの対格は LUPUM, LUPOS, CASA, CASAS である。「家」のラテン語として CASA を挙げたが，ラテン語では「家」は一般的に DOMUS で，CASA は「小屋」を表していた。

5.9 前置詞と定冠詞との結合
5.9.1 「AD ＋ 定冠詞」

ラ語	ad illum	ad illam	ad illos	ad illas
ポ語	ao	à	aos	às
ス語	al	a la	a los	a las
フ語	au	à la	aux	aux
イ語	al, allo, all'	alla, all'	ai agli	alle
ル語	-lui	-ei	-lor	-lor

　NB ラテン語では AD は対格を支配していた。ルーマニア語は定冠詞が前接的で，格変化する。与格と属格は同形である。

5.9.2 「DE ＋ 定冠詞」

ラ語	de illo	de illa	de illis	de illis
ポ語	do	da	dos	das
ス語	del	de la	de los	de las
フ語	du	de la	des	des
イ語	del, dello, dell'	della, dell'	dei, degli	delle
ル語	-lui	-i	-lor	-lor

NB ラテン語では DE は奪格を支配していた。ルーマニア語は定冠詞が前接的で，格変化する。与格と属格は同形である。

5.10 関係代名詞

ラ語	cui	qualis	quantus	qui	quid
ポ語	cujo	qual	quanto	quem	que
ス語	cuyo	el cual	cuanto	quien	que
フ語	dont	lequel	―	qui	que, quoi
イ語	cui	il quale	quanto	chi	che
ル語	cui	care	cât	cine	ce

NB フランス語の dont は DE UNDE に由来する。ラテン語の関係代名詞は格変化するが，ここでは主格を挙げた。QUALIS の系列のスペイン語には lo cual という中性形がある。ポルトガル語・スペイン語・ルーマニア語の quem, quien, cine は対格に由来し，フランス語・イタリア語の qui, chi は主格に由来する。ポルトガル語・スペイン語の cujo, cuyo は性・数の変化をするが，フランス語・イタリア語・ルーマニア語の dont, cui, cui は無変化である。QUID の系列のスペイン語には lo que という中性形があるが，それに対応するポルトガル語の形態は o que という男性形である。

5.11 名詞の性の差異

次に挙げる名詞は，語源が同じであるにもかかわらず，性の異なるものが多い。

ラ語	ポ語	ス語	フ語	イ語	ル語	日語
aenigma n.	o enigma	el enigma	l'énigme f.	l'enigma m.	enigma	謎
arbor f.	a árvore	el árbol	l'arbre m.	l'albero m.	arborele m.	木
asthma n.	a asma	el asma	l'asthme	l'asma f.	astma	喘息
axis m.	o eixo	el eje	l'axe m.	l'asse m.	axa	軸
carcer m.	o carcere	la cárcel	la chartre	il carcere	carcera	牢獄
clima n.	o clima	el clima	le climat	il clima	clima	気候
color m.	a côr	el color	la couleur	il colore	culoarea	色
cometa m.	o cometa	el cometa	la comète	la cometa	cometa	彗星

第5章　形　態

cornu n.	o corno	el cuerno	la corne	il corno	cornul	角
damnum n.	o dano	el daño	le dommage	il danno	dauna	損害
dens m.	o dente	el diente	la dent	il dente	dintele m.	歯
dogma n.	o dogma	el dogma	le dogme	il dogma	dogma	教義
dolor m.	a dôr	el dolor	la douleur	il dolore	durerea	苦痛
drama n.	o drama	el drama	le drame	il drama	drama	ドラマ
fagus f.	a faia	el haya f.	le fou	il faggio	fagul	ブナ
favor m.	o favor	el favor	la faveur	il favore	favoarea	恩恵
finis f. m.	o fine	el fin	la fin	la fine	finele	結末
flos m.	a flor	la flor	la fleur	il fiore	floarea	花
frons f.	a fronte	la frente	le front	la fronte	fruntea	額
honor m.	o honor	el honor	l'honneur	l'onore m.	onoarea	名誉
iris f.	a, o iris	el iris	l'iris m.	l'iride f.	irisul	虹
lac n.	a leite	la leche	le lait	il latte	laptea	牛乳
limes m.	o limite	el límite	la limite	il limite	limita	境界
lumen n.	o lume	la lumbre	la lumière	il lume	lumina	光
mare n.	o mar	el mar	la mer	il mare	marea	海
margo f. m.	a margem	el margen	la marge	il margine	marginea	縁
mel n.	o mel	la miel	le miel	il miele	mierea	蜜
methodus f.	o metodo	el método	la méthode	il metodo	metoda	方法
oasis f.	o oasis	el oasis	l'oasis f.	l'oasi f.	oaza	オアシス
ordo m.	a ordem	el orden	l'ordre m.	l'ordine m.	ordinul	秩序
origo f.	a origem	el origen	l'origine f.	l'origine f.	originea	起源
periodus f.	o periodo	el período	la période	il periodo	perioada	周期
planeta m.	o planeta	el planeta	la planète	il pianeta	planeta	惑星
pons m.	a ponte	el puente	le pont	il ponte	puntea	橋
problema n.	o problema	el problema	le problème	il problema	problema	問題
pulvis m.	o po	el polvo	la poudre	la polvere	pulberea	塵

— 75 —

reptile n.	o reptil	el reptil	le reptile	il rettile	reptila		爬虫類
sal m. n.	o sal	la sal	le sel	il sale	sarea		塩
sanguis m.	o sangue	la sangre	le sang	il sangue	sângele m.		血
serpens f. m.	a serpente	la serpiente	le serpent	il serpente	şarpele m.		蛇
sors f.	a sorte	la suerte	le sort	la sorte	soarta		運
thema m.	o tema	el tema	le thème	il tema	tema		テーマ
tigris f. m.	o tigre	el tigre	le tigre	la tigre	tigrul		虎
torrens m.	a torrente	el torrente	le torrent	il torrente	torentul		急流
ungula f.	a unha	la uña	l'ongle m.	l'unghia f.	unghia		爪
valor m.	o valor	el valor	la valeur	il valore	valoarea		価値
valles f.	o vale	el valle	le val	la valle	valea		谷

　ロマンス諸語の性の不一致の理由を完全に説明するのは，極めて困難である。ラテン語では ARBOR (樹木) は，ニンフが宿り生産するものなので，女性であった。しかし，ロマンス語では「樹木」を表す名詞の多くが音形的理由で男性名詞になり，その類推で「樹木」も男性になったと考えられる。「海」はフランス語とルーマニア語では女性であるが，それは terre (陸) の類推からであろう。-OR の語尾を有する男性名詞がフランス語では -eur の語尾を有する女性になった。それは -URA の類推であろう。

5.12 数詞の構造
5.12.1 基数詞「1～9」

ラ語	unus	duo	tres	quattuor	quinque	sex	septem	octo	novem
ポ語	um	dos	três	quatro	cinco	seis	sete	oito	nove
ス語	uno	dos	tres	cuatro	cinco	seis	siete	ocho	nueve
フ語	un	deux	trois	quatre	cinq	six	sept	huit	neuf
イ語	uno	due	tre	quattro	cinque	sei	sette	otto	nove
ル語	un	doi	trei	patru	cinci	şase	şapte	opt	nouă
日語	1	2	3	4	5	6	7	8	9

第5章 形　態

NB ラテン語では1～3まで性・数・格の変化をするが，ここでは主格を挙げた。ポルトガル語とルーマニア語では2がそれぞれ dois, doi(男), duas, două(女)と性変化する。

5.12.2 基数詞「10～14」

ラ語	decem	undecim	duodecim	tredecim	quattuordecim
ポ語	dez	onze	doze	treze	quatorze
ス語	diez	once	doce	trece	catorce
フ語	dix	onze	douze	treize	quatorze
イ語	dieci	undici	dodici	tredici	quattordici
ル語	zece	unsprezece	doisprezece	treisprezece	patrusprezece
日語	10	11	12	13	14

NB ルーマニア語の「11～19」は，形態素はラテン語であるが，形態はスラヴ語的である。

5.12.3 基数詞(15～18)

ラ語	quindecim	sedecim	decem (et) septem	decem (et) octo
ポ語	quinze	dezasseis	dezassete	dezoite
ス語	quince	dieciséis	diecisiete	dieciocho
フ語	quinze	seize	dix-sept	dix-huit
イ語	quindici	sedici	diciassette	diciotto
ル語	cincisprezece	şaisprezece	şaptesprezece	optsprezece
日語	15	16	17	18

NB 「16」はラ語には decem (et) sex という形態もあった。「16」はポルトガル語・スペイン語とフランス語・イタリア語とで形態が異なる。

5.12.4 基数詞「20, 60, 70, 80, 90」

ラ語	viginti	sexaginta	septuaginta	octoginta	nonaginta
ポ語	vinte	sessenta	setenta	oitenta	noventa
ス語	veinte	sesenta	setenta	ochenta	noventa
フ語	vingt	soixante	soixante-dix	quatre-vingts	quatre-vingt-dix
イ語	venti	sessanta	settanta	ottanta	novanta
ル語	douăzeci	şaizeci	şaptezeci	optzeci	nouăzeci
日語	20	60	70	80	90

5.12.5 基数詞「100; 200; 1,000; 10,000; 1,000,000」

ラ語	centum	ducenti	mille	decem milia	millionem
ポ語	cento	duzentos	mil	dez mil	um milhão
ス語	ciento	doscientos	mil	diez mil	un millón
フ語	cent	deux cents	mille	dix mille	un million
イ語	cento	duecento	mille	diecimila	un milione
ル語	o sută	două sute	o mie	zece mii	un milion
日語	100	200	1,000	10,000	1,000,000

NB 「1,000,000」は数形容詞ではなく，名詞である。

5.12.6 序数詞

ラ語	primus	secundus	decimus	centesimus	millesimus
ポ語	primeiro	segundo	décimo	centésimo	milésimo
ス語	primero	segundo	décimo	centésimo	milésimo
フ語	premier	second	dixième	centième	millième
イ語	primo	secondo	decimo	centesimo	millesimo
ル語	prim(ul)	al doilea	al zecelea	al o sutălea	al o miilea
日語	最初の	2番目の	10番目の	100番目の	1000番目の

NB ルーマニア語には「最初の」を表す întâi(ul)＜ANTANEUS もある。

5.13 副詞(句)の形態

5.13.1

ラ語	modo romani	absolute	perfecte, omnino
ポ語	à romana	absolutamente	completamente, de todo
ス語	a la romana	absolutamente	completamente, del todo
フ語	à la romaine	absolument	complètement, du tout
イ語	alla romana	assolutamente	completamente, del tutto
ル語	roman	neapărat	complet, de tot
日語	ローマ風に	絶対に，きっと	全部，全く

第5章 形　態

5.13.2

ラ語	clare	leniter	solum
ポ語	claramente	lentamente	somente
ス語	claramente	lentamente	solamente
フ語	clairement	lentement	seulement
イ語	chiaramente	lentamente	solamente
ル語	clar	încet	numai
日語	はっきりと	ゆっくりと	ただ

NB 「形容詞の女性形 + ment(e)」が多くのロマンス語に共通しているが，-ment(e) はラテン語の MENS の奪格に由来する。ポルトガル語とスペイン語において -mente の語尾を有する副詞が2つ以上並ぶ場合，最後の副詞のみに -mente をつけ，それよりも前にある形容詞は女性形にする。スペイン語ではアクセントが2カ所になる。ルーマニア語は形容詞の男性単数形をそのまま副詞として用いる傾向にある。

5.14 名詞・代名詞の強調

ラ語	eadem res	ego ipse
ポ語	a mesma coisa	eu mesmo
ス語	la misma cosa	yo mismo
フ語	la même chose	moi même
イ語	la stessa cosa	io stesso
ル語	același lucru	eu însumi
日語	同じこと	私(男)自身

NB スペイン語の mismo の語源は *MEDIPSIMUS，ルーマニア語の însumi の語源は IPSUS MIHI である。

5.15 動名詞

ラ語	cantandum	—	—	eundum
ポ語	cantando	tendo cantado	sendo	indo
ス語	cantando	habiendo cantado	siendo	yendo
フ語	en chantant	en ayant chanté	en étant	en allant
イ語	cantando	avendo cantato	essendo	andando
ル語	cântând	având cântat	fiind	mergând
日語	歌いながら	歌ってから	～なので	行きながら

　NB　この形態はラテン語の GERUNDIUM に由来し，ポルトガル語では gerúndio, スペイン語では gerundio, フランス語では gérondif, イタリア語では gerundio, ルーマニア語では gerunziu と呼ばれ，すべての言語にわたって無変化である。フランス語の gérondif は現在分詞に en を前置すると得られる。

5.16 現在分詞

ラ語	cantantem	habentem	potentem	euntem
ポ語	cantante	tendo	podendo	indo
ス語	cantante	teniendo	pudiendo	yendo
フ語	chantant	ayant	pouvant	allant
イ語	cantante	avente	potente	andante
ル語	cântânt	având	putând	mergânt
日語	歌いながら	持ちながら	できつつある	行きながら

　NB　ラテン語では「動名詞」と「現在分詞」は別の品詞であるが，ロマンス語の中には区別しない言語もある。ラテン語は対格を示した。

5.17 過去分詞

ラ語	cantatum	—	scritum	factum
ポ語	cantado	sido	escrito	feito
ス語	cantado	sido	escrito	hecho
フ語	chanté	été	écrit	fait

— 80 —

第 5 章　形　　態

イ語	cantato	stato	scritto	fatto
ル語	cântat	fost	scris	făcut
日語	歌った	～であった	書いた	した

　NB ラテン語ではロマンス諸語の過去分詞は一般的に「完了分詞」と呼ばれる。ラテン語の ESSE には完了分詞はない。ロマンス諸語にはいわゆる不規則な形もある。ロマンス諸語では男女単複と変化する。

5.18 目的分詞

ラ語	cantum	itum
ポ語	—	—
ス語	—	—
フ語	—	—
イ語	—	—
ル語	cântat	mers
日語	歌うために	行くために

　NB 目的分詞はラテン語では SUPINUM と言われ，ロマンス諸語の中でルーマニア語にしかない。ロマンス諸語では「前置詞 + 不定詞」が SUPINUM の機能を担っている。ラテン語の SUPINUM には -U で終わるものもある。

5.19 直説法の活用

　ラテン語には第1～第4活用まで，ポルトガル語には第1～第3活用まで，スペイン語には第1～第3活用まで，フランス語には第1～第4活用まで，イタリア語には第1～第3活用まで，ルーマニア語には第1～第5活用まで規則活用がある。以下に動詞の活用を示すとき，フランス語の主格人称代名詞，ルーマニア語の前置詞 a は原則として省略する。

5.19.1 規則動詞 CANTARE (歌う) の直説法現在

ラ語	cantare:	canto	cantas	cantat	cantamus	cantatis	cantant
ポ語	cantar:	canto	cantas	canta	cantamos	cantais	cantan
ス語	cantar:	canto	cantas	canta	cantamos	cantáis	cantan

— 81 —

フ語	chanter:	chante	chantes	chante	chantons	chantez	chantent
イ語	cantare:	canto	canti	canta	cantiamo	cantate	cantano
ル語	cânta:	cânt	cânţi	cântă	cântăm	cântaţi	cântă

NB AMARE(愛する)が多くのロマンス語に共通しているが，ルーマニア語で「愛する」は a iubi なので「歌う」を選んだ。ラ語の CANERE は第3活用の動詞である。ロマンス諸語はラ語の CANTARE(繰り返し歌う)に由来する。この例や FINIRE(終わる)→FINISCERE [起動相]，FLORERE(花が咲く)→FLORESCERE [起動相] のように「相」が変わった例が多い。

5.19.2 常用動詞 HABERE, TENERE(保つ)の直説法現在

ラ語	habere:	habeo	habes	habet	habemus	habetis	habent
ポ語	ter:	tenho	tens	tem	temos	tendes	têm
ス語	tener:	tengo	tienes	tiene	tenemos	tenéis	tienen
フ語	avoir:	ai	as	a	avons	avez	ont
イ語	avere:	ho	hai	ha	abbiamo	avete	hanno
ル語	avea:	am	ai	are	avem	aveţi	au

NB ロマンス諸語の「持つ」という意味の動詞は HABERE 系と TENERE 系に分かれる。現在完了を作るときの助動詞は言語により異なり，活用もル語では少し異なる。

5.19.3 常用動詞 FACERE(する・作る)の直説法現在

ラ語	facere:	facio	facis	facit	facimus	facitis	faciunt
ポ語	fazer:	faço	fazes	faz	fazemos	fazeis	fazem
ス語	hacer:	hago	haces	hace	hacemos	hacéis	hacen
フ語	faire:	fais	fais	fait	faisons	faites	font
イ語	fare:	faccio	fai	fa	facciamo	fate	fanno
ル語	face:	fac	faci	face	facem	faceţi	fac

5.19.4 不規則動詞 ESSE(〜である)の直説法現在

ラ語	esse:	sum	es	est	sumus	estis	sunt
ポ語	ser:	sou	és	é	somos	sois	são
ス語	ser:	soy	eres	es	somos	sois	son
フ語	être:	suis	es	est	sommes	êtes	sont

第5章 形　　態

| イ語 | essere: | sono | sei | è | siamo | siete | sono |
| ル語 | fi: | sunt | eşti | este | suntem | sunteţi | sunt |

NB フランス語の不定詞 être は ESSE にではなく STARE に由来する。活用は ESSE に由来するものを使っている。ポルトガル語とスペイン語には STARE に由来する estar があり，「場所」・「一時的状態」などを表す。スペイン語の eres は，3人称単数形との混同を避けるために，ラテン語の直説法単純未来 ERIS を借用している。スペイン語の soy には語源的な so に -y が添加されている。cf. doy, estoy, voy; hay, il y a, havvi。ルーマニア語の不定詞 a fi は FIERI (〜になる) に由来する。sunt は1人称単数と3人称複数で同形である。

5.19.5 不規則動詞 IRE (行く) の直説法現在

ラ語	ire:	eo	is	it	imus	itis	eunt
ポ語	ir:	vou	vais	vai	vamos	ides	vão
ス語	ir:	voy	vas	va	vamos	vais	van
フ語	aller:	vais	vas	va	allons	allez	vont
イ語	andare:	vado	vai	va	andiamo	andate	vanno
ル語	merge:	merg	mergi	merge	mergem	mergeţi	merg

NB ラテン語の IRE (行く) は活用が短すぎるために，スペイン語では VADERE に取って代わられた。フランス語・イタリア語・ルーマニア語では，それぞれ aller (＜AMBULARE 漫歩) する，andare (＜AMBULARE 漫歩) する，merge (＜MERGERE 沈める) と語彙が異なる。

5.19.6 「起床する」の直説法現在の活用

ラ語	surgo	surgis	surgit	surgimus	surgitis	surgunt
ポ語	levanto-me	levantas-te	levanta-se	levantamo-nos	levantais-vos	levantam-se
ス語	me levanto	te levantas	se levanta	nos levantamos	os levantáis	se levantan
フ語	me lève	te lèves	se lève	nous levons	vous levez	se lèvent
イ語	mi alzo	ti alzi	si alza	ci alziamo	vi alzate	si alzano
ル語	mă scul	te sculi	se scoală	ne sculăm	vă sculaţi	se scoală

NB ラテン語では「起床する」は SURGERE であり，再帰動詞ではない。ラテン語には再帰動詞は少なかった。ラテン語の再帰動詞は3人称に限られていた。ポルトガル語には eu me levanto, tu te levantas, ele se levanta, nós nos levantamos, vós vos levantais, eles se levantam という語順もある。ルーマニア語には a-şi aminti (思い出す): îmi amintesc, îţi aminteşti, îşi aminteşte, ne amintim, vă amintiţi, îşi amintesc という与

— 83 —

格再帰動詞もあるが，それはラテン語の対格(se)，与格(sibi)，属格(sui)，奪格(se)を吸収したものである。

5.19.7 受動態 AMARI(愛される)の直説法現在

ラ語	amari:	amor	amaris	amatur	amamur	amamini	amantur
ポ語	ser amado:	sou	és	é	somos	sois	são +amado
ス語	ser amado:	soy	eres	es	somos	sois	son +amado
フ語	être aimé:	suis	es	est	sommes	êtes	sont +aimé
イ語	essere amato:	sono	sei	è	siamo	siete	sono+amato
ル語	fi iubit:	sunt	eşti	este	suntem	sunteţi	sunt +iubit

NB ラテン語の受動態は総合的であるが，ロマンス諸語の受動態は分析的である。ロマンス諸語の過去分詞は男女単複と変化するが，ここでの過去分詞は男性単数形のみを示した。

5.19.8 規則動詞 CANTARE(歌う)の直説法現在完了

ラ語	*habeo	habes	habet	habemus	habetis	habent	+ cantatum
ポ語	tenho	tens	tem	temos	tendes	têm	+ cantado
ス語	he	has	ha	hemos	habéis	han	+ cantado
フ語	ai	as	a	avons	avez	ont	+ chanté
イ語	ho	hai	ha	abbiamo	avete	hanno	+ cantato
ル語	am	ai	a	am	aveţi	au	+ cântat

NB 過去分詞は無変化である。フランス語では複合過去と呼ばれ，イタリア語では「近過去」と呼ばれる。フランス語とイタリア語では「移動」を表す動詞の助動詞として，それぞれ être, essere が用いられる。ラテン語の現在完了［ラテン語では「完了過去」と呼ばれる］は 5.19.12 に記す。「現在完了」はロマンス語になって誕生した時制である。

5.19.9 不規則動詞 ESSE(〜である)の直説法現在完了

ラ語	fui	fuisti	fuit	fuimus	fuistis	fuerunt	
ポ語	tenho	tens	tem	temos	tendes	têm	+ sido
ス語	he	has	ha	hemos	habéis	han	+ sido
フ語	ai	as	a	avons	avez	ont	+ été
イ語	sono	sei	è	siamo	siete	sono	+ stato
ル語	am	ai	a	am	aveţi	au	+ fost

第5章 形　　態

5.19.10 「起床する」の直説法現在完了

ラ語	surrexi	surrexisti	surrexit	surreximus	surrexistis	surrexerunt
ポ語	levantei-me	levantaste-te	levantou-se	levantamos-nos	levantastes-vos	levantaram-se
ス語	me he	te has	se ha	nos hemos	os habéis	se han ＋ levantado
フ語	me suis	t'es	s'est	nous sommes	vous êtes	se sont ＋ levé
イ語	mi sono	ti sei	si è	ci siamo	vi siete	si sono ＋ alzato
ル語	m-am	t-ai	s-a	ne-am	v-aţi	s-au ＋ sculat

　NB ポルトガル語では levantar-se(起床する)の現在完了は不自然である。フランス語・イタリア語では代名動詞［＝再帰動詞］の助動詞は必ず être・essere である。再帰代名詞が直接目的語のとき，過去分詞は主語の性・数に一致する。

5.19.11 受動態 AMARI(愛される)の直説法現在完了

ラ語	sum	es	est	sumus	estis	sunt ＋ amatus
ポ語	tenho	tens	tem	temos	tendes	têm ＋ sido amado
ス語	he	has	ha	hemos	habéis	han ＋ sido amado
フ語	ai	as	a	avons	avez	ont ＋ été aimé
イ語	sono	sei	è	siamo	siete	sono ＋ stato amato
ル語	am	ai	a	am	aţi	au ＋ fost iubit

　NB すべての言語において過去分詞は主語の性・数に一致する。ラテン語の活用の例として過去分詞を後ろにもってきたが，実際には前にくる場合が多い。

5.19.12 規則動詞 CANTARE(歌う)の直説法点過去

ラ語	cantavi	cantavisti	cantavit	cantavimus	cantavistis	cantaverunt
ポ語	cantei	cantaste	cantou	cantamos	cantastes	cantaram
ス語	canté	cantaste	cantó	cantamos	cantasteis	cantaron
フ語	chantai	chantas	chanta	chantâmes	chantâtes	chantèrent
イ語	cantai	cantasti	cantò	cantammo	cantaste	cantarono
ル語	cântai	cântaşi	cânta	cântarăm	cântarăţi	cântară

　NB この活用は原則としてラテン語の直説法完了過去に由来する。言語によって，完全過去(ポルトガル語)，遠過去(イタリア語)，単純過去(フランス語・ルーマニア語)，点過去・不

— 85 —

定過去(スペイン語)などといった呼称がある。フランス語・イタリア語・ルーマニア語などではこの時制は口語的ではない。

5.19.13 不規則動詞 ESSE(〜である)の直説法点過去

ラ語	fui	fuisti	fuit	fuimus	fuistis	fuerunt
ポ語	fui	foste	foi	fomos	fostes	foram
ス語	fui	fuiste	fue	fuimos	fuisteis	fueron
フ語	fus	fus	fut	fûmes	fûtes	furent
イ語	fui	fosti	fu	fummo	foste	furono
ル語	fui	fuşi	fu	furăm	furăţi	fură

NB ポルトガル語・スペイン語においては ser と ir の点過去の活用は，意味的・音韻的理由から同形である。

5.19.14 不規則動詞 IRE(行く)の直説法点過去

ラ語	ii	isti	iit	iimus	istis	ierunt
ポ語	fui	foste	foi	fomos	fostes	foram
ス語	fui	fuiste	fue	fuimos	fuisteis	fueron
フ語	allai	allas	alla	allâmes	allâtes	allèrent
イ語	andai	andasti	andò	andammo	andaste	andarono
ル語	mersei	merseşi	merse	merserăm	merserăţi	merseră

5.19.15 規則動詞 FACERE(する・作る)の直説法点過去

ラ語	feci	fecisti	fecit	fecimus	fecistis	fecerunt
ポ語	fiz	fizeste	fez	fizemos	fizestes	fizeram
ス語	hice	hiciste	hizo	hicimos	hicisteis	hicieron
フ語	fis	fis	fit	fîmes	fîtes	firent
イ語	feci	facesti	fece	facemmo	faceste	fecero
ル語	făcui	făcuşi	făcu	făcurăm	făcurăţi	făcură

NB ラテン語においては FACERE は規則動詞であるが，ロマンス諸語においては強変化動詞すなわち不規則活用である。スペイン語の h-(＜F-)は規則的音韻変化の結果である。

第5章　形　　態

5.19.16 受動態 AMARI(愛される)の直説法点過去

ラ語	sum	es	est	sumus	estis	sunt	+ amatus
ポ語	fui	foste	foi	fomos	fostes	foram	+ amado
ス語	fui	fuiste	fue	fuimos	fuisteis	fueron	+ amado
フ語	fus	fus	fut	fûmes	fûtes	furent	+ aimé
イ語	fui	fosti	fu	fummo	foste	furono	+ amato
ル語	fui	fuşi	fu	furăm	furăţi	fură	+ iubit

NB すべての言語において過去分詞は主語の性・数に一致する。

5.19.17 規則動詞 CANTARE(歌う)の不完了過去

ラ語	cantabam	cantabas	cantabat	cantabamus	cantabatis	cantabant
ポ語	cantava	cantavas	cantava	cantávamos	cantáveis	cantavam
ス語	cantaba	cantabas	cantaba	cantábamos	cantabais	cantaban
フ語	chantais	chantais	chantait	chantions	chantiez	chantaient
イ語	cantavo	cantavi	cantava	cantavamo	cantavate	cantavano
ル語	cântam	cântai	cânta	cântam	cântaţi	cântau

NB この時制の名称は，線過去(スペイン語)・不完全過去(ポルトガル語)・半過去(フランス語・イタリア語)など，様々である。

5.19.18 不規則動詞 ESSE(〜である)の不完了過去

ラ語	eram	eras	erat	eramus	eratis	erant
ポ語	era	eras	era	éramos	éreis	eram
ス語	era	eras	era	éramos	erais	eran
フ語	étais	étais	était	étions	étiez	étaient
イ語	ero	eri	era	eravamo	eravate	erano
ル語	eram	erai	era	eram	eraţi	erau

5.19.19 受動態 AMARI(愛される)の不完了過去

ラ語	amabar	amabaris	amabatur	amabamur	amabamini	amabantur
ポ語	era	eras	era	éramos	éreis	eram	+ amado
ス語	era	eras	era	éramos	erais	eran	+ amado

— 87 —

ロマンス語概論

フ語	étais	étais	était	étions	étiez	étaient	+	aimé
イ語	ero	eri	era	eravamo	eravate	erano	+	amato
ル語	eram	erai	era	eram	eraţi	erau	+	iubit

NB ラテン語の受動態は不完了過去の場合も総合的であるが，ロマンス諸語では分析的であり，過去分詞は主語の性・数に一致する。

5.19.20 規則動詞 CANTARE(歌う)の直説法過去完了

ラ語	cantaveram	cantaveras	cantaverat	cantaveramus	cantaveratis	cantaverant		
ポ語	tinha	tinhas	tinha	tínhamos	tínheis	tinham	+	cantado
ス語	había	habías	había	habíamos	habíais	habían	+	cantado
フ語	avais	avais	avait	avions	aviez	avaient	+	chanté
イ語	avevo	avevi	aveva	avevamo	avevate	avevano	+	cantato
ル語	cântasem	cântaseşi	cântase	cântaserăm	cântaserăţi	cântaseră		

NB 言語によっては「大過去」とも呼ばれる。ポルトガル語には cantara cantaras cantara cantáramos cantáreis cantaram という総合形もある。これは古形で文語的である。ルーマニア語の -se- は接続法過去完了の語尾に由来する。スペイン語には助動詞に hube hubiste hubo hubimos hubisteis hubieron を用いる直前過去が，フランス語には助動詞に eus eus eut eûmes eûtes eurent を用いる直前過去，イタリア語には助動詞に ebbi avesti ebbe avemmo aveste ebbero を用いる「先立過去」がある。

5.19.21 不規則動詞 ESSE(～である)の直説法過去完了

ラ語	fueram	fueras	fuerat	fueramus	fueratis	fuerant		
ポ語	fora	foras	fora	fôramos	fôrais	foram		
ス語	había	habías	había	habíamos	habíais	habían	+	sido
フ語	avais	avais	avait	avions	aviez	avaient	+	été
イ語	ero	eri	era	eravamo	eravate	erano	+	stato
ル語	fusesem	fuseseşi	fusese	fuseserăm	fuseserăţi	fuseseră		

NB スペイン語には fuera fueras fuera fuéramos fuerais fueran という古形もある。

5.19.22 規則動詞 CANTARE(歌う)の直説法単純未来

| ラ語 | cantabo | cantabis | cantabit | cantabimus | cantabitis | cantabunt |
| ポ語 | cantarei | cantarás | cantará | cantaremos | cantareis | cantarão |

第5章 形　態

ス語	cantaré	cantarás	cantará	cantaremos	cantaréis	cantarán
フ語	chanterai	chanteras	chantera	chanterons	chanterez	chanteront
イ語	canterò	canterai	canterà	canteremo	canterete	canteranno
ル語	voi	vei	va	vom	veţi	vor＋cânta

NB　ルーマニア語以外のロマンス諸語の直説法単純未来形は「不定詞＋HABEREの直説法現在」である。ルーマニア語には3とおりの直説法単純未来形がある: am să cânt, ai să cânţi, are să cânte, avem să cântăm, aveţi să cântaţi, au să cânte; o să cânt, o să cânţi, o să cânte, o să cântăm, o să cântaţi, o să cânte.「voi＋cânta」型が文語的であり、「am să cânt, o să cânt」型が口語的である。voi, etc. はVOLERE＜VELLE(欲する)に由来する。

5.19.23　不規則動詞 ESSE(〜である)の直説法単純未来

ラ語	ero	eris	erit	erimus	eritis	erunt
ポ語	serei	serás	será	seremos	sereis	serão
ス語	seré	serás	será	seremos	seréis	serán
フ語	serai	seras	sera	serons	serez	seront
イ語	sarò	sarai	sarà	saremo	sarete	saranno
ル語	voi	vei	va	vom	veţi	vor＋fi

5.19.24　規則動詞 CANTARE(歌う)の直説法未来完了

ラ語	cantavero	cantaveris	cantaverit	cantaverimus	cantaveritis	cantaverint	
ポ語	terei	terás	terá	teremos	tereis	terão	＋cantado
ス語	habré	habrás	habrá	habremos	habréis	habrán	＋cantado
フ語	aurai	auras	aura	aurons	aurez	auront	＋chanté
イ語	avrò	avrai	avrà	avremo	avrete	avranno	＋cantato
ル語	voi	vei	va	vom	veţi	vor	＋fi cântat

5.19.25　不規則動詞 ESSE(〜である)の直説法未来完了

ラ語	fuero	fueris	fuerit	fuerimus	fueritis	fuerint	
ポ語	terei	terás	terá	teremos	tereis	terão	＋sido
ス語	habré	habrás	habrá	habremos	habréis	habrán	＋sido
フ語	aurai	auras	aura	aurons	aurez	auront	＋été

| イ語 | sarò | sarai | sarà | saremo | sarete | saranno | + stato |
| ル語 | voi | vei | va | vom | veţi | vor | + fi fost |

5.19.26 規則動詞 CANTARE(歌う)の直説法過去未来単純形

ラ語	—	—	—	—	—	—
ポ語	cantaria	cantarias	cantaria	cantaríamos	cantaríeis	cantariam
ス語	cantaría	cantarías	cantaría	cantaríamos	cantaríais	cantarían
フ語	chanterais	chanterais	chanterait	chanterions	chanteriez	chanteraient
イ語	canterei	canteresti	canterebbe	canteremmo	canterete	canterebbero
ル語	aş	ai	ar	am	aţi	ar + cânta

NB ラテン語にはこの時制は存在しなかった。ルーマニア語を除くロマンス諸語の過去未来単純形は「不定詞＋HABEREの過去の語尾」からなり立っているので，いわゆる不規則形はない。ルーマニア語のaş, etc.の語源は不明で「蓋然法単純形」と呼ばれる。フランス語・イタリア語では「条件法」と呼ばれる。

5.19.27 不規則動詞 ESSE(～である)の直説法過去未来単純形

ラ語	—	—	—	—	—	—
ポ語	seria	serias	seria	seríamos	seríeis	seriam
ス語	sería	serías	sería	seríamos	seríais	serían
フ語	serais	serais	serait	serions	seriez	seraient
イ語	sarei	saresti	sarebbe	saremmo	sareste	sarebbero
ル語	aş	ai	ar	am	aţi	ar+fi

5.19.28 規則動詞 CANTARE(歌う)直説法過去未来複合形

ラ語	—	—	—	—	—	—
ポ語	teria	terias	teria	teríamos	teríeis	teriam	+ cantado
ス語	habría	habrías	habría	habríamos	habríais	habrían	+ cantado
フ語	aurais	aurais	aurait	aurions	auriez	auraient	+ chanté
イ語	avrei	avresti	avrebbe	avremmo	avreste	avrebbero	+ cantato
ル語	aş	ai	ar	am	aţi	ar	+ fi cântat

NB ラテン語にはこの時制はなかった。ルーマニア語では「蓋然法複合形」と呼ばれる。

第5章 形　態

5.19.29 不規則動詞 ESSE(〜である)の直説法過去未来複合形

ラ語	—	—	—	—	—	—		
ポ語	teria	terias	teria	teríamos	teríeis	teriam	+	sido
ス語	habría	habrías	habría	habríamos	habríais	habrían	+	sido
フ語	aurais	aurais	aurait	aurions	auriez	auraient	+	été
イ語	sarei	saresti	sarebbe	saremmo	sareste	sarebbero	+	stato
ル語	aş	ai	ar	am	aţi	ar	+	fi fost

5.20 接続法の活用

5.20.1 規則動詞 CANTARE(歌う)の接続法現在

ラ語	cantem	cantes	cantet	cantemus	cantetis	cantent
ポ語	cante	cantes	cante	cantemos	canteis	cantem
ス語	cante	cantes	cante	cantemos	cantéis	canten
フ語	chante	chantes	chante	chantions	chantiez	chantent
イ語	canti	canti	canti	cantiamo	cantiate	cantino
ル語	să cânt	să cânţi	să cânte	să cântăm	să cântaţi	să cânte

NB ル語の să は SI に由来する接続詞である。

5.20.2 不規則動詞 ESSE(〜である)の接続法現在

ラ語	sim	sis	sit	simus	sitis	sint
ポ語	seja	sejas	seja	sejamos	sejais	sejam
ス語	sea	seas	sea	seamos	seáis	sean
フ語	sois	sois	soit	soyons	soyez	soient
イ語	sia	sia	sia	siamo	siate	siano
ル語	să+fiu	fii	fie	fim	fiţi	fie

5.20.3 受動態動詞 AMARI(愛される)の接続法現在

ラ語	amer	ameris	ametur	amemur	amemini	amentur
ポ語	seja	sejas	seja	sejamos	sejais	sejam+amado
ス語	sea	seas	sea	seamos	seáis	sean+amado

フ語	sois	sois	soit	soyons	soyez	soient＋aimé
イ語	sia	sia	sia	siamo	siate	siano＋amato
ル語	să＋fiu	fii	fie	fim	fiţi	fie＋iubit

NB 過去分詞は主語の性・数に一致する。

5.20.4 規則動詞 CANTARE(歌う)の接続法不完了過去

ラ語	cantarem	cantares	cantaret	cantaremus	cantaretis	cantarent
ポ語	cantasse	cantasses	cantasse	cantássemos	cantásseis	cantassem
ス語	cantara	cantaras	cantara	cantáramos	cantarais	cantaran
フ語	chantasse	chantasses	chantât	chantassions	chantassiez	chantassent
イ語	cantassi	cantassi	cantasse	cantassimo	cantaste	cantassero
ル語	să fi cântat 全人称共通					

NB ポ語の形態は語源的にはスペイン語の「-se 形」[cantase cantases cantase cantásemos cantaseis cantasen] と同じであるが，これはラテン語の全分過去［＝過去完了］に由来する。

5.20.5 不規則動詞 ESSE(〜である)の接続法不完了過去

ラ語	essem	esses	esset	essemus	essetis	essent
ポ語	fosse	fosses	fosse	fôssemos	fôsseis	fossem
ス語	fuese	fueses	fuese	fuésemos	fueseis	fuesen
フ語	fusse	fusses	fût	fussions	fussiez	fussent
イ語	fossi	fossi	fosse	fossimo	foste	fossero
ル語	să fi fost 全人称共通					

NB ラテン語には forem fores foret foremus foretis forent という形態もあった。スペイン語には fuera fueras fuera fuéramos fuerais fueran という「-ra 形」もある。

5.20.6 受動態 AMARI(愛される)の接続法不完了過去

ラ語	amarer	amareris	amaretur	amaremur	amaremini	amarentur
ポ語	fosse	fosses	fosse	fôssemos	fôsseis	fossem ＋ amado
ス語	fuese	fueses	fuese	fuésemos	fueseis	fuesen ＋ amado
フ語	fusse	fusses	fût	fussions	fussiez	fussent ＋ aimé

第 5 章　形　　態

イ語　fossi　　fossi　　fosse　　fossimo　　foste　　fossero ＋ amato
ル語　să fi fost iubit 全人称共通
　NB 過去分詞は主語の性・数に一致する。

5.20.7 規則動詞 CANTARE（歌う）の接続法現在完了

ラ語　cantaverim　cantaveris　cantaverit　cantaverimus　cantaveritis　cantaverint
ポ語　tenha　　tenhas　　tenha　　tenhamos　　tenhais　　tenham ＋ cantado
ス語　haya　　hayas　　haya　　hayamos　　hayáis　　hayan ＋ cantado
フ語　aie　　aies　　ait　　ayons　　ayez　　aient ＋ chanté
イ語　abbia　　abbia　　abbia　　abbiamo　　abbiate　　abbiano ＋ cantato
ル語　să fi cântat 全人称共通

　NB ラテン語・フランス語には「接続法現在完了」はない。上では便宜上ラテン語の現在完了と完了過去と同一視しているが，ここに挙げたラテン語の形態は接続法完了過去形である。

5.20.8 不規則動詞 ESSE（〜である）の接続法現在完了

ラ語　fuerim　　fueris　　fuerit　　fuerimus　　fueritis　　fuerint
ポ語　tenha　　tenhas　　tenha　　tenhamos　　tenhais　　tenham ＋ estado
ス語　haya　　hayas　　haya　　hayamos　　hayáis　　hayan ＋ estado
フ語　aie　　aies　　ait　　ayons　　ayez　　aient ＋ été
イ語　sia　　sia　　sia　　siamo　　siate　　siano ＋ stato
ル語　să fi fost 全人称共通

5.20.9 受動態 AMARI（愛される）の接続法現在完了

ラ語　sim　　sis　　sit　　simus　　sitis　　sint ＋amatus
ポ語　tenha　　tenhas　　tenha　　tenhamos　　tenhais　　tenham ＋ sido amado
ス語　haya　　hayas　　haya　　hayamos　　hayáis　　hayan ＋ sido amado
フ語　aie　　aies　　ait　　ayons　　ayez　　aient ＋ été aimé
イ語　sia　　sia　　sia　　siamo　　siate　　siano ＋ stato amato
ル語　să fi fost＋iubit 全人称共通

　NB AMARE の過去分詞は主語の性・数に一致する。

ロマンス語概論

5.20.10 規則動詞 CANTARE(歌う)の接続法過去完了

ラ語	cantavissem	cantavisses	cantavisset	cantavissemus	cantavissetis	cantavissent
ポ語	tivesse	tivesses	tivesse	tivéssemos	tivésseis	tivessem + cantado
ス語	hubiera	hubieras	hubiera	hubiéramos	hubierais	hubieran + cantado
フ語	eusse	eusses	eût	eussions	eussiez	eussent + chanté
イ語	avessi	avessi	avesse	avessimo	aveste	avessero + cantato
ル語	să fi cântat 全人称共通					

NB スペイン語には「-se 形」もある。

5.20.11 不規則動詞 ESSE(〜である)の接続法過去完了

ラ語	fuissem	fuisses	fuisset	fuissemus	fuissetis	fuissent
ポ語	tivesse	tivesses	tivesse	tivéssemos	tivésseis	tivessem + sido
ス語	hubiera	hubieras	hubiera	hubiéramos	hubierais	hubieran + sido
フ語	eusse	eusses	eût	eussions	eussiez	eussent + été
イ語	fossi	fossi	fosse	fossimo	foste	fossero + stato
ル語	să fi fost 全人称共通					

5.20.12 受動態 AMARI(愛される)の接続法過去完了

ラ語	essem	esses	esset	essemus	essetis	essent + amatus
ポ語	tivesse	tivesses	tivesse	tivéssemos	tivésseis	tivessem + sido amado
ス語	hubiera	hubieras	hubiera	hubiéramos	hubierais	hubieran + sido amado
フ語	eusse	eusses	eût	eussions	eussiez	eussent + été aimé
イ語	fossi	fossi	fosse	fossimo	foste	fossero + stato amato
ル語	să fi fost iubit 全人称共通					

5.20.13 規則動詞 CANTARE(歌う)の接続法未来

ラ語	—					
ポ語	cantar	cantares	cantar	cantarmos	cantardes	cantarem
ス語	cantare	cantares	cantare	cantáremos	cantareis	cantaren
フ語	—					
イ語	—					
ル語	—					

第5章 形　態

　NB ポルトガル語・スペイン語の接続法未来はラテン語の接続法完了過去 [5.20.7を参照] に由来する。ラテン語・フランス語・イタリア語・ルーマニア語にはこの時制は存在しない。

5.20.14 不規則動詞 ESSE (〜である) の接続法未来

ラ語	fuerim	fueris	fuerit	fuerimus	fueritis	fuerint
ポ語	for	fores	for	formos	fordes	forem
ス語	fuere	fueres	fuere	fuéremos	fuereis	fueren
フ語	—					
イ語	—					
ル語	—					

5.21 命令形

5.21.1 規則動詞 CANTARE (歌う) の命令形

	2人称単数	2人称複数
ラ語	canta	cantate
ポ語	canta	cantai
ス語	canta	cantad
フ語	chante	chantez
イ語	canta	cantate
ル語	cântă	cântaţi

　NB ラテン語には命令法未来があったが，ロマンス諸語にはない。

5.21.2 不規則動詞 ESSE (〜である) の命令形

	2人称単数	2人称複数
ラ語	es	este
ポ語	sê	sede
ス語	sé	sed
フ語	sois	soyez
イ語	sii	siate
ル語	fii	fiţi

　NB 動詞の活用に関して，音韻変化だけでは説明できないことも多く，形態的類推作用をも考慮しなければならない。

第6章　文構成

6.1 不定冠詞

ラ語	unus cattus niger	unus flos formosus
ポ語	um gato negro	uma bela flor
ス語	un gato negro	una hermosa flor
フ語	un chat noir	une belle fleur
イ語	un gatto nero	un bel fiore
ル語	o pisică neagră	o floare frumoasă
日語	一匹の黒猫	一輪の美しい花

　　NB　ルーマニア語の「猫」は女性である。ラテン語の「花」は男性である。

6.2 定冠詞

ラ語	ille canis albus vecini	illa domus bona
ポ語	o cão branco do vizinho	a boa casa
ス語	el perro blanco del vecino	la casa buena
フ語	le chien blanc du voisin	la bonne maison
イ語	il cane bianco del vicino	la buona casa
ル語	cânele alb al vecinului	casa bună
日語	隣人の白い犬	その良い家

　　NB　ルーマニア語には所有冠詞 al＜ILLE, a＜ILLA, ai＜ILLI, ale＜ILLAE がある。ルーマニア語 alb のみがラテン語源を保つ。他はゲルマン語 blank に由来する。

6.3 指示形容詞

- ラ語　ille professor Hispanus
- ポ語　aquele professor espanhol
- ス語　aquel profesor español
- フ語　ce professeur espagnol
- イ語　quel professore spagnolo
- ル語　acel profesor spaniol
- 日語　あのスペイン人の先生

6.4 所有の表現

6.4.1 被所有物が不特定・不定の場合

- ラ語　unus liber Mariae　　　　nihil Petri
- ポ語　um livro da Maria　　　　nada do Pedro
- ス語　un libro de María　　　　nada de Pedro
- フ語　un livre à Marie　　　　　rien à Pierre
- イ語　un libro di Maria　　　　niente di Pietro
- ル語　o carte a Mariei　　　　　nimic al lui Petru
- 日語　マリアの一冊の本　　　　ペテロの無

　NB フランス語の前置詞àはラテン語の前置詞ADに由来する。ルーマニア語の定冠詞は名詞の語尾に接続され，固有名詞も格変化する。

6.4.2 被所有物が特定化されている場合

- ラ語　ille liber Mariae
- ポ語　o livro da Maria
- ス語　el libro de María
- フ語　le livre de Marie
- イ語　il libro di Maria
- ル語　cartea Mariei
- 日語　マリアのその本

6.4.3 所有形容詞による所有の表現

ラ語	amicus patris mei	domus Mariae
ポ語	o amigo de meu pai	a casa da Maria
ス語	el amigo de mi padre	la casa de María
フ語	l'ami de mon père	la maison de Marie
イ語	l'amico di mio padre	la casa di Maria
ル語	prietenul tatălui meu	casa Mariei cf. casa lui Carmen
日語	私の父の友人	マリアの家

NB 定冠詞と所有形容詞とが共起する言語としない言語がある。

6.4.4 所有形容詞による所有の表現

ラ語	Mihi est.	Domus est nostra.
ポ語	É meu.	A casa é nossa.
ス語	Es mío.	La casa es nuestra.
フ語	C'est à moi.	La maison est à nous.
イ語	È mio.	La casa è nostra.
ル語	Este al meu.	Casa este a noastră.
日語	それは私のものです。	その家は私たちのものです。

6.4.5 所有代名詞による所有の表現

ラ語	Meae multi amici sunt.(＝mea uxor)
ポ語	A minha tem muitos amigos.(＝a minha mulher, esposa)
ス語	La mía tiene muchos amigos.(＝mi mujer)
フ語	La mienne a beaucoup d'amis.(＝ma femme)
イ語	La mia ha molti amici.(＝mia moglie)
ル語	A mea are mulți prieteni.(＝soția mea)
日語	内の［＝家内］は多くの友達をもっている。

第6章　文構成

6.5 形容詞の意味を強める副詞
ラ語　una interrogatio facillima
ポ語　uma pergunta muito fácil
ス語　una pregunta muy fácil
フ語　une question très facile
イ語　una domanda molto facile
ル語　o întrebare foarte uşoară
日語　とても簡単な質問

　　NB FORTIS, MULTUM, très(＜TRANS)などは、いわゆる「絶対最上級」を意味する副詞である。

6.6 等位接続詞
ラ語　sol et luna　　　　　　　Ana sive Maria
ポ語　o sol e a lua　　　　　　a Ana ou a Maria
ス語　el sol y la luna　　　　　Ana o María
フ語　le soleil et la lune　　　Anne ou Marie
イ語　il sole e la luna　　　　　Anna o Maria
ル語　soarele şi luna　　　　　Ana sau Maria
日語　太陽と月　　　　　　　　アナかマリア

6.7 日付の表現
ラ語　Hodie Kalendae Ianuariis est.
ポ語　Estamos no dia um de Janeiro.
ス語　Estamos a primero de enero.
フ語　C'est le premier janvier.
イ語　Oggi è il primo di gennaio.
ル語　E întâi ianuarie.
日語　今日は1月1日である。

6.8 時間・時刻の表現

6.8.1 時刻の表現

ラ語　Quota hora egrediris domo mane?
ポ語　A que horas o senhor sai de casa de manhã?
ス語　¿A qué hora sale usted de casa por la mañana?
フ語　A quelle heure partez-vous le matin?
イ語　Lei a che ora parte da casa la mattina?
ル語　La ce oră plecaţi de acasă dimineaţa?
日語　あなたは朝何時に外出しますか?

6.8.2 時間の表現

ラ語	Quota hora est?	Prima hora est.	Duodecima hora auditur.
ポ語	Que horas são?	É uma hora.	São doze.
ス語	¿Qué hora es?	Es la una.	Son las doce.
フ語	Quelle heure est-il?	Il est une heure.	Il est douze heures.
イ語	Che ora è?	È l'una.	Sono le (ore) dodici.
ル語	Cât este ceasul?	Este ora unu.	Este ora douăsprezece.
日語	今何時ですか。	1時です。	12時です。

　NB イタリア語ではChe ore sono?という複数による表現もある。

6.8.3 時刻の表現

ラ語　Fuisset hora sexta.
ポ語　Seriam doze horas.
ス語　Serían las doce.
フ語　Il doit avoir été douze heures.
イ語　Saranno state le dodici.
ル語　Trebuie să fi fost ora douăsprezece.
日語　12時頃だったでしょう。

　NB ローマ時代1日は12等分されていた。

第6章 文構成

6.8.4 時の表現
- ラ語　ante
- ポ語　uma vez
- ス語　una vez
- フ語　une fois
- イ語　una volta
- ル語　odată
- 日語　かつて

6.8.5 時の表現
- ラ語　cras vesperi　　　　　　hodie quinque hora
- ポ語　amanhã de tarde　　　　hoje às cinco horas
- ス語　mañana por la tarde　　hoy a las cinco
- フ語　demain soir　　　　　　aujourd'hui à cinq heures
- イ語　domani sera　　　　　　oggi alle cinque
- ル語　mâine seară　　　　　　azi la ora cinci
- 日語　明日の夕方　　　　　　今日5時に

6.8.6 時の表現
- ラ語　Abhinc quinque annos.　Dies es.
- ポ語　Há cinco anos.　　　　　É dia.
- ス語　Hace cinco años.　　　　Es de día.
- フ語　Il y a cinq ans.　　　　　Il fait jour.
- イ語　Cinque anni fa.　　　　　È giorno.
- ル語　Acum cinci ani.　　　　　E zi.
- 日語　5年前に　　　　　　　　今は昼である。

6.8.7 時間の経過の表現
- ラ語　Hic septimana sumus.
- ポ語　Hoje haz uma semana que estamos aqui.
- ス語　Hoy hace una semana que estamos aquí.
- フ語　Il y a une semaine que nous sommes ici.
- イ語　Oggi fa una settimana che stiamo qui.
- ル語　Astăzi este o săptămână de când suntem aici.
- 日語　今日で私達はここに1週間いる。

6.9 諾否の返事

ラ語	ita	non(ita)
ポ語	sim	não
ス語	sí	no
フ語	oui	non
イ語	sì	no
ル語	da	nu
日語	はい	いいえ

NB ルーマニア語の da はスラブ語起源である。

6.10 名詞の強調表現

ラ語 Ipse caput mihi illum dixit.
ポ語 O chefe mesmo mo disse.
ス語 El jefe mismo me lo ha dicho.
フ語 Le chef lui-même me l'a dit.
イ語 Me l'ha detto il capo stesso.
ル語 Însuşi şeful mi-a spus-o.
日語 上司自身が私にそう言った。

NB ルーマニア語の2つの弱形代名詞の位置に注意。

6.11 再帰動詞による表現
6.11.1 無人称表現

ラ語 In popina ea valde bene estur.
ポ語 Come-se muito bem neste restaurante.
ス語 Se come muy bien en este restaurante.
フ語 On mange très bien dans ce restaurant.
イ語 Si mangia molto bene in questo ristorante.
ル語 Se mănâncă foarte bine în acest restaurant.
日語 このレストランはとてもおいしい。

NB フランス語では on＜HOMO が用いられる。

6.11.2 無人称表現

ラ語 Videor(=Mihi videtur), habes etiam puerum infantem.
ポ語 Parece-me que o senhor também tem um menino.
ス語 Me parece que tiene usted un niño pequeño también.
フ語 Il me semble que vous avez aussi un petit garçon.
イ語 Mi pare che Lei abbia anche un bambino.
ル語 Mi se pare că aveţi şi un băieţel.
日語 あなたには小さな子供がおありのようですね。

6.11.3 受動表現

ラ語 Multa problemae soluta sunt.
ポ語 Resolveram-se numerosos problemas.
ス語 Se han resuelto numerosos problemas.
フ語 Beaucoup de problèmes ont été résolus.
イ語 Si sono risolti numerosi problemi.
ル語 S-au rezolvat numeroase probleme.
日語 多くの問題が解決された。

6.11.4 再帰表現

ラ語 Ubi te credis?　　　　　　　　Sentio bene.
ポ語 Onde tu achas-te estar?　　　　Sinto-me bem.
ス語 ¿Dónde te crees?　　　　　　　Me siento bien.
フ語 Où te crois-tu?　　　　　　　　Je me sens bien.
イ語 Dove credi di essere?　　　　　Mi sento bene.
ル語 Unde te crezi?　　　　　　　　Mă simt bine.
日語 君はどこにいると思っているのか？　私は気分が良い。

6.11.5 受動か無人称か区別しにくい表現

ラ語　Dicitur feminas vivere amplius quam viros.
ポ語　Diz-se que as mulheres vivem mais que os homens.
ス語　Se dice que las mujeres viven más que los hombres.
フ語　On dit que les femmes vivent plus longtemps que les hommes.
イ語　Si dice che le donne vivono più degli uomini.
ル語　Se zice că femeile trăiesc mai mult decât bărbaţii.
日語　女は男より長生きすると言われている。

6.11.6 相互再帰の表現

ラ語　Duo viri loquuntur inter se.
ポ語　Dois homens se falam entre si.
ス語　Dos hombres hablan entre sí.
フ語　Deux hommes parlent entre eux.
イ語　Due uomini parlano fra loro.
ル語　Doi oameni vorbesc între ei.
日語　二人の男がお互いに話し合っている。

6.11.7 直接再帰の表現

ラ語　Amo me.
ポ語　Amo-me.
ス語　Me amo.
フ語　Je m'aime.
イ語　Mi amo.
ル語　Mă iubesc.
日語　私は我身を愛する。

第 6 章　文 構 成

6.12 「〜するべき」の表現
ラ語　Lectum unum librum habeo.
ポ語　Tenho um livro para ler.
ス語　Tengo un libro que leer.
フ語　J'ai un livre à lire.
イ語　Ho un libro da leggere.
ル語　Am o carte de citit.
日語　私は読むべき本を1冊もっている。

6.13 規則動詞 DARE の用法
ラ語　Iohannes pecuniam do.
ポ語　Dou dinheiro ao João.
ス語　Doy dinero a Juan.
フ語　Je donne de l'argent à Jean.
イ語　Do dei soldi a Giovanni.
ル語　Îi dau bani lui Ion.
日語　私はヨハンネスにお金を与える。
　　　NB　ルーマニア語における「代名詞の重複用法」に注意。

6.14 不規則動詞 ESSE の用法
ラ語　Stephanus medicus est.　　Ego sum.　　Petrus mortuus est.
ポ語　O Estêvão é médico.　　　Sou eu.　　　O Pedro está morto.
ス語　Esteban es médico.　　　　Soy yo.　　　Pedro está muerto.
フ語　Etienne est médecin.　　　C'est moi.　　Pierre est mort.
イ語　Stefano è medico.　　　　 Sono io.　　　Pietro è morto.
ル語　Ştefan este medic.　　　　Eu sunt　　　Petru este mort.
日語　ステファヌスは医者だ。　　それは私です。　ペトロは死んだ。

6.15 天然現象に関する表現
6.15.1 天然現象の表現

ラ語	Frigus est.	Pluit.	Tonat.	Ninget.
ポ語	Está frio.	Chove.	Troa.	Nevará.
ス語	Hace frío.	Llueve.	Truena.	Va a nevar.
フ語	Il fait froid.	Il pleut.	Il tonne.	Il va neiger.
イ語	Fa freddo.	Piove.	Tona.	Nevicherà.
ル語	E frig.	Plouă.	Tună.	O să ningă.
日語	寒い。	雨が降っている。	雷が鳴っている。	雪になるだろう。

6.15.2 天然現象の表現

ラ語　Sudum est hodie.
ポ語　Hoje está um dia bonito.
ス語　Hoy es un hermoso día.
フ語　Aujourd'hui c'est une belle journée.
イ語　Oggi è un bel giorno.
ル語　Azi e o zi frumoasă.
日語　今日は天気が良い日だ。

6.16 存在・所在に関する表現
6.16.1 所在の表現

ラ語　Maria nunc domi est.
ポ語　A Maria está em casa agora.
ス語　María está en casa ahora.
フ語　Marie est à la maison maintenant.
イ語　Maria è a casa ora.
ル語　Maria este acasă acum.
日語　マリアは今家にいる。

第6章 文構成

6.16.2 所在の表現

- ラ語　Hic sunt elephanti.
- ポ語　Há elefantes aqui.
- ス語　Aquí hay elefantes.
- フ語　Il y a des éléphants ici.
- イ語　Qui ci sono elefanti.
- ル語　Aici sunt elefanţi.
- 日語　ここに複数の象がいる。

6.16.3 所在の表現

- ラ語　Est un liber in mensa.
- ポ語　Há um livro sobre a mesa.
- ス語　Hay un libro sobre la mesa.
- フ語　Il y a un livre sur la table.
- イ語　C'è un libro sulla tavola.
- ル語　Este o carte pe masă.
- 日語　机の上に本がある。

6.17 形容詞の一致

- ラ語　Pater materque veti sunt.
- ポ語　O meu pai e a minha mãe são velhos.
- ス語　Mi padre y mi madre están(son) viejos.
- フ語　Mon père et ma mère sont vieux.
- イ語　Mio padre e mia madre sono vecchi.
- ル語　Tata şi mama sunt bătrâni.
- 日語　父と母は年老いている。

6.18 中性の代名詞
- ラ語　Hoc non verum est.
- ポ語　Isto não é verdade.
- ス語　Esto no es verdad.
- フ語　Ce n'est pas vrai.
- イ語　Ciò non è vero.
- ル語　Asta nu-i adevărat.
- 日語　これは真実ではない。

6.19 不定詞の用法
6.19.1 不定詞の用法
- ラ語　Videre credere est.
- ポ語　Ver é crer.
- ス語　Ver es creer.＝Ver para creer.
- フ語　Voir, c'est croire.
- イ語　Vedere è credere.
- ル語　A vedea înseamnă a crede.
- 日語　見ることは信じることである。

6.19.2 不定詞の用法
- ラ語　Errare humanum est.
- ポ語　Errar é humano.
- ス語　Errar es humano.
- フ語　L'erreur est humaine.
- イ語　L'errare è dell'uomo.
- ル語　A greşi este uman.
- 日語　誤るは人の常。

第6章 文構成

6.19.3 不定詞の用法

ラ語　Facile est versos facere.
ポ語　É fácil escrever versos.
ス語　Es fácil escribir versos.
フ語　Il est facile d'écrire des vers.
イ語　È facile scrivere versi.
ル語　E uşor a scrie versuri.
日語　詩を書くのは簡単だ。
　NB ルーマニア語では一般的に接続法が用いられる: E uşor sǎ scrie versuri.

6.20 現在完了か単純過去か

ラ語　Petrus natus est.
ポ語　O Pedro nasceu.
ス語　Pedro ha nacido.
フ語　Pierre est né.
イ語　Pietro è nato.
ル語　Petru s-a nǎscut.
日語　ペテロが生まれた。

6.21 直接目的語が特定な人間のときの表現

ラ語　Rex populum amat.
ポ語　O rei ama o povo.
ス語　El rey ama al pueblo.
フ語　Le roi aime le peuple.
イ語　Il re ama il popolo.
ル語　Regele iubeşte poporul.
日語　王は国民を愛する。
　NB スペイン語には前置詞が必要である。

6.22 間接目的語の表現

ラ語　Cattus animal utile ad hominem est.
ポ語　O gato é un animal útil para o homem.
ス語　El gato es un animal útil para el hombre.
フ語　Le chat est un animal utile à l'homme.
イ語　Il gatto è un animale utile per l'uomo.
ル語　Pisica este un animal folositor omului.
日語　猫は人間にとって有益な動物である。

6.23 疑問詞の用法
6.23.1 疑問詞の用法

ラ語　Quid plura?　　Quid feci?　　　　　　Quando domi es?
ポ語　Que mais?　　　Que fiz?　　　　　　　Quando você está em casa?
ス語　¿Qué más?　　　¿Qué he hecho?　　　　¿Cuándo está usted en casa?
フ語　Quoi de plus?　Qu'est-ce que j'ai fait?　Quand êtes-vous à la maison?
イ語　Che altro?　　 Che ho fatto?　　　　　Quando sta Lei in casa?
ル語　Ce altceva?　　Ce am făcut?　　　　　Când sunteți acasă?
日語　外に何か？　　私は何をしたか？　　　あなたはいつ家にいますか？

6.23.2 疑問詞の用法

ラ語　Quanti operarii laborant ibi?　　　　Quo vadis?
ポ語　Quantos trabalhadores trabalham aqui?　Onde vai o senhor?
ス語　¿Cuántos obreros trabajan aquí?　　　¿Adónde va usted?
フ語　Combien d'ouvriers travaillent ici?　Où allez-vous?
イ語　Quanti lavoratori lavorano qui?　　　Dove va Lei?
ル語　Câți muncitori lucrează aici?　　　　Unde mergeți?
日語　何人の労働者がここで働いていますか？　あなたはどこへ行くのですか？

第6章　文構成

6.23.3 疑問詞の用法
ラ語　Quot annos natus es?　　　　　Triginta quinque annos natus sum.
ポ語　Quantos anos o senhor tem?　Tenho trinta e cinco anos.
ス語　¿Cuántos años tiene usted?　　Tengo treinta y cinco años.
フ語　Quel âge avez-vous?　　　　　J'ai trente cinq ans.
イ語　Quanti anni ha Lei?　　　　　Ho trentacinque anni.
ル語　Ce vârstă aveţi?　　　　　　　Am treizeci şi cinci de ani.
日語　あなたは何歳ですか?　　　　35歳です。

6.23.4 疑問詞の用法
ラ語　Cur maeres?　　　　　　　　Quia solus sum.
ポ語　Por que tu estás triste?　　　Porque estou só.
ス語　¿Por qué estás triste?　　　　Porque estoy solo.
フ語　Pourquoi es-tu triste?　　　　Parce que je suis seul.
イ語　Perché sei triste?　　　　　　Perché sono solo.
ル語　De ce eşti trist?　　　　　　　Fiindcă sunt singur.
日語　なぜあなたは寂しいのですか?　なぜなら私は一人だからです。

6.23.5 疑問詞の用法
ラ語　Quid agis?
　　　——Bene, gratias. Et tu, valesne?
ポ語　Como estás?
　　　——Bem, obrigado. E o senhor como está?
ス語　¿Cómo estás?
　　　——Bien, gracias. Y usted, ¿cómo está?
フ語　Comment vas-tu?
　　　——Bien, merci. Et vous? Comment allez-vous?
イ語　Come stai?
　　　——Bene, grazie. E Lei? Come sta?
ル語　Ce mai faci?
　　　——Bine, mulţumesc. Şi, dumneavoastră? Ce mai faceţi?
日語　ご機嫌いかがですか。
　　　——元気です、お蔭様で。そして、あなたはいかがですか?

6.23.6 疑問詞の用法

ラ語	Quid ibi legis?	Nihil.
ポ語	O que é que tu estás a ler aí?	Nada.
ス語	¿Qué lees allí?	Nada.
フ語	Qu'est-ce que tu lis là?	Rien.
イ語	Che cosa leggi là?	Niente.
ル語	Ce citeşti acolo?	Nimic.
日語	君はそこで何を読んでいるのですか。	何も。

6.23.7 疑問詞の用法

ラ語　Qualem vecinum vidisti?
ポ語　Qual vizinho tu viste?
ス語　¿A cuál vecino has visto?
フ語　Quel voisin as-tu vu?
イ語　Quale vicino hai visto?
ル語　Pe care vecin l-ai văzut?
日語　君はどの隣人に会ったのですか?

6.23.8 疑問詞の用法

ラ語　Quem vidisti?
ポ語　Quem viste?
ス語　¿A quién has visto?
フ語　Qui as-tu vu?
イ語　Chi hai visto?
ル語　Pe cine ai văzut?
日語　君は誰に会ったのですか?

第6章　文構成

6.24 不定の表現
6.24.1 不定の表現

ラ語	Aliquis pulsat fores.	Vexat nullum.
ポ語	Alguém está bater à porta.	Ele não incomoda ninguém.
ス語	LLaman a la puerta.	No molesta a nadie.
フ語	Quelqu'un sonne à la porte.	Il ne dérange personne.
イ語	Qualcuno bussa alla porta.	Lui non disturba nessuno.
ル語	Cineva sună la uşă.	Nu deranjează pe nimeni.
日語	玄関に誰か来た。	彼は誰にも迷惑をかけない。

6.24.2 不定の表現

ラ語	Assuntne omnes?
ポ語	Está presente todo (o) mundo?
ス語	¿Está presente todo el mundo?
フ語	Est-ce que tout le monde est présent?
イ語	Sono tutti presenti?
ル語	Toată lumea e prezentă?
日語	皆出席していますか?

6.25 否定の表現

ラ語	Nihilne bibit?	Nunquam bibo.
ポ語	Não bebes nada?	Não bebo nada.
ス語	¿No bebes nada?	No bebo nunca.
フ語	Tu ne bois rien?	Je ne bois jamais.
イ語	Non bevi niente?	Non bevo mai.
ル語	Nu bei nimic?	Nu beau niciodată.
日語	君は何も飲みませんか?	私は決して飲みません。

6.26 数に関する表現

ラ語　Tibi illum millies dixi.
ポ語　Eu to disse mil vezes.
ス語　Te lo he dicho mil veces.
フ語　Je te l'ai dit mille fois.
イ語　Te l'ho detto mille volte.
ル語　Ţi-am spus-o de o mie de ori.
日語　私は君に千回も言った。

6.27 未来に関する表現
6.27.1 未来の表現
ラ語　Veniam iterum.
ポ語　Virei outra vez.
ス語　Vendré otra vez.
フ語　Je reviendrai.
イ語　Tornerò.
ル語　Voi reveni.
日語　私はあと一度来るでしょう。

6.27.2 未来の表現
ラ語　Aut vivam aut moriar.
ポ語　Ou viverei ou morrerei.
ス語　O viviré o moriré.
フ語　Ou je vivrai ou je mourrai.
イ語　O vivrò o morrò.
ル語　Ori am să trăiesc ori am să mor.＝Ori voi trăi ori voi muri.
日語　私は生きるか、あるいは死ぬであろう。

6.28 名詞節が目的節の表現

ラ語　Te credo laborare valde multum.
ポ語　Creio que tu trabalhas de mais.
ス語　Creo que trabajas demasiado.
フ語　Je crois que tu travailles trop.
イ語　Penso che tu lavori troppo.
ル語　Cred că lucrezi prea mult.
日語　君は働き過ぎだと，私は思う。

6.29 時を表す従属節

ラ語　Cum sitio, vinum praefero.
ポ語　Quando tenho sede, prefiro o vinho.
ス語　Cuando tengo sed, prefiero el vino.
フ語　Quand j'ai soif, je préfère le vin.
イ語　Quando ho sete, preferisco il vino.
ル語　Când mi-e sete, prefer vinul.
日語　喉が渇いているとき，私はワインのほうが好きだ。

6.30 関係代名詞の用法
6.30.1 関係代名詞の用法

ラ語　Quis leniter it, longe pervenit.
ポ語　Quem va lentamente, chega longe.
ス語　Quien va lentamente, llega lejos.
フ語　Qui va lentement, arrive loin.
イ語　Chi va piano, va sano e va lontano.
ル語　Cine merge încet, departe ajunge.
日語　急がば回れ。

6.30.2 関係代名詞の用法

ラ語　Amicus quem vidi morbosus est.
ポ語　O amigo quem vi está doente.
ス語　El amigo que he visto está enfermo.
フ語　L'ami que j'ai vu est malade.
イ語　L'amico che ho visto è malato.
ル語　Prietenul pe care l-am văzut este bolnav.
日語　私が会った友達は病気だ。

6.30.3 関係代名詞の用法

ラ語　Cui placeat, edat.
ポ語　Quem goste, coma.
ス語　A quien le guste, que coma.
フ語　Que celui qui veut, mange.
イ語　Chi vuole, mangi.
ル語　Cui îi place, să mănânce.
日語　好きな人が食べたら良い。

6.30.4 関係代名詞の用法

ラ語　Quod ad me attinet, ...
ポ語　No que me concerne, ...
ス語　En lo que me concierne, ...
フ語　En ce qui me concerne, ...
イ語　Per ciò che mi concerne, ...
ル語　În ceea ce mă privește, ...
日語　私に関する限り，…

6.30.5 関係代名詞の用法

ラ語　Est homo sapientissimus quem nosco.
ポ語　É o homem mais sábio que eu conheço.
ス語　Es el hombre más sabio que conozco.
フ語　C'est l'homme le plus savant que je connaisse.
イ語　È l'uomo più saggio che io conosca.
ル語　E omul cel mai învățat pe care-l cunosc.
日語　彼は私の知るうちで最も博識な人だ。

第6章 文構成

6.30.6 関係代名詞の用法

ラ語　Intellegisne quod dico?
ポ語　Entendes o que digo?
ス語　¿Entiendes lo que digo?
フ語　Est-ce que tu entends ce que je dis?
イ語　Capisci ciò che dico?
ル語　Înțelegi ceea ce spun?
日語　私の言うことが分かりますか?

6.30.7 関係代名詞の用法

ラ語　Militat omnis amans.
ポ語　Todos aqueles que amam lutam.
ス語　Luchan todos los que aman.
フ語　Ceux qui aiment luttent.
イ語　Tutti quelli che amano lottano.
ル語　Cei ce iubesc luptă.
日語　恋するものはすべて戦っている。

6.31 比較に関する表現

　比較級の副詞として，ポルトガル語，スペイン語，ルーマニア語ではMAGIS系が，フランス語，イタリア語ではPLUS系が用いられる。

6.31.1 形容詞の比較（比較の対象が人名の場合）

ラ語　Petrus fortior est quam Paulus.
ポ語　O Pedro é mais forte do que o Paulo.
ス語　Pedro es más fuerte que Pablo.
フ語　Pierre est plus fort que Paul.
イ語　Pietro è più forte di Paolo.
ル語　Petru este mai puternic decât Pavel.
日語　ペテロはパウロより強い。

6.31.2 形容詞の比較(比較の対象が名詞の場合)
ラ語　Ea multo prudentior quam maritus est.
ポ語　Ela é muito mais prudente do que o seu marido.
ス語　Ella es mucho más prudente que su marido.
フ語　Elle est beaucoup plus prudente que son mari.
イ語　Lei è molto più prudente di suo marito.
ル語　Ea este mult mai prudentă decât soţul ei.
日語　彼女は夫よりずっと思慮深い。

6.31.3 形容詞の比較(比較の対象が代名詞の場合)
ラ語　Uxor mea iunior est quinquennium quam ego.
ポ語　A minha esposa é cinco anos mais jovem do que eu.
ス語　Mi mujer es cinco años más joven que yo.
フ語　Ma femme est de cinq ans plus jeune que moi.
イ語　Mia moglie è di cinque anni più giovane di me.
ル語　Soţia mea este cu cinci ani mai tânără decât mine.
日語　私の妻は私より5歳年下です。

6.31.4 形容詞の比較(比較の対象が代名詞の場合)
ラ語　Ille est altior quam tu.
ポ語　Ele é mais alto do que tu.
ス語　Es más alto que tú.
フ語　Il est plus grand que toi.
イ語　È più alto di te.
ル語　E mai înalt decât tine.
日語　彼は君より背が高い。
　NB 比較の対象に主格が来るか前置詞格が来るかの差異。

6.31.5 形容詞の同等比較(比較の対象が代名詞の場合)
ラ語　Est tam bonus quam tu.
ポ語　Ele é tão bom como tu.
ス語　Es tan bueno como tú.
フ語　Il est aussi bon que toi.
イ語　È tanto buono quanto te.
ル語　E tot aşa de bun ca tine,
日語　彼は君と同じくらいに善良だ。

第6章 文 構 成

6.31.6 比較の対象が程度の場合の表現
ラ語　Est serior quam tibi videtur.
ポ語　Ele é mais sério do que tu pensas.
ス語　Es más serio de lo que te parece.
フ語　Il est plus sérieux qu'il ne te paraît.
イ語　È più serio di quanto ti sembri.
ル語　E mai serios decât ţi se pare.
日語　彼は君が思う以上にまじめです。

6.31.7　2つの形容詞の比較
ラ語　Petrus fortior est quam prudentior.
ポ語　O Pedro é mais forte do que prudente.
ス語　Pedro es más fuerte que prudente.
フ語　Pierre est plus fort que prudent.
イ語　Pietro è più forte che prudente.
ル語　Petru este mai puternic decât prudent.
日語　ペテロは思慮深いというよりも強いのだ。

6.31.8　形容詞の比較(比較の対象が名詞の場合)
ラ語　Filia matre pulchior est.
ポ語　A filha é mais bonita do que a sua mãe.
ス語　La hija es más hermosa que su madre.
フ語　La fille est plus belle que sa mère.
イ語　Mia figlia è più bella di sua madre.
ル語　Fiica este mai frumoasă decât mama sa.
日語　娘は母より美人だ。

6.31.9　2つの形容詞の比較
ラ語　Senectus est prudentior quam iuventus.
ポ語　A ancianidade é mais prudente do que a juventude.
ス語　La ancianidad es más prudente que la juventud.
フ語　L'ancienneté est plus prudente que la jeunesse.
イ語　La vecchiaia è più prudente della gioventù.
ル語　Bătrâneţea este mai prudentă decât tinereţea.
日語　古参は青年より分別がある。

— 119 —

6.31.10 制限否定の比較表現
ラ語　Non habeo amplius quam unum amicum.
ポ語　Não tenho mais do que um amigo.
ス語　No tengo más que un amigo.
フ語　Je n'ai qu'un ami.
イ語　Non ho più di un amico.
ル語　Am numai un prieten.
日語　私は友達は一人しかいない。

6.31.11 制限否定の比較
ラ語　Non se continet domi amplius quam triduum in mense.
ポ語　Ele não fica em casa mais que três dias por mês.
ス語　No se queda en casa más que tres días al mes.
フ語　Il ne reste à la maison que trois jours par mois.
イ語　Non resta in casa più di tre giorni al mese.
ル語　Nu stă acasă decât trei zile pe lună.
日語　彼は一月に三日しか家にいない。

6.31.12 形容詞の同等比較（比較の対象が人名の場合）
ラ語　Petrus est tam fortis quam Paulus.
ポ語　O Pedro é tão forte como o Paulo.
ス語　Pedro es tan fuerte como Pablo.
フ語　Pierre est aussi fort que Paul.
イ語　Pietro è tanto forte quanto Paolo.
ル語　Petru este tot atât de puternic ca Pavel.
日語　ペテロはパウロと同じ程度に強い。

6.31.13 副詞の比較
ラ語　Tanto melius.
ポ語　Tanto melhor.
ス語　Tanto mejor.
フ語　Tant mieux.
イ語　Tanto meglio.
ル語　Cu-atât mai bine.
日語　それは良かった。

第6章 文構成

6.31.14 副詞の比較
- ラ語　Sentio melior.
- ポ語　Sinto-me melhor.
- ス語　Me siento mejor.
- フ語　Je me sens mieux.
- イ語　Mi sento meglio.
- ル語　Mă simt mai bine.
- 日語　私は気分が良くなった。

6.31.15 副詞の比較
- ラ語　Amplius non desidero. Nihil amplius opto.
- ポ語　Não desejo mais.
- ス語　No quiero más.
- フ語　Je ne veux plus.
- イ語　Non voglio più.
- ル語　Eu nu mai vreau.
- 日語　私はもう欲しくない。

6.31.16 副詞の比較級
- ラ語　Amo te plus quam neminem.
- ポ語　Amo-te mais do que ninguém.
- ス語　Te quiero más que a nadie.
- フ語　Je t'aime plus que toute autre personne.
- イ語　Ti amo più di ogni altro.
- ル語　Te iubesc mai mult decât pe oricare altul.
- 日語　私は誰よりも君が好きです。

6.31.17 2つの副詞の比較
- ラ語　Sero, verum aliquando tamen. Nulla est ad bonos mores sera via.
- ポ語　É melhor tarde que nunca.
- ス語　Es mejor tarde que nunca.
- フ語　Mieux vaut tard que jamais.
- イ語　Meglio tardi che mai.
- ル語　Mai bine mai târziu decât niciodată.
- 日語　遅くてもしないよりましだ。

6.31.18 形容詞の最上級

ラ語　Cicero fuit orator eloquentissimus ex omnibus oratoribus.

ポ語　Cícero foi o orador mais eloquente de todos os oradores.

ス語　Cicerón fue el orador más elocuente de todos los oradores.

フ語　Cicéron a été l'orateur le plus éloquent de tous les orateurs.

イ語　Cicerone è stato l'oratore più eloquente di tutti gli altri oratori.

ル語　Cicero a fost oratorul cel mai elocvent dintre toţi oratorii.

日語　キケローがすべての雄弁家の中で最も雄弁であった。

　NB ル語では「形容冠詞」が用いられる。

6.31.19 形容詞の最上級

ラ語　Petrus est omnium sapientissimus.

ポ語　O Pedro é o mais sábio de todos.

ス語　Pedro es el más sabio de todos.

フ語　Pierre est le plus savant de tous.

イ語　Pietro è il più saggio di tutti.

ル語　Petru este cel mai înţelept dintre toţi.

日語　ペテロがみんなの中で最も博識だ。

6.31.20 中性の最上級

ラ語　Optimus est inimicum boni.

ポ語　O melhor é inimigo do bom.

ス語　Lo mejor es enemigo de lo bueno.

フ語　Le mieux est l'ennemi du bien.

イ語　Il meglio è nemico del bene.

ル語　Mai binele e duşmanul binelui.

日語　最良のものは良きものの敵である。分に甘んじよ。

6.31.21 副詞の最上級

- ラ語　quam celerrime, quam citissime potest, quam primum.
- ポ語　o mais depressa possível
- ス語　lo más pronto posible
- フ語　le plus vite possible
- イ語　il più presto possibile
- ル語　cel mai devreme posibil
- 日語　できるだけ早く

6.32 目的を表す表現

- ラ語　veni ad quiescendum.
- ポ語　Eu vim para repousar.
- ス語　Vine para descansar.
- フ語　Je suis venu ici pour me reposer.
- イ語　Sono venuto a riposare.
- ル語　Am venit aici să mă odihnesc.
- 日語　私は休憩しに来た。

6.33 婉曲表現

- ラ語　Optem caseum.　　　　　　　Velim edere.
- ポ語　Eu queria queijo.　　　　　　Eu gostava de comer.
- ス語　Desearía queso.　　　　　　　Desearía comer.
- フ語　Je voudrais du fromage.　　　Je voudrais manger.
- イ語　Vorrei formaggio.　　　　　　Vorrei mangiare.
- ル語　Aş vrea brânză.　　　　　　　Aş vrea să mănânc.
- 日語　私はチーズが欲しいのですが。　私は食事をしたいのですが。

6.34 勧誘の表現

6.34.1 肯定勧誘の表現

ラ語　Aliquod bibamus.
ポ語　Vamos beber alguma coisa.
ス語　Vamos a beber algo.
フ語　Allons boire quelque chose.
イ語　Beviamo qualcosa.
ル語　Hai să bem ceva.
日語　何か飲みましょう。

6.34.2 肯定勧誘の表現

ラ語　Mensae huic accumbamus.
ポ語　Vamos sentar-nos a esta mesa.
ス語　Vamos a sentarnos a esta mesa.
フ語　Asseyons-nous à cette table.
イ語　Sediamoci a questo tavolo.
ル語　Să ne aşezăm la masa aceasta.
日語　このテーブルに座りましょう。

6.34.3 否定勧誘の表現

ラ語　Ne fiamus nervosi!
ポ語　Não fiquemos nervosos!
ス語　¡No vamos a ponernos nerviosos!
フ語　Ne nous énervons pas!
イ語　Non siamo nervosi!
ル語　Să nu ne enervăm!
日語　いらいらしないでおきましょう。

第6章　文構成

6.35 命令・依頼・願望の表現

6.35.1 命令の表現

ラ語　Quaere amplius.

ポ語　Busca mais.

ス語　Busca más.

フ語　Cherche encore.

イ語　Cerca di più.

ル語　Mai caută.

日語　もっと探しなさい。

6.35.2 命令の表現

ラ語　Fenestram claude.

ポ語　Fecha a janela.

ス語　Cierra la ventana.

フ語　Ferme la fenêtre.

イ語　Chiudi la finestra.

ル語　Închide fereastra.

日語　窓を閉めなさい。

6.35.3 命令の表現

ラ語　Me adiuva in illas ordinare.

ポ語　Ajuda-me a pô-las em ordem.

ス語　Ayúdame a arreglarlas.

フ語　Aide-moi à les ranger.

イ語　Aiutami a metterle in ordine.

ル語　Ajută-mă să le aranjez.

日語　それらを整理するのを手伝って下さい。

6.35.4 命令の表現

ラ語　Si vis pacem, para bellum.
ポ語　Se queres a paz, prepara a guerra.
ス語　Si quieres la paz, prepárate para la guerra.
フ語　Si veux la paix, prépare la guerre.
イ語　Se vuoi la pace, prepara la guerra.
ル語　Dacă vrei pacea, fă pregătirile de război.
日語　平和を欲するなら，戦争の準備をせよ。

6.35.5 依頼の表現

ラ語　Mihi da paucum salem, nisi molestum erit.
ポ語　Dê-me um pouco de sal, se faz favor.
ス語　Déme un poco de sal, por favor.
フ語　Donnez-moi un peu de sel, s'il vous plaît.
イ語　Datemi un po'di sale, per favore.
ル語　Dați-mi, vă rog, puțină sare.
日語　済みませんが，塩を少し下さい。

6.35.6 依頼の表現

ラ語　Mihi ignosce si te interrumpam.
ポ語　Perdoe-me o interrompê-lo.
ス語　Perdóneme que le interrumpa.
フ語　Excusez-moi de vous interrompre.
イ語　Mi scusi se la interrompo.
ル語　Scuzați-mă că vă întrerup.
日語　お話の途中で申し訳ありません。

6.35.7 依頼の表現

ラ語　Ad me quam saepissime quaeso litteras mittas.
ポ語　Escreve-me as cartas o mais frequentemente possível, se faz favor.
ス語　Envíame las cartas lo más frecuentemente posible, por favor.
フ語　Envoye-moi les lettres le plus fréquemment possible s'il te plaît.
イ語　Inviami le lettere il più frequentemente possibile, per favore.
ル語　Trimiţe-mi scrisori cât mai des posibil, te rog.
日語　私にできるだけしばしば手紙を下さい。

6.35.8 再帰動詞の命令

ラ語　Festina, quia iam serum est.
ポ語　Apresse-se, que já é tarde.
ス語　Apresúrese, ya es tarde.
フ語　Dépêchez-vous, il est déjà tard.
イ語　Affrettatevi, è già tardi.
ル語　Grăbiţi-vă, e deja târziu.
日語　もう遅いから急いでください。

　NB　ラテン語は再帰動詞ではない。

6.35.9 再帰動詞の命令

ラ語　Medice, cura te ipsum.
ポ語　Médico, cura-te a ti próprio.
ス語　Médico, cúrate a ti mismo.
フ語　Médecin, guéris toi-même.
イ語　Medico, curate te stesso.
ル語　Medicule, cautǎ-te pe tine însuţi.
日語　医者よ，汝自身を治せ。

6.35.10 否定命令の表現

ラ語	Noli canere.	Noli flere amplius.
ポ語	Não cante.	Não chores mais.
ス語	No cante.	No llores más.
フ語	Ne chantez pas.	Ne pleure plus.
イ語	Non canti.	Non piangere più.
ル語	Nu cântaţi.	Nu mai plânge.
日語	歌わないでください。	もう泣くな。

6.35.11 願望の表現

ラ語　Vivat!
ポ語　Viva!
ス語　¡Viva!
フ語　Vive!
イ語　Viva!
ル語　Să trăiască!
日語　万歳!

6.36 否定の表現

ラ語　Nunquam illum vidi.
ポ語　Eu nunca o vi.
ス語　No le he visto nunca.
フ語　Je ne l'ai jamais vu.
イ語　Non l'ho mai visto.
ル語　Nu l-am văzut niciodată.
日語　私は今まで彼に会ったことがない。

第 6 章　文 構 成

6.37 現在完了か過去か
6.37.1 現在完了か過去か
ラ語　Nasci Kalendis Ianuariis.
ポ語　Nasci no dia um de Janeiro.
ス語　Nací el primero de enero.
フ語　Je suis né le premier janvier.
イ語　Sono nato il primo di gennaio.
ル語　M-am născut la începutul lui ianuarie.
日語　私は1月1日に生まれた。

6.37.2 現在完了か過去か
ラ語　Veni, vidi, vici.
ポ語　Vim, vi, venci.
ス語　Vine, vi, vencí.
フ語　Je vins, je vis, je vainquis.
イ語　Venni, vidi, vinsi.
ル語　Venii, văzui, învinsei.
日語　来た，見た，勝った。

6.38 可能・不可能の表現
ラ語　Etiam nunc illam scribere non possum.
ポ語　Eu aina não posso escrevê-lo.
ス語　Todavía no la puedo escribir.
フ語　Je ne peux pas encore l'écrire.
イ語　Non posso ancora scriverlo.
ル語　Încă nu pot s-o scriu.
日語　私はまだそれを書くことができません。

6.39 代名詞の二重用法・重複用法
ラ語　Tibi Mariam praesento.
ポ語　Apresento-te a Maria.
ス語　Te presento a María.
フ語　Je te présente Marie.
イ語　Ti presento Maria.
ル語　Ți-o prezint pe Maria.
日語　君にマリアを紹介します。

6.40 使役構文か否か
ラ語　Quod tibi probat hoc?　　　　Mihi risum moves.
ポ語　Que faz-te acreditat nisto?　　Tu fazes-me rir.
ス語　¿Qué te hace creer esto?　　　Me haces reír.
フ語　Qu'est-ce qui te fait croire cela?　Tu me fais rire.
イ語　Che cosa ti fa credere questo?　Mi fai ridere.
ル語　Ce te face să crezi asta?　　　Mă faci să râd.
日語　君はなぜこれを信じるのですか。　君は笑わすよ。

6.41 目的節
6.41.1 目的節か否か
ラ語　Etiam nunc non decrevimus ubi eamus per ferias.
ポ語　Aínda não decidimos onde irmos durante as férias.
ス語　Todavía no hemos decidido adónde ir durante las vacaciones.
フ語　Nous n'avons pas encore décidé où aller en vacances.
イ語　Non abbiamo ancora deciso dove andare in vacanze.
ル語　N-am hotărât încă unde să plecăm în vacanță.
日語　私たちは休み中にどこへ行くかまだ決めていない。

6.41.2 目的節か否か

- ラ語　Non video quod verba facias.
- ポ語　Não vejo de que tu falas.
- ス語　No veo de qué hablas.
- フ語　Je ne vois pas de quoi tu parles.
- イ語　Non vedo di che parli.
- ル語　Nu văd despre ce vorbeşti.
- 日語　私には君が何を言っているのか分からない。

6.41.3 目的節か否か

- ラ語　Exio ad emerendum paullum.
- ポ語　Saio para fazer pequenas compras.
- ス語　Salgo para hacer pequeñas compras.
- フ語　Je sors faire quelques petits achats.
- イ語　Esco per fare delle piccole compre.
- ル語　Ies să fac câteva mici cumpărături.
- 日語　私はちょっと買い物をしに外出する。

6.41.4 目的節か否か

- ラ語　Mihi illam da ut illam videam.
- ポ語　Dá-ma para que eu a veja.
- ス語　Dámela para que yo la vea.
- フ語　Donne-le-moi pour que je le voie.
- イ語　Dammela perché la veda.
- ル語　Dă-mi-o s-o văd.
- 日語　私が見ることができるようにそれを下さい。

6.42 比喩の表現

- ラ語　Gerit se ut si esset professor meus.
- ポ語　Ele comporta-se como se rosse o meu professor.
- ス語　Se comporta como si fuera mi profesor.
- フ語　Il se comporte comme s'il était mon professeur.
- イ語　Si comporta come se fossi il mio professore.
- ル語　Se comportă ca şi când ar fi profesorul meu.
- 日語　彼はあたかも私の先生であるかの如くに振る舞う。

6.43 時制の一致・不一致

- ラ語　Mihi dixit in morbo esse.
- ポ語　Ele disse-me que estava doente.
- ス語　Me dijo que estaba enfermo.
- フ語　Il m'a dit qu'il était malade.
- イ語　Mi ha detto che era malato.
- ル語　Mi-a spus că era bolnav.
- 日語　彼は病気だと言った。

6.44 接続法の用法
6.44.1 接続法か不定詞か

- ラ語　Debo vivere solus.
- ポ語　Tenho que viver só.
- ス語　Tengo que vivir solo.
- フ語　Je dois vivre seul.
- イ語　Devo vivere solo.
- ル語　Trebuie să trăiesc singur.
- 日語　私は一人で生きなければならない。

第6章　文構成

6.44.2 接続法か不定詞か
ラ語　Debet esse ita.
ポ語　Deve ser assim.
ス語　¡Debe de ser así!
フ語　Ça doit être cela!
イ語　Questo deve essere così.
ル語　Asta trebuie să fie!
日語　そうに違いない。

6.44.3 接続法か不定詞か
ラ語　Sapere veritatem volo.
ポ語　Quero saber a verdade.
ス語　Quiero saber la verdad.
フ語　Je veux savoir la vérité.
イ語　Voglio sapere la verità.
ル語　Vreau să ştiu adevărul.
日語　私は真実を知りたい。

6.44.4 接続法か不定詞か
ラ語　Domum emere volo.
ポ語　Quero comprar uma casa.
ス語　Quiero comprar una casa.
フ語　Je veux acheter une maison.
イ語　Voglio comprare una casa.
ル語　Vreau să cumpăr o casă.
日語　私は家を買いたい。

6.44.5 接続法か不定詞か
ラ語　Exire debeo.
ポ語　Tenho de sair.
ス語　Tengo que salir.
フ語　Je dois partir.
イ語　Devo uscire.
ル語　Trebuie să plec.
日語　私は出掛けなければならない。

6.44.6 接続法か不定詞か
- ラ語　Anteactum oblivisci praefero.
- ポ語　Prefiro esquecer o passado.
- ス語　Prefiero olvidar el pasado.
- フ語　Je préfère oublier le passé.
- イ語　Preferisco dimenticare il passato.
- ル語　Prefer să uit trecutul.
- 日語　私はむしろ過去を忘れたい。

6.44.7 接続法か不定詞か
- ラ語　Verum dicere mihi difficile est.
- ポ語　É-me difícil dizer a verdade.
- ス語　Me es difícil decir la verdad.
- フ語　Il m'est difficile de dire la vérité.
- イ語　Mi è difficile dire la verità.
- ル語　Îmi vine greu să spun adevărul.
- 日語　真実を言うのは私には難しい。

6.44.8 接続法か不定詞か
- ラ語　Ne quidem choream popularem saltare scio.
- ポ語　Não sei como dançar nem uma dança popular.
- ス語　No sé bailar ni un baile popular.
- フ語　Je ne sais danser aucune danse populaire.
- イ語　Non so ballare nemmeno un ballo popolare.
- ル語　Nu ştiu să dansez nici un dans popular.
- 日語　私は民謡さえ踊れない。

6.44.9 接続法か不定詞か
- ラ語　Musicam auscultare praefero.
- ポ語　Prefiro escutar a música.
- ス語　Prefiero escuchar música.
- フ語　Je préfère écouter la musique.
- イ語　Preferisco ascoltare la musica.
- ル語　Prefer să ascult muzica.
- 日語　私はむしろ音楽を聴きたい。

6.44.10 接続法か不定詞か
- ラ語 Coactus sum ut ad scholam eam.
- ポ語 Fui obrigado a ir à escola.
- ス語 He sido obligado a ir a la escuela.
- フ語 J'ai été obligé d'aller à l'école.
- イ語 Sono stato obbligato ad andare a scuola.
- ル語 Am fost obligat să merg la şcoală.
- 日語 私は学校へ行くことを余儀なくされた。

6.44.11 接続法か不定詞か
- ラ語 Debui saltare.
- ポ語 Eu tinha que dançar.
- ス語 He tenido que bailar.
- フ語 J'ai dû danser.
- イ語 Ho dovuto ballare.
- ル語 A trebuit să dansez.
- 日語 私はダンスをする必要があった。

6.44.12 接続法か不定詞か
- ラ語 Mihi negare est verecundum.
- ポ語 Tenho vergonha de dizer que não.
- ス語 Tengo vergüenza de decir que no.
- フ語 J'ai honte de dire non.
- イ語 Ho vergogna di dire di no.
- ル語 Mi-e ruşine să zic nu.
- 日語 私はいやだというのが恥ずかしい。

6.44.13 接続法か不定詞か
- ラ語 Non possum esse ita sine facere nihil.
- ポ語 Não posso estar assim sem fazer nada.
- ス語 No puedo quedarme así sin hacer nada.
- フ語 Je ne peux pas rester ainsi sans rien faire.
- イ語 Non posso essere così senza fare niente.
- ル語 Nu pot să stau aşa fără să fac nimic.
- 日語 私は何もせずにそうしておれない。

6.44.14 接続法か不定詞か

- ラ語　Hoc anno ire ad montem volo.
- ポ語　Quero ir à montanha este ano.
- ス語　Quiero ir al monte este año.
- フ語　Je veux aller à la montagne cette année.
- イ語　Voglio andare in montagna quest'anno.
- ル語　Vreau să merg la munte anul acesta.
- 日語　私は今年山へ行きたい。

6.44.15 接続法か不定詞か

- ラ語　Exire nolo.
- ポ語　Eu não tenho vontade de sair.
- ス語　No tengo ganas de salir.
- フ語　Je n'ai pas envie de sortir.
- イ語　Non ho voglia di uscire.
- ル語　N-am chef să ies.
- 日語　私は外出したくない。

6.44.16 接続法か不定詞か

- ラ語　Impedio ne veniat.
- ポ語　Eu impeço-o que venha.
- ス語　Le impido que venga.
- フ語　Je l'empêche de venir.
- イ語　L'impedisco di venire(=che venga).
- ル語　Îl opresc să vină.
- 日語　私は彼が来るのを妨げる。

6.44.17 接続法か不定詞か

- ラ語　Rogo ut veniat.
- ポ語　Eu peço que ele venha.
- ス語　Le ruego que venga.
- フ語　Je le prie de venir.
- イ語　Spero che lui venga.
- ル語　Îl rog să vină.
- 日語　私は彼が来るように願う。

第6章 文構成

6.44.18 接続法か不定詞か
- ラ語　Me adiuva in ostium obducere.
- ポ語　Ajuda-me a fechar a porta.
- ス語　Ayúdame a cerrar la puerta.
- フ語　Aide-moi à fermer la porte.
- イ語　Aiutami a chiudere la porta.
- ル語　Ajută-mă să închid poarta.
- 日語　私がドアを閉めるのを手伝って下さい。

6.44.19 接続法か不定詞か
- ラ語　Aggressus ad dicendum est. Loqui coepit.
- ポ語　Ele começou a falar,
- ス語　Ha empezado a hablar.
- フ語　Il a commencé à parler.
- イ語　Ha cominciato a parlare.
- ル語　A început să vorbească.
- 日語　彼は話し始めた。

6.44.20 接続法か直説法か
- ラ語　Te non bibere amplius gaudeo. Gaudeo quod non bibis amplius.
- ポ語　Eu fico contente em não beberes mais.
- ス語　Me alegro de que no bebas más.
- フ語　Je suis content que tu ne boives plus.
- イ語　Sono felice che non beva più.
- ル語　Mă bucur că nu mai bei.
- 日語　私は君がもう酒を飲まなくて嬉しい。

6.44.21 接続法か直説法か
- ラ語　Sentio multum ne in morbo sit.
- ポ語　Sinto muito que ele esteja doente.
- ス語　Siento mucho que esté enfermo.
- フ語　Je regrette qu'il soit malade.
- イ語　Mi dispiace che lui sia malato.
- ル語　Regret că e bolnav.
- 日語　彼が病気で残念だ。

6.44.22 接続法か直説法か

- ラ語　Me opprimit ne sit in morbo.
- ポ語　Surpreende-me que ele esteja doente.
- ス語　Me sorprende que esté enfermo.
- フ語　Cela m'étonne qu'il soit malade.
- イ語　Sono sorpreso che lui sia malato.
- ル語　Mă surprinde că e bolnav.
- 日語　私は彼が病気で驚いている。

6.44.23 接続法か直説法か

- ラ語　Spero ut veniat.
- ポ語　Espero que ele venha.
- ス語　Espero que venga.
- フ語　J'espère qu'il viendra.
- イ語　Spero che lui venga.
- ル語　Sper să vină.
- 日語　私は彼が来ることを期待している。

6.44.24 接続法か直説法か

- ラ語　Quod faciam?
- ポ語　Que tenho que fazer?
- ス語　¿Qué tengo que hacer?
- フ語　Que dois-je faire?
- イ語　Che devo fare?
- ル語　Ce trebuie să fac?
- 日語　私，何をしましょうか？

6.44.25 接続法か直説法か不定詞か

- ラ語　Te videre gaudeo.
- ポ語　Eu fico contente de te ver.
- ス語　Me alegro de verte.
- フ語　Je suis content de te voir.
- イ語　Sono felice di vederti.
- ル語　Mă bucur că te văd.
- 日語　君に会えて私は嬉しい。

第6章　文構成

6.44.26 接続法か直説法か
ラ語　Gaudeo quod vales.
ポ語　Estou contente com estares bem.
ス語　Me alegro de que estés bien.
フ語　Je suis content que tu sois bien.
イ語　Sono felice che (tu) stia bene.
ル語　Mă bucur că eşti bine.
日語　私は君が元気で嬉しい。

6.45 条件文
6.45.1 条件文
ラ語　Edam amplius si esuriam.
ポ語　Eu comeria mais se tivesse fome.
ス語　Comería más si tuviera hambre.
フ語　Je mangerais plus si j'avais faim.
イ語　Mangerei di più se avessi fame.
ル語　Aş mânca mai mult dacă mi-ar fi foame.
日語　私は空腹であれば、もっと食べるでしょう。

6.45.2 条件文
ラ語　Non laborem amplius si dives sim.
ポ語　Eu não trabalharia mais, se fosse rico.
ス語　No trabajaría más, si fuera rico.
フ語　Je ne travaillerais plus, si j'étais riche.
イ語　Se fossi ricco, non lavorerei più.
ル語　N-aş mai lucra, dacă aş fi bogat.
日語　もし金持ちであれば、私はもう働かないでしょう。

6.45.3 条件文

- ラ語　Vellem illam videre.
- ポ語　Eu tinha gostado de vê-la.
- ス語　Habría querido verla.
- フ語　J'aurais voulu la voir.
- イ語　Avrei voluto vederla.
- ル語　Aş fi vrut s-o fi văzut.
- 日語　私は彼女に会いたかったのですが。

6.45.4 条件文

- ラ語　Quomodo possem illam oblivisci?
- ポ語　Como poderia esquecê-la?
- ス語　¿Cómo podría olvidarla?
- フ語　Comment pourrais-je l'oublier?
- イ語　Come potrei dimenticarla?
- ル語　Cum aş putea s-o uit?
- 日語　どうして彼女を忘れることができようか。

6.45.5 条件文・譲歩文

- ラ語　Quicumque interroges, respondere possit.
- ポ語　Qualquer a quem tu perguntes, poderá responder.
- ス語　A quienquiera que preguntes, podrá contestar.
- フ語　Quelle que soit la personne à qui tu demandes, elle pourra te répondre.
- イ語　A chiunque domandi, potrà rispondere.
- ル語　Pe oricine ai întreba, ţi-ar putea răspunde.
- 日語　君が誰に聞こうと、答えてもらえるでしょう。

6.45.6 条件文

- ラ語　Lamentarer ut aegrotus fuerit.
- ポ語　Lamentaria que ele estivesse doente.
- ス語　Lamentaría que estuviese enfermo.
- フ語　Je regretterais qu'il fût malade.
- イ語　Mi dispiacerebbe se fosse malato.
- ル語　Aş regreta să fie bolnav.
- 日語　彼が病気なら残念だ。

第6章 文構成

6.45.7 条件文
- ラ語　Venit, si potest.
- ポ語　Vem, se pode.
- ス語　Viene si puede.
- フ語　Il vient, s'il le peut.
- イ語　Viene, se può.
- ル語　Vine, dacă poate.
- 日語　彼は来れたら来る。

6.45.8 条件文
- ラ語　Venisset, si potuisset.
- ポ語　Teria vindo, se tivesse podido.
- ス語　Habría venido, si hubiera podido.
- フ語　Il serait venu, s'il l'avait pu.
- イ語　Sarebbe venuto, se avesse potuto.
- ル語　Ar fi venit, dacă ar fi putut.
- 日語　彼は来れたら来ていただろう。

6.45.9 条件文
- ラ語　Si aliquid scirem, nihil dicerem.
- ポ語　Se eu soubesse algo, não diria nada.
- ス語　Si supiera algo, no diría nada.
- フ語　Si je savais quelque chose, je ne dirais rien.
- イ語　Se sapessi qualcosa, non direi nulla.
- ル語　Dacă aş şti ceva, nu aş spune nimic.
- 日語　もし私が何か知っているならば，何も言わないでしょう。

6.45.10 条件文
- ラ語　Si aliquid scivissem, nihil dixissem.
- ポ語　Se tivesse sabido algo, não teria dito nada.
- ス語　Si hubiera sabido algo, no habría dicho nada.
- フ語　Si j'avais su quelque chose, je n'aurais rien dit.
- イ語　Se avessi saputo qualcosa, non avrei detto nulla.
- ル語　Dacă aş fi ştiut ceva, nu aş fi spus nimic.
- 日語　もし私が何か知っていたならば，何も言わなかったでしょう。

6.46 語彙に関する考察
6.46.1 語彙の一致・不一致
ラ語　Latine valde bene loquitur.
ポ語　Ele fala latim muito bem.
ス語　El habla muy bien el latín.
フ語　Il parle latin très bien.
イ語　Egli parla latino molto bene.
ル語　El vorbeşte latineşte foarte bine.
日語　彼はラテン語をとてもうまく話す。

6.46.2 語彙の一致・不一致
ラ語　Mihi placent(=delectant) mali.
ポ語　Eu gosto de maçãs.
ス語　Me gustan las manzanas.
フ語　J'aime les pommes.
イ語　Mi piacciono le mele.
ル語　Îmi plac merele.
日語　私はリンゴが好きだ。
　　NB この種の表現では「総称の複数形」が用いられる。

6.46.3 語彙の一致・不一致
ラ語　Absistere bibere non possum.
ポ語　Não posso deixar de beber.
ス語　No puedo dejar de beber.
フ語　Je ne peux pas cesser de boire.
イ語　Non posso lasciare di bere.
ル語　Nu pot să mă las de băut.
日語　私は飲まずにはおれない。

第6章　文構成

6.46.4 語彙の一致・不一致
ラ語	Sum promptus.	Festino.
ポ語	Estou lesto.	Tenho pressa.
ス語	Estoy listo.	Tengo prisa,
フ語	Je suis prêt.	Je suis pressé.
イ語	Sono pronto.	Ho fretta.
ル語	Sunt gata.	Sunt grăbit.
日語	私(男)は用意ができている。	私(男)は急いでいる。

6.46.5 語彙の一致・不一致
ラ語	Esurio.	Sitio.	Somnus est mihi.
ポ語	Tenho fome.	Tenho sede.	Tenho sono.
ス語	Tengo hambre.	Tengo sed.	Tengo sueño.
フ語	J'ai faim.	J'ai soif.	J'ai sommeil.
イ語	Ho fame.	Ho sete.	Ho sonno.
ル語	Mi-e foame.	Mi-e sete.	Mi-e somn.
日語	私は空腹だ。	私は喉が渇いた。	私は眠い。

6.46.6 語彙の一致・不一致
ラ語	Dentes mihi dolent.	Guttur mihi dolet.
ポ語	Doem-me os dentes.	Dói-me a garganta.
ス語	Me duelen los dientes.	Me duele la garganta.
フ語	J'ai mal aux dents.	J'ai mal à la gorge.
イ語	Mi dolgono i denti.	Mi duole la gola.
ル語	Mă dor dinţii.	Mă doare gâtul.
日語	私は歯が痛い。	私は喉が痛い。

6.46.7 語彙の一致・不一致
ラ語	Hoc non mea interest.
ポ語	Isto não me interessa.
ス語	Esto no me interesa.
フ語	Cela ne m'intéresse pas.
イ語	Questo non mi interessa.
ル語	Asta nu mă interesează.
日語	私はそのことに興味がありません。

6.46.8 語彙の一致・不一致

ラ語	Mihi dies opus est.		Non mihi opus est.
ポ語	Eu preciso de um dia de descanso.		Não é preciso.
ス語	Tengo necesidad de un día de descanso.		No es necesario.
フ語	J'ai besoin d'un jour de repos.		Il n'en est pas besoin.
イ語	Ho bisogno di un giorno di riposo.		Non è necessario.
ル語	Am nevoie de o zi de odihnă.		Nu e nevoie.
日語	私は休息の日が必要です。		それは必要ありません。

6.46.9 語彙の一致・不一致

ラ語　Sunt mihi libri.
ポ語　Tenho uns livros.
ス語　Tengo unos libros.
フ語　J'ai des livres.
イ語　Ho alcuni libri.
ル語　Am niște cărți.
日語　私は本を数冊もっている。

6.46.10 語彙の一致・不一致

ラ語　Vita pulchra est.
ポ語　A vida é bela.
ス語　La vida es hermosa.
フ語　La vie est belle.
イ語　La vita è bella.
ル語　Viața e frumoasă.
日語　人生は美しい。

6.46.11 語彙の一致・不一致

ラ語　Sanus es.
ポ語　Tens razão.
ス語　Tienes razón.
フ語　Tu as raison.
イ語　Hai ragione.
ル語　Ai dreptate.
日語　君の言うことはもっともだ。

第6章　文構成

6.46.12 語彙の一致・不一致
- ラ語　Sine me.
- ポ語　Deixa-me em paz.
- ス語　Déjame en paz.
- フ語　Laisse-moi tranquille.
- イ語　Lasciami in pace.
- ル語　Lasă-mă în pace.
- 日語　私を静かにしておいて下さい。

6.46.13 語彙の一致・不一致
- ラ語　Quid agis?　　　　　　　Optime! Perbene! Valde bene!
- ポ語　Como estás?　　　　　　Muito bem!
- ス語　¿Cómo estás?　　　　　 ¡Muy bien!
- フ語　Comment vas-tu?　　　　Très bien!
- イ語　Come stai?　　　　　　　Molto bene!
- ル語　Ce mai faci?　　　　　　Foarte bine!
- 日語　君は元気ですか?　　　　大変元気です!

6.46.14 語彙の一致・不一致
- ラ語　Quid agitur?
- ポ語　De que se trata?
- ス語　¿De qué se trata?
- フ語　De quoi s'agit-il?
- イ語　Di che si tratta?
- ル語　Despre ce-i vorba?
- 日語　話題は何のことですか?

6.46.15 語彙の一致・不一致
- ラ語　Nihil intellego.
- ポ語　Não entendo nada.
- ス語　No entiendo nada.
- フ語　Je ne comprends rien.
- イ語　Non capisco niente.
- ル語　Nu înţeleg nimic.
- 日語　私は何も分かりません。

6.46.16 語彙の一致・不一致
- ラ語　Haec vera sunt. Verum est.
- ポ語　É a verdade.
- ス語　Es verdad.
- フ語　C'est vrai.
- イ語　È vero.
- ル語　E adevărat.
- 日語　それは本当です。

6.46.17 語彙の一致・不一致
- ラ語　Ubi fuisti?
- ポ語　Onde tu estiveste?
- ス語　¿Dónde has estado?
- フ語　Où as-tu été?
- イ語　Dove sei stato?
- ル語　Unde ai fost?
- 日語　どこに行っていたのですか?

6.46.18 語彙の一致・不一致
- ラ語　Cuius hi libri sunt?
- ポ語　De quem são estes livros?
- ス語　¿De quién son estos libros?
- フ語　A qui sont ces livres?
- イ語　Di chi sono questi libri?
- ル語　Ale cui sunt cărţile acestea?
- 日語　これらの本は誰のものですか?

6.46.19 語彙の一致・不一致
- ラ語　Salve!
- ポ語　Bem-vindos!
- ス語　¡Bienvenidos!
- フ語　Soyez les bienvenues!
- イ語　Benevenuti!
- ル語　Bine aţi venit!
- 日語　よくいらっしゃいました。

第6章 文構成

6.46.20 語彙の一致・不一致
- ラ語　Cuius hic puer est?
- ポ語　De quem é este menino?
- ス語　¿De quién es este chico?
- フ語　A qui est ce garçon?
- イ語　Di chi è questo bambino?
- ル語　Al cui e copilul acesta?
- 日語　この子は誰の子ですか？

6.46.21 語彙の一致・不一致
- ラ語　Quem vigilas?
- ポ語　Quem tu guardas?
- ス語　¿A quién vigilas?
- フ語　Qui surveilles-tu?
- イ語　Chi sorvegli?
- ル語　Pe cine supraveghezi?
- 日語　君は誰を見張っているのですか？

6.46.22 語彙の一致・不一致
- ラ語　Quid tibi dolet?
- ポ語　Que é que lhe dói?
- ス語　¿Qué le duele?
- フ語　Qu'est-ce qui vous fait mal?
- イ語　Che le duole?
- ル語　Ce vă doare?
- 日語　あなたはどこが痛いですか？

6.46.23 語彙の一致・不一致
- ラ語　Cur me attulisti sperare tantum?
- ポ語　Por que tu fizeste-me esperar tanto?
- ス語　¿Por qué me has hecho esperar tanto?
- フ語　Pourquoi m'as-tu fait tant attendre?
- イ語　Perché mi hai fatto aspettare tanto?
- ル語　De ce m-ai făcut să aştept atâta?
- 日語　なぜ君は私をこんなに待たせたのですか？

6.46.24 語彙の一致・不一致

ラ語　Non potens illam supportare, illam necavit.
ポ語　Não podendo suportá-la, ele matou-a.
ス語　No pudiendo soportarla más, la mató.
フ語　Ne pouvant plus la supporter, il l'a tuée.
イ語　Non potendo sopportarla più, l'ha ammazzata.
ル語　Nemaiputând să o suporte, a omorât-o.
日語　彼女にもうそれ以上我慢できなくて、彼は殺してしまった。

6.46.25 語彙の一致・不一致

ラ語　Non audire dissimulat.
ポ語　Faz que não ouve.
ス語　Hace como que no oye.＝Finge no oír.
フ語　Il fait semblant de ne pas entendre.
イ語　Finge di non ascoltare.
ル語　Se face că nu aude.
日語　彼は聞こえない振りをしている。

6.46.26 語彙の一致・不一致

ラ語　Sufficit. Satis mihi est. Sat habeo. Abunde mihi est.
ポ語　Suficiente!　Basta!
ス語　¡Suficiente!　¡Basta!
フ語　Assez! Ça suffit!
イ語　Sufficiente! Basta!
ル語　Destul! Ajunge!
日語　十分だ! オーケー!

6.46.27 語彙の一致・不一致

ラ語　Quid quaeris ex me?
ポ語　O que é que queres de mim?
ス語　¿Qué es lo que quieres de mí?
フ語　Qu'est-ce que tu veux exactement de moi?
イ語　Che cosa vuoi da me?
ル語　Ce anume vrei de la mine?
日語　一体私に何をお望みですか？

第6章 文 構 成

6.46.28 語彙の一致・不一致
- ラ語　Sine cervicale dormire non possum.
- ポ語　Não posso dormir sem almofada.
- ス語　No puedo dormir sin almohada.
- フ語　Je ne dors pas bien sans l'oreiller.
- イ語　Non posso dormire senza guanciale.
- ル語　Nu pot să dorm bine fără pernă.
- 日語　私は枕なしには寝ることができない。

6.46.29 語彙の一致・不一致
- ラ語　Hodie mane venit.
- ポ語　Ele veio hoje de manhã.
- ス語　Ha venido esta mañana.
- フ語　Il est venu ce matin.
- イ語　È venuto stamattina.
- ル語　A venit azi-dimineața.
- 日語　彼は今朝来た。

6.46.30 語彙の一致・不一致
- ラ語　quinque per centum
- ポ語　cinco por cento
- ス語　cinco por ciento
- フ語　cinq pour cent
- イ語　cinque per cento
- ル語　cinci la sută
- 日語　5パーセント

6.46.31 語彙の一致・不一致
- ラ語　Venit proximo lunae die.
- ポ語　Veio a próxima segunda-feira.
- ス語　Vino el lunes siguiente.
- フ語　Il est venu le lundi suivant.
- イ語　È venuto il lunedì successivo.
- ル語　A venit lunea următoare.
- 日語　彼は次の月曜日に来た。

6.46.32 語彙の一致・不一致
ラ語　Quantis vecinis gratias egisti?
ポ語　A quantos vizinhos tu agradeceste?
ス語　¿A cuántos vecinos has agradecido?
フ語　Combien de voisins as-tu remercié?
イ語　A quanti vicini hai ringraziato?
ル語　Câtor vecini le-ai mulţumit?
日語　君は何人の隣人に感謝しましたか？

6.46.33 語彙の一致・不一致
ラ語　Aliquis venit.
ポ語　Alguém veio.
ス語　Ha venido alguien.
フ語　Quelqu'un est venu.
イ語　È venuto qualcuno.
ル語　A venit cineva.
日語　誰か来た。

6.46.34 語彙の一致・不一致
ラ語　Non est bonum esse hominem solum.
ポ語　Não é bom que o homem esteja só.
ス語　No es bueno que el hombre esté solo.
フ語　Il n'est pas bon que l'homme soit seul.
イ語　Non è buono che l'uomo sia solo.
ル語　Nu e bine ca omul să fie singur.
日語　人が一人でいるのは良くない。

6.46.35 語彙の一致・不一致
ラ語　Inter nos...
ポ語　Entre nós,...
ス語　(Dicho sea) entre nosotros,...
フ語　Entre nous soit dit,...
イ語　Detto tra noi,...
ル語　Între noi fie vorba,...
日語　ここだけの話ですが、…

第6章　文構成

6.46.36 語彙の一致・不一致
ラ語　Quidni? Quippini?
ポ語　Como não!
ス語　¡Cómo no!
フ語　Mais comment donc!
イ語　Come no!
ル語　Cum să nu!
日語　もちろんですよ。

6.46.37 語彙の一致・不一致
ラ語　Ubi vivit Petrus? — Vivit in hac via.
ポ語　Onde mora o Pedro? — Mora nesta rua.
ス語　¿Dónde vive Pedro? — Vive en esta calle.
フ語　Où est-ce que Pierre habite? — Il habite dans cette rue.
イ語　Dove vive Pietro? — Vive in questa via.
ル語　Unde locuieşte Petre? — Locuieşte pe această stradă.
日語　ペテロはどこに住んでいますか。— この通りに住んでいます。

6.46.38 語彙の一致・不一致
ラ語　Quid super mensa est?
ポ語　Que há na mesa?
ス語　¿Qué hay sobre la mesa?
フ語　Qu'est-ce qu'il y a sur la table?
イ語　Che cosa c'è sopra la tavola?
ル語　Ce este pe masă?
日語　机の上に何がありますか。

6.46.39 語彙の一致・不　致
ラ語　Quomodo eius mater appellatur? — Appellatur Maria.
ポ語　Como se chama a sua mãe? — Chama-se Maria.
ス語　¿Cómo se llama su madre? — Se llama María.
フ語　Comment s'appelle sa mère? — Elle s'apelle Marie.
イ語　Come si chiama sua madre? — Si chiama Maria.
ル語　Cum se numeşte mama lui? — Se numeşte Maria.
日語　彼の母は何という名前ですか。— マリアという名前です。

6.46.40 語彙の一致・不一致
- ラ語　Ana et Maria discipulae sunt.
- ポ語　A Ana e a Maria são alunas.
- ス語　Ana y María son alumnas.
- フ語　Anne et Marie sont élèves.
- イ語　Ana e Maria sono alunne.
- ル語　Ana şi Maria sunt eleve.
- 日語　アナとマリアは生徒です。

6.46.41 語彙の一致・不一致
- ラ語　Quis est novi? — Nihil novi.
- ポ語　Quais são as novidades? — Nada de novo.
- ス語　¿Qué hay de nuevo? — Nada de nuevo.
- フ語　Qu'est-ce qu'il y a de neuf? — Il n'y a rien de neuf.
- イ語　Che c'è di nuovo? — Non c'è niente di nuovo.
- ル語　Ce e nou? — Nu e nimic nou.
- 日語　何か変わったことはありませんか。— 何も変わったことはありません。

6.46.42 語彙の一致・不一致
- ラ語　Promptus es ad exeundum?
- ポ語　Tu estás pronto para partirmos?
- ス語　¿Estás listo para que salgamos?
- フ語　Est-ce que tu es prêt pour sortir?
- イ語　Sei pronto per uscire?
- ル語　Eşti gata să mergem?
- 日語　出掛ける準備ができていますか。

6.46.43 語彙の一致・不一致
- ラ語　Sinistrorsum lectus est.
- ポ語　À esquerda há uma cama.
- ス語　A la izquierda hay una cama.
- フ語　Il y a un lit à gauche.
- イ語　C'è un letto a sinistra.
- ル語　La stânga este un pat.
- 日語　左手にベッドがある。

第6章　文構成

6.46.44 語彙の一致・不一致
- ラ語　Noli dicere secretum nemini.
- ポ語　Não diga o segredo a ninguém.
- ス語　No diga el secreto a nadie.
- フ語　Ne dites le secret à personne.
- イ語　Non dica il segreto a nessuno.
- ル語　Nu spuneți nimănui secretul.
- 日語　秘密を誰にも言わないで下さい。

6.46.45 語彙の一致・不一致
- ラ語　Loquerisne lingua latina (=latine)
- ポ語　Tu falas latim?
- ス語　¿Hablas latín?
- フ語　Est-ce que tu parles latin?
- イ語　Parli latino?
- ル語　Vorbești latinește?
- 日語　君はラテン語を話しますか？

6.46.46 語彙の一致・不一致
- ラ語　Benigne. Gratias.
- ポ語　Obrigado.
- ス語　Gracias.
- フ語　Merci.
- イ語　Grazie.
- ル語　Mulțumesc.
- 日語　ありがとう。

6.46.47 語彙の一致・不一致
- ラ語　Bene ambula. Sit iter lactum.
- ポ語　Boa viagem.
- ス語　Buen viaje.
- フ語　Bon voyage.
- イ語　Buon viaggio.
- ル語　Drum bun.
- 日語　楽しいご旅行をお祈りします。

6.46.48 語彙の一致・不一致

- ラ語 Nihil est quod videam.
- ポ語 Não há nada a ver.
- ス語 No hay nada que ver.
- フ語 Il n'y a rien à voir.
- イ語 Non c'è niente da vedere.
- ル語 Nu-i nimic de văzut.
- 日語 見るべきものは何もない。

- ラ語 Non habeo tempus quod perdam.
- ポ語 Não tenho tempo para perder.
- ス語 No tengo tiempo que perder.
- フ語 Je n'ai pas de temps à perdre.
- イ語 Non ho tempo da perdere.
- ル語 N-am timp de pierdut.
- 日語 私にはぐずぐずする暇は無い。

6.46.49 語彙の一致・不一致

- ラ語 Haec traductio facile factu est.
- ポ語 Esta tradução é fácil de fazer.
- ス語 Esta traducción es fácil de hacer.
- フ語 Cette traduction est facile à faire.
- イ語 Questa traduzione è facile da fare.
- ル語 Această traducere e uşor de făcut.
- 日語 この翻訳は簡単だ。

6.46.50 語彙の一致・不一致

- ラ語 Latine valde bene loquitur.
- ポ語 Ele fala latim muito bem.
- ス語 El habla muy bien el latín.
- フ語 Il parle latin très bien.
- イ語 Egli parla latino molto bene.
- ル語 El vorbeşte latineşte foarte bine.
- 日語 彼はラテン語がとても巧い。

6.46.51 語彙の一致・不一致

- ラ語 Ut quam es stultus!
- ポ語 Que tonto és tu!
- ス語 ¡Qué tonto eres (tú)!
- フ語 Quel idiot tu es!
- イ語 Come sei tonto!
- ル語 Ce prost eşti!
- 日語 君は何と馬鹿なんだろう！

第6章 文構成

6.46.52 語彙の一致・不一致
- ラ語　Cogito, ergo sum.
- ポ語　Penso, logo existo.
- ス語　Pienso, luego existo.
- フ語　Je pense, donc je suis.
- イ語　Penso, dunque sono.
- ル語　Cuget, deci exist.
- 日語　我思う，ゆえに我あり。

6.46.53 語彙の一致・不一致
- ラ語　Quid dicam nescio.
- ポ語　Não sei que dizer.
- ス語　No sé qué decir.
- フ語　Je ne sais pas que dire.
- イ語　Non so che dire.
- ル語　Nu ştiu ce să spun.
- 日語　私は何を言っていいのか分からない。

6.46.54 語彙の一致・不一致
- ラ語　Qui amicum nostrum videt?　　　Quem noster amicus videt?
- ポ語　Quem vê o nosso amigo?　　　A quem vê o nosso amigo?
- ス語　¿Quién ve a nuestro amigo?　　　¿A quién ve nuestro amigo?
- フ語　Qui voit notre ami?　　　Qui notre ami voit-il?
- イ語　Chi vede il nostro amico?　　　Chi vede il nostro amico?
- ル語　Cine vede pe prietenul nostru?　　　Pe cine vede prietenul nostru?
- 日語　誰が私たちの友人を見ていますか。　私たちの友人は誰を見ていますか。

6.46.55 語彙の一致・不一致
- ラ語　Iohannes adhuc non venit.
- ポ語　João ainda não chegou.
- ス語　Juan no ha llegado todavía.
- フ語　Jean n'est pas encore arrivé.
- イ語　Giovanni non è ancora arrivato.
- ル語　Ion încă nu a venit.
- 日語　ヨハンネスはまだ着いていない。

6.46.56 語彙の一致・不一致

- ラ語　Quod Iohannae fecisti?　　　　　　Nihil illi feci.
- ポ語　Que é que o senhor fez à Joana?　Eu não lhe fiz nada.
- ス語　¿Qué le hizo usted a Juana?　　　No le hice nada.
- フ語　Qu'avez-vous fait à Jeanne?　　　Je ne lui ai rien fait.
- イ語　Cos'ha fatto Lei a Giovanna?　　Non le ho fatto niente.
- ル語　Ce i-aţi făcut Ioanei?　　　　　　Nu i-am făcut nimic.
- 日語　あなたはヨハンナに何をしましたか。　私は彼女に何もしなかった。

6.46.57 語彙の一致・不一致

- ラ語　Verum est Mariam multum sufferre.
- ポ語　É verdade que a Maria sofre muito.
- ス語　Es verdad que María sufre mucho.
- フ語　Il est vrai que Marie souffre beaucoup.
- イ語　È vero che Maria soffre molto.
- ル語　E adevărat că Maria suferă mult.
- 日語　マリアがとても苦しんでいるのは事実だ。

6.46.58 語彙の一致・不一致

- ラ語　Video puerum exeuntem ex schola.
- ポ語　Vejo o menino sair da escola.
- ス語　Veo al niño salir de la escuela.
- フ語　Je vois l'enfant sortir de l'école.
- イ語　Vedo il ragazzo uscire dalla scuola.
- ル語　Îl văd pe copil ieşind din şcoală.
- 日語　私にはその子が学校から出るのが見える。

6.46.59 語彙の一致・不一致

- ラ語　Ostium obducendum est.
- ポ語　Tem que fechar a porta.
- ス語　Hay que cerrar la puerta.
- フ語　Il faut fermer la porte.
- イ語　Bisogna chiudere la porta.
- ル語　Uşa trebuie închisă.
- 日語　ドアを閉めなければならない。

第6章　文構成

6.46.60 語彙の一致・不一致
ラ語　Omnes credunt terram esse rotundam.
ポ語　Toda a gente crê que a terra é redonda.
ス語　Todo el mundo cree que la tierra es redonda.
フ語　Tout le monde croit que la terre est ronde.
イ語　Tutto il mondo crede che la terra è retonda.
ル語　Toată lumea crede că pământul este rotund.
日語　地球は丸いと皆が信じている。

6.47 語順に関する考察
6.47.1 語順
ラ語　Mihi illos da.
ポ語　Dá-mos.
ス語　Dámelos.
フ語　Donne-les-moi.
イ語　Dammeli.
ル語　Dă-mi-i.
日語　私にそれらを下さい。

6.47.2 語順
ラ語　Me vidit.
ポ語　Ele me viu.
ス語　A mí me ha visto.
フ語　Moi, il m'a vu. C'est moi qu'il a vu.
イ語　Mi ha visto.
ル語　Pe mine m-a văzut.
日語　私を彼は見た。

6.47.3 語順

- ラ語　Cuius equus mortus est?
- ポ語　De quem é o cavalo morto?
- ス語　¿De quién es el caballo que murió?
- フ語　Le cheval de qui est mort?
- イ語　Il cavallo di chi è morto?
- ル語　Al cui cal a murit?
- 日語　誰の馬が死んだのですか？

6.47.4 語順

- ラ語　In cuia domo vivit?
- ポ語　De quem é a casa onde ele vivia?
- ス語　¿En casa de quién vivió él?
- フ語　Dans la maison de qui a-t-il habité?
- イ語　In casa di chi è vissuto?
- ル語　În casă cui a locuit?
- 日語　彼は誰の家に住んでいたのですか。

6.47.5 語順

- ラ語　Dominus magister venit.
- ポ語　O senhor professor veio.
- ス語　Ha venido el señor profesor.
- フ語　M. le professeur est venu.
- イ語　È venuto il professore.
- ル語　A venit domnul profesor.
- 日語　先生が来られた。

6.47.6 語順

- ラ語　Mihi placent mali.
- ポ語　Eu gosto de maçãs.
- ス語　Me gustan las manzanas.
- フ語　J'aime les pommes.
- イ語　Mi piacciono le mele.
- ル語　Îmi plac merele.
- 日語　私はリンゴが好きです。

第6章 文構成

6.47.7 弱形代名詞の語順
- ラ語　Linguam latinam tibi doco.
- ポ語　Eu ensino-lhe latim.
- ス語　Le enseño latín.
- フ語　Je vous enseigne le latin.
- イ語　Le insegno il latino.
- ル語　Vă predau limba latină.
- 日語　私はあなたにラテン語を教えます。

6.47.8 弱形代名詞の語順
- ラ語　Maria me hac noctu visitat.
- ポ語　A Maria visita-me hoje à noite.
- ス語　María me visita esta noche.
- フ語　Marie me visite ce soir.
- イ語　Maria me fa una visita stasera.
- ル語　Maria mă vizitează deseară.
- 日語　マリアは今晩私を訪問する。

6.47.9 弱形代名詞の語順
- ラ語　Cras illum videbo.
- ポ語　Encontrá-lo-ei amanhã.
- ス語　Le veré mañana.
- フ語　Je le verrai demain.
- イ語　Lo vedrò domani.
- ル語　Am să-l văd mâine.
- 日語　私は明日彼に会うでしょう。

6.47.10 弱形代名詞の語順
- ラ語　Veni ad illos videndos heri.
- ポ語　Vim vê-los ontem.
- ス語　Vine a verlos ayer.
- フ語　Je suis venu hier pour les voir.
- イ語　Sono venuto a vederli ieri.
- ル語　Am venit pentru a-i vedea ieri.
- 日語　私は昨日彼らに会いに来た。

6.47.11 弱形代名詞の語順

- ラ語　Illi illum praesento.
- ポ語　Apresento-lho.
- ス語　Se lo presento.
- フ語　Je le lui présente.
- イ語　Glielo presento.
- ル語　I-l prezint ei.
- 日語　私は彼を彼女に紹介する。

6.47.12 弱形代名詞の語順

- ラ語　Tibi illam do.
- ポ語　Eu dou-lha.
- ス語　Se la doy.
- フ語　Je vous la donne.
- イ語　Gliela do.
- ル語　V-o dau.
- 日語　私はあなたにそれ(女性単数)を与えます。

6.47.13 弱形代名詞の語順

- ラ語　Illis illam monstra.
- ポ語　Mostra-lha.
- ス語　Muéstrasela.
- フ語　Montre-la-leur.
- イ語　Mostragliela.
- ル語　Arată-le-o.
- 日語　それ(女性単数)を彼らに見せなさい。

第6章 文構成

6.48 挨拶に関する表現
6.48.1 挨拶の表現
ラ語	Salvus sis.	Vale.	Molliter cubes. Sit tibi fausta nox.
			（2つともお休み）
ポ語	Bom dia.	Boa tarde.	Boa noite.
ス語	Buenos días.	Buenas tardes.	Buenas noches.
フ語	Bonjour.	Bonjour.	Bonsoir. Bonne nuit.
イ語	Buon giorno.	Buona sera.	Buona notte.
ル語	Bună dimineaţa.	Bună ziua.	Noapte buna.
日語	おはようございます。	こんにちは。	今晩は。お休みなさい。

　NB ラテン語では夜以外は同じ挨拶をしていた。言語によって表す時間帯が異なることに注意が必要である。

6.48.2 挨拶の表現
ラ語	Quid agis?	vale. vive.
ポ語	Como estás?	Adeus, até à vista.
ス語	¿Cómo estás?	Adiós, hasta la vista.
フ語	Comment vas-tu?	Au revoir.
イ語	Come stai?	Arrivederci.
ル語	Ce mai faci?	La revedere.
日語	調子はいかがですか？	さようなら。

第7章 語　　彙

　単語にはそれぞれの歴史があるものの，西ロマンス諸語とイタリア語にはアラブ語とゲルマン語からの借用語彙が多く，ルーマニア語にはスラヴ語・トルコ語・ハンガリー語，そして19世紀になってからフランス語・イタリア語からの借用語彙が多いという一般的特徴がある。

　NB 次に上げる語彙は必ずしもラテン語起源とは限らない。教養語も大衆語も含めて常用の基本語彙と言語学的に興味のある語彙を選び，ローマニアの西端の言語であるポルトガル語を基準にアルファベット順に配列した。ローマニアの東の端の言語であるルーマニア語を基準にした『ロマンス語基本語彙集』(大学書林)をも参考にされたい。

ポ語	ス語	フ語	イ語	ル語	日本語
abelha	abeja	abeille	ape	albină	ミツバチ
abismo	abismo	abîme	abisso	prăpastie	深淵
abril	abril	avril	aprile	aprilie	四月
abrir	abrir	ouvrir	aprire	deschide	開ける
acevo	acebo	houx	agrifoglio	ilice	ヒイラギ
açougueiro	carnicero	boucher	macellaio	măcelar	肉屋
agora	ahora	maintenant	ora	acum	今
agosto	agosto	août	agosto	august	八月
água	agua	eau	acqua	apă	水
agudo	agudo	aigu	acuto	ascuţit	鋭い
águja	águila	aigle	aquila	vultur	鷲
aí, ali	allí	là	là	acolo	あそこに
ainda	todavía	encore	ancora	încă	まだ
albricoque	albaricoque	abricot	albicocca	caisă	アンズ
alcachofra	alcachofa	artichaut	carciofo	anghinare	朝鮮アザミ
aldeia	aldea	village	villaggio	sat	村

— 162 —

第7章 語　彙

algodão	algodón	cotton	cotone	bumbac	綿
amigo	amigo	ami	amico	prieten	友
amor	amor	amour	amore	iubire	愛・恋
ano	año	an	anno	an	年
anteontem	anteayer	avant-hier	l'altro ieri	alaltăieri	一昨日
aqui	aquí	ici	qui	aici	ここに
aranha	araña	araignée	ragno	păianjen	クモ
asa	ala	aile	ala	aripă	翼
assim	así	ainsi	cosi	aşa	そのように
até	hasta	jusque	fino	până	～まで
avental	delantal	tablier	grembiale	şorţ	エプロン
avô	abuelo	grand-père	nonno	bunic	祖父
azeitona	aceituna	olive	oliva	măslină	オリーブ
balde	cubo	seau	secchio	găleată	バケツ
barril	barril	baril	barile	butoi	樽
barro	barro	limon	limo	lut	泥
bastão	bastón	bâton	bastone	baston	杖
beber	beber	boire	bere	bea	飲む
beijo	beso	baiser	bacio	sărut	キス
beringela	berenjena	aubergine	melanzana	vânătă	ナス
boi	buey	bœuf	bue	bou	去勢牛
bolota	bellota	gland	ghianda	ghindă	ドングリ
borboleta	mariposa	papillon	farfalla	fluture	蝶
bosque	bosque	bois	bosco	pădure	森
bruxa	bruja	sorcière	strega	vrăjitoare	魔女
buscar	buscar	chercher	cercare	căuta	探す
cabeça	cabeza	tête	testa	cap	頭
cabra	cabra	chèvre	capra	capră	ヤギ

ロマンス語概論

cabrita	cabrita	chevrette	capretta	ied	子ヤギ
cadeia	cadena	chaîne	catena	lanţ	鎖
cadeira	silla	chaise	sedia	scaun	椅子
caixa	caja	caisse	cassa	ladă	箱
calar	callar	taire	tacere	tăcea	黙る
calções	bragas	culottes	mutande	chiloţi	パンティー
cama	cama	lit	letto	pat	ベッド
cão	perro	chien	cane	câine	犬
caracol	caracol	escargot	chiocciola	melc	カタツムリ
carnaval	carnaval	carnaval	carnevale	carnaval	カーニバル
casa	casa	maison	casa	casă	家
cavalo	caballo	cheval	cavallo	cal	馬
cebola	cebolla	oignon	cipolla	ceapă	タマネギ
cenoura	zanahoria	carotte	carota	morcov	ニンジン
centeio	centeno	seigle	segale	secară	ライムギ
centelha	chispa	étincelle	scintilla	scântele	火花
cereja	cereza	cerise	ciliegia	cireasă	サクランボ
cerração	niebla	brouillard	nebbia	coaţă	霧
cevada	cebada	orge	orzo	orz	大麦
chama	llama	flamme	fiamma	flacără	炎
chave	llave	clef	chiave	cheie	鍵
choupo	álamo	peuplier	pioppo	plop	ポプラ
chuva	lluvia	pluie	pioggia	ploaie	雨
chumbo	plomo	plomb	piombo	plumb	鉛
cidade	ciudad	ville	città	oraş	都市
cobra	serpiente	serpent	serpe	şarpe	蛇
colher	cuchara	cuiller	cucchiaio	lingură	スプーン
colmeal	colmena	ruche	alveare	stup	蜂の巣

第7章 語　彙

coração	corazón	cœur	cuore	inimă	心・心臓
corcunda	joroba	bosse	gobba	gheb	せむし
coruja	buho	hibou	gufo	bufniţă	フクロウ
corvo	cuervo	corbeau	corvo	corb	カラス
coser	coser	coudre	cucire	coase	縫う
cotovia	alondra	alouette	lodola	ciocârlie	ヒバリ
couve	col	chou	cavolo	varză	キャベツ
crivo	criba	crible	colino	ciur	ざる
cunhado	cuñado	beau-frère	cognato	cumnat	義兄弟
dançar	bailar	danser	ballare	dansa	踊る
dar	dar	donner	dare	da	与える
dedo	dedo	doigt	dito	deget	指
deixar	dejar	laisser	lasciare	lăsa	残す
dezembro	diciembre	décembre	dicembre	decembrie	十二月
dia	día	jour	giorno	zi	日
diablo	diablo	diable	diavolo	drac	悪魔
dizer	decir	dire	dire	spune	言う
domingo	domingo	dimanche	domenica	duminică	日曜日
doninha	comadreja	belette	donnola	nevăstuică	イタチ
dormido	dormido	dormi	dormito	dormit	眠った
égua	yegua	jument	cavalla	iapă	雌馬
enfèrmo	enfermo	malade	malato	bolnav	病気の
enxada	azada	houe	zappa	sapă	鍬
erva	hierba	herbe	erba	iarbă	草
ervilho	guisante	pois	pisello	mazăre	エンドウ
escada	escalera	escalier	scala	scară	階段
esconder	esconder	cacher	nascondere	ascunde	隠す
espiga	espiga	épi	spiga	spic	穂

ロマンス語概論

estômago	estómago	estomac	stomaco	stomac	胃
estrêla	estrella	étoile	stella	stea	星
faca	cuchillo	couteau	coltello	cuţit	ナイフ
face	mejilla	joue	guancia	obraz	頬
faia	haya	hêtre	faggio	fag	ブナ
fava	haba	fève	fava	bob	ソラマメ
fechar	cerrar	fermer	chiudere	închide	閉める
feito	hecho	fait	fatto	fapt	事実
fel	hiel	fiel	fiele	fiere	胆汁
feno	heno	foin	fieno	fin	干し草
ferreiro	herrero	forgeron	fabbro	fierar	鍛冶屋
ferrolho	cerrojo	verrou	chiavistello	zăvor	カンヌキ
feto	helecho	fougère	felce	ferigă	シダ
fevreiro	febrero	février	febbraio	februarie	二月
figo	higo	figue	fico	smochină	イチジク
filho	hijo	fils	figlio	fiu	息子
fogo	fuego	feu	fuoco	foc	火
folha	hoja	feuille	foglia	foaie	葉
fome	hambre	faim	fame	foame	空腹
fora	fuera	dehors	fuori	afară	外へ
formiga	hormiga	fourmi	formica	furnică	蟻
foyo	hoyo	trou	buco	gaură	穴
freixo	fresno	frêne	frassino	frasin	トネリコ
frigideira	sartén	poêle	padella	tigaie	フライパン
fruto	fruto	fruit	frutto	fruct	果実
fuinha	marta	fouine	martora	jder	テン
funcho	hinojo	fenouil	finocchio	mărar	ウイキョウ
gaivota	gaviota	mouette	gabbiano	pescăruş	カモメ

— 166 —

第7章 語　彙

galinha	gallina	poule	gallina	găină	雌鳥
garça	garza	héron	airone	bâtlan	サギ
gato	gato	chat	gatto	pisică	猫
geada	escarcha	gelée	brina	brumă	霜
gelo	hielo	glace	ghiaccio	gheaţă	氷
gêmeo	gemelo	jumeau	gemello	geamăn	双生児
giesta	retama	genêt	ginestra	grozamă	エニシダ
gota	gota	goutte	goccia	picătură	滴
gruta	cueva	grotte	grotta	peşteră	洞窟
hoje	hoy	aujourd'hui	oggi	astăzi	今日
homem	hombre	homme	uomo	om	人間
idade	edad	âge	età	vârstă	年齢
inverno	invierno	hiver	inverno	iarnă	冬
ir	ir	aller	andare	merge	行く
irmã	hermana	sœur	sorella	soră	姉妹
irmão	hermano	frère	fratello	frate	兄弟
janeiro	enero	janvier	gennaio	ianuarie	一月
janela	ventana	fenêtre	finestra	fereastră	窓
jaula	jaula	cage	gabbia	cuşcă	鳥篭
jôgo	juego	jeu	gioco	joc	遊び
jugo	yugo	joug	giogo	jug	くびき
julho	julio	juillet	luglio	iulie	七月
junho	junio	juin	giugno	iunie	六月
lã	lana	laine	lana	lână	羊毛
lagartixa	lagartija	lézard	lucertola	şopârlă	小トカゲ
lago	lago	lac	lago	lac	湖
leão	león	lion	leone	leu	ライオン
lebre	liebre	lièvre	lepre	iepure	野兎

ロマンス語概論

leite	leche	lait	latte	lapte	牛乳
lenço	pañuelo	mouchoir	fazzoletto	batistă	ハンカチ
lençol	sábana	drap de lit	lenzuolo	cearşaf	シーツ
lôbo	lobo	loup	lupo	lup	狼
loja	tienda	boutique	bottega	prăvălie	店
louco	loco	fou	matto	nebun	気違い
louro	laurel	laurier	alloro	laur	月桂樹
lugar	lugar	lieu	luogo	loc	場所
luz	luz	lumière	luce	lumină	光
maça	manzana	pomme	mela	măr	リンゴ
macieira	manzano	pommier	melo	măr	リンゴの木
madeira	madera	bois	legno	lemn	材木
maduro	maduro	mûr	maturo	copt	熟した
mãe	madre	mère	madre	mamă	母
maio	mayo	mai	maggio	mai	五月
mais	más	plus	più	mai	より多い
manteiga	mantequilla	beurre	burro	unt	バター
mão	mano	main	mano	mână	手
mar	mar	mer	mare	mare	海
março	marzo	mars	marzo	martie	三月
mau	malo	mauvais	cattivo	rău	悪い
médico	médico	médecin	medico	medic	医師
mêdo	miedo	peur	paura	frică	恐れ
mel	miel	miel	miele	miere	蜂蜜
menino	niño	enfant	bambino	copil	幼児
mesa	mesa	table	tavola	masă	机・テーブル
monte	monte	montagne	monte	munte	山
morango	fresa	fraise	fragola	fragă	イチゴ

第7章 語　彙

morte	muerte	mort	morte	moarte	死
nada	nada	rien	niente	nimic	無
neve	nieve	neige	neve	zăpadă	雪
noite	noche	nuit	notte	noapte	夜
novembro	noviembre	novembre	novembre	noiembre	十一月
novo	nuevo	neuf	nuovo	nou	新しい
noz	nuez	noix	noce	nucă	クルミ
nuca	nuca	nuque	nuca	ceafă	うなじ
nuvem	nube	nuage	nuvola	nor	雲
olhar	mirar	voir	guardare	privi	見る
ôlho	ojo	œil	occhio	ochi	目
oliveira	olivo	olivier	olivo	măslin	オリーヴの木
olmo	olmo	orme	olmo	ulm	ニレ
onde	dónde	où	dove	unde	どこに？
ontem	ayer	hier	ieri	ieri	昨日
ordenhar	ordeñar	traire	mungere	mulge	搾乳する
orvalho	rocío	rosée	rugiada	rouă	露
osso	hueso	os	osso	os	骨
ouriço	erizo	hérisson	riccio	arici	ハリネズミ
ouro	oro	or	oro	aur	金
outono	otoño	automne	autunno	toamnă	秋
outubro	octubre	octobre	ottobre	octombrie	十月
ovelha	oveja	brebis	peccora	oaie	羊
ovo	huevo	œuf	uovo	ou	卵
pai	padre	père	padre	tată	父
pão	pan	pain	pane	pâine	パン
pároco	cura	prêtre	prete	preot	主任司祭
peito	pecho	poitrine	petto	piept	胸

— 169 —

ロマンス語概論

peixe	pez	poisson	pesce	peşte	魚
pena	pluma	plume	penna	pană	ペン
pente	peine	peigne	pettine	pieptene	櫛
perna	pierna	jambe	gamba	picior	脚
pêssego	melocotón	pêche	pesca	piersică	桃
poço	pozo	puits	pozzo	fântână	井戸
pomba	paloma	pigion	colomba	porumbel	鳩
porco	puerco	porc	porco	porc	豚
portão	puerta	porte	porta	poartă	門
praça	plaza	place	piazza	piaţă	広場
praia	playa	plage	spiaggia	ţărm	浜辺
preço	precio	prix	prezzo	preţ	価格
prego	clavo	clou	chiodo	unghie	釘
presunto	jamón	jambon	prosciutto	şuncă	ハム
prêto	negro	noir	nero	negru	黒い
primavera	primavera	printemps	primavera	primăvară	春
pulga	pulga	puce	pulce	purice	ノミ
quarta-feira	miércoles	mercredi	mercoledì	miercuri	水曜日
quinta-feira	jueves	jeudi	giovedì	joi	木曜日
rapaz	muchacho	garçon	ragazzo	băiat	少年
ratinho	ratón	rat	topo	şoarece	ネズミ
rei	rey	roi	re	rege	王
rio	río	fleuve	fiume	râu	川
rir	reír	rire	ridere	râde	笑う
rocha	roca	rocher	roccia	stâncă	岩
roda	rueda	roue	ruota	roată	車輪
rosa	rosa	rose	rosa	trandafir	バラ
sábado	sábado	samedi	sabato	sâmbătă	土曜日

第7章 語　彙

sabão	jabón	savon	sapone	săpun	石鹼
saia	falda	jupe	gonna	fustă	スカート
sair	salir	sortir	uscire	ieşi	外出する
sal	sal	sel	sale	sare	塩
salgueiro	sauce	saule	salice	salcie	柳
saltar	saltar	sauter	saltare	sări	跳ぶ
sapateiro	zapatero	chausseur	calzolaio	cizmar	靴屋
são	santo	saint	santo	sfânt	聖なる
sapato	zapato	soulier	scarpa	pantof	靴
segunda-feira	lunes	lundi	lunedì	luni	月曜日
seio	seno	sein	poppa	sân	乳房
seio	seno	sein	seno	sân	胸
semana	semana	semaine	settimana	săptămână	週
setembro	septiembre	septembre	settembre	septembrie	九月
sexta-feira	viernes	vendredi	venerdì	vineri	金曜日
sogro	suegro	beau-père	suocero	socru	舅
sol	sol	soleil	sole	soare	太陽
sonho	sueño	rêve	sogno	somn	夢
subir	subir	monter	montare	urca	昇る
suor	sudor	sueur	sudore	sudoare	汗
talvez	quizá	peut-être	forse	poate	多分
também	también	aussi	anche	şi	～もまた
ter	tener	avoir	avere	avea	持つ
terça-feira	martes	mardi	martedì	marţi	火曜日
terra	tierra	terre	terra	ţară	陸・地球
terrão	terrón	motte	zolla	glie	土くれ
torre	torre	tour	torre	turn	塔
toupeira	topo	taupe	talpa	cârtiţă	モグラ

ロマンス語概論

touro	toro	taureau	toro	taur	雄牛
trigo	trigo	blé	grano	grâu	小麦
trovoada	tormenta	orage	temporale	furtună	嵐，雷雨
uva	uva	raisin	uva	strugure	ブドウ
vazio	vacío	vide	vuoto	gol	空(から)の
vaga-lume	luciérnaga	ver luisant	lucciola	licurici	蛍
vassoira	escoba	balai	scopa	mătură	ほうき
velho	viejo	vieux	vecchio	bătrân	老いた
vento	viento	vent	vento	vânt	風
verão	verano	été	estate	vară	夏
vinho	vino	vin	vino	vin	ワイン
viúva	viuda	veuve	vedova	văduvă	未亡人

第8章 ロマンス諸語の比較

8.1 聖書の比較

全世界に普及している聖書は比較するのに都合が良い。旧約聖書はヘブル語で，新約聖書はギリシア語で書かれたのであるが，次に旧約聖書の冒頭の一部を比較してみよう。

8.1.1 ラテン語訳

1) In prinpicio creavit Deus caelum et terram.
2) Terra autem erat inanis et vacua et tenebrae super faciem abyssi et spiritus Dei ferebatur super aquas.
3) Dixitque Deus fiat lux et facta est lux.
4) Et vidit Deus lucem quod esset bona et divisit lucem ac tenebras.
5) Appellavitque lucem diem et tenebras noctem. Factumque est vespere et mane dies unus.

8.1.2 ポルトガル語訳

1) No principio criou Deus os céus e a terra.
2) A terra, porém, era sem forma e vazia; havia trevas sôbre a face do abismo, e o Espírito de Deus pairava por sôbre as águas.
3) Disse Deus: Haja luz; e houve luz.
4) E viu Deus que a luz era boa; e fêz separação entre a luz e as trevas.
5) Chamou Deus à luz Dia, e às trevas, Noite. Houve tarde e manhã, o primeiro dia.

8.1.3 スペイン語訳

1) En el principio creó Dios los cielos y la tierra.
2) La tierra empero estaba sin forma y vacía, y yacían tinieblas sobre

la haz del abismo; y el Espíritu de Dios cobijaba la haz de las aguas.

3) Y dijo Dios: Haya luz, y hubo luz.

4) Y vio Dios que la luz era buena; y separó la luz de las tinieblas.

5) Y llamó Dios a la luz Día, y a las tinieblas llamó Noche. Y hubo tarde y hubo mañana el día primero.

8.1.4 フランス語訳

1) Au commencement, Dieu créa les cieux et la terre.

2) La terre était informe et vide: il y avait des ténèbres à la surface de l'abîme, et l'esprit de Dieu se mouvait au-dessus des eaux.

3) Dieu dit: Que la lumière soit! Et la lumière fut.

4) Dieu vit que la lumière était bonne; et Dieu sépara la lumière d'avec les ténèbres.

5) Dieu appela la lumière jour, et il appela les ténèbres nuit. Ainsi, il y eut un soir, et il y eut un matin: ce fut le premier jour.

8.1.5 イタリア語訳

1) Nel principio Iddio creò il cielo e la terra.

2) E la terra era una cosa deserta e vacua; e tenebre erano sopra faccia del l'abisso. E lo Spirito di Dio si movera sopra la faccia delle acque.

3) E Iddio disse: Sia la luce. E la luce fu.

4) E Iddio vede che la luce era buona. E Iddio separò la luce dalle tenebre.

5) E Iddio nominò la luce Giorno, e le tenebre Notte. Così fu sera, e poi fu mattina, che fu il primo giorno.

8.1.6 ルーマニア語訳

1) La început, Dumnezeu a făcut cerurile şi pământul.

2) Pământul era pustiu şi gol; peste faţa adâncului de ape era

întunerec, şi Duhul lui Dumnezeu se mişca pe deasupra apelor.
3) Dumnezeu a zis: "Să fie lumină". Şi a fost lumină.
4) Dumnezeu a văzut că lumina era bună; şi Dumnezeu a despărţit lumina de întunerec.
5) Dumnezeu a numit lumina zi, iar întunerecul l-a numit noapte. Astfel, a fost o seră, şi apoi a fost dimineaţă: aceasta a fost ziua întâi.

8.1.7 日本語訳
1) はじめに神は天と地を創造された。
2) 地は形なく、空しく、闇が淵の表にあり、神の霊が水の表を覆っていた。
3) 神は「光りあれ」と言われた。すると光があった。
4) 神はその光を見て、良しとされた。神はその光と闇とを分けられた。
5) 神は光を昼と名付け、闇を夜と名付けられた。夕となり、また朝となった。第1日である。

8.2 『ガリア戦記』の比較

『ガリア戦記』はBC52−51年にかけてユリウス・カエサルによって書かれた古典ラテン語の名作である。冒頭の一部分を比較してみよう。

8.2.1 ラテン語の原文 "Caesaris Commentarii de bello Gallico"

Gallia est omnis diuisa in partes tres, quarum unam incolunt Belgae, aliam Aquitani, tertiam qui ipsorum lingua Celtae, nostra Galli appellantur. Hi omnes lingua, institutis, legibus inter se differunt. Gallos ab Aquitanis Garunna flumen, a Belgis Matrona et Sequana diuidit. Horum omnium fortissimi sunt Belgae, propterea quod a cultu atque humanitate prouinciae longissime absunt, minimeque ad eos mercatores saepe commeant atque ea quae ad effeminandos animos pertinent important; proximique sunt Germanis, qui trans Rhenum incolunt, quibuscum continenter bellum gerunt. Qua de causa Heluetii quoque reliquos Gallos uirtute praecedunt, quod fere cotidianis proeliis cum Germanis contendunt, cum aut suis finibus eos prohibent, aut ipsi in eorum finibus bellum gerunt. Eorum una pars, quam Gallos optinere dictum est, initium capit a flumine Rhodano, continetur Garunna flumine, Oceano, finibus Belgarum, attingit etiam ab Sequanis et Heluetiis flumen Rhenum, uergit ad septentriones. Belgae ab extremis Galliae finibus oriuntur, pertinent ad inferiorem partem fluminis Rheni, spectant in septentrionem et orientem solem. Aquitania a Garunna flumine ad Pyrenaeos montes et eam partem Oceani quae est ad Hispaniam pertinet; spectat inter occasum solis et septentriones.

8.2.2 ポルトガル語訳 "A guerra das Gálias"

A Gália, no seu conjunto, está dividida em três partes, de que uma é habitada pelos Belgas, a outra pelos Aquitanos, a terceira por aqueles que na sua própria língua se chamam Celtas e, na nossa, Gauleses. Todos estes povos diferem entre si pela língua, pelos costumes, pelas leis. Os Gauleses estão separados dos Aquitanos pelo curso do Garona, dos Belgas pelo Marne e pelo Sena. Os mais bravos de todos estes povos são os Belgas, porque são os mais afastados da civilização e dos costumes requintados da Província, porque os mercadores muito raramente vão aos seus territórios e deles não importam o que é próprio para amolecer os corações, porque são os mais próximos dos Germanos que habitam para lá do Reno e com quem estão constantemente em guerra. O mesmo se passa com os Helvécios, que também ultrapassam em valor o resto dos Gauleses, porque quase todos os dias estão em luta com os Germanos, quer para os impedir de penetrar nos seus territórios, quer para eles próprios levarem a guerra ao seu país. A parte da Gália que os Gauleses, como

第8章　ロマンス諸語の比較

dissemos, ocupam começa no rio Ródano e tem por limites o rio Garona, o Oceano e a fronteira dos Belgas; vai também até ao rio Reno do lado dos Séquanos e dos Helvécios. O país dos Belgas começa nos confins extremos da Gália; estende-se até à parte inferior do curso do Reno; está voltado para o setentrião e para o oriente. A Aquitânia estende-se do rio Garona aos montes Pirenéus e à parte do oceano que banha a Espanha; ela está entre o ocidente e o setentrião.

8.2.3 スペイン語訳 "La guerra de las Galias"

Toda la Galia está dividida en tres partes, de las cuales habitan una los belgas, otra los aquitanos y la tercera los que en su lengua se llaman celtas y en la nuestra galos. Todos éstos se diferencian entre sí por el idioma, las costumbres y las leyes. Separa a los galos de los aquitanos el río Garona; de los belgas, el Marne y el Sena. Los más fuertes entre todos éstos son los belgas, porque son los más apartados del refinamiento y de la civilización de la Provincia, porque rarísima vez llegan a ellos mercaderes con aquellas cosas que sirven para afeminar los ánimos, y porque son vecinos de los germanos, que habitan al otro lado del Rin, con los cuales están en continua guerra. Éste es también el motivo de que los helvecios aventajan en valor a los demás galos, pues casi diariamente traban lucha con los germanos, ya alejándolos de sus propias fronteras, ya haciendo la guerra en las de ellos. La parte que, según hemos dicho, ocupan los galos comienza en el Ródano y confina con el Garona, con el Océano y con las fronteras de los belgas; por el lado de los secuanos y de los helvecios llega hasta el Rin, doblando luego hacia el Septentrión. Los belgas comienzan en los últimos límites de la Galia, se extienden hasta el curso inferior del Rin y están orientados al Septentrión y al Oriente.

Aquitania llega desde el Garona a los Pirineos y a aquella parte del Océano que baña las costas de España; está orientada a Poniente y Norte.

8.2.4 フランス語訳 "La guerre des Gaules"

L'ensemble de la Gaule est divisé en trois parties: l'une est habitée par les Belges, l'autre par les Aquitains, la troisième par le peuple qui, dans sa langue, se nomme Celte, et, dans la nôtre, Gaulois. Tous ces peuples diffèrent entre eux par le langue, les coutumes, les lois. Les Gaulois sont séparés des Aquitains par la Garonne, des Belges par la Marne et la Seine. Les plus braves de ces trois peuples sont les Belges, parce qu'ils sont les plus éloignés de la province romaine et des raffinements de sa civilisation, parce que les marchands y vont très rarement, et, par conséquent, n'y introduisent pas ce qui est propre à amollir les œurs, enfin parce qu'ils sont les plus voisins des Germains, qui habitent sur l'autre rive du Rhin, et avec qui ils sont continuellement en guerre. C'est pour la même raison que les Helvètes aussi surpassent en valeur guerrière les autres Gaulois: des combats presque quotidiens les mettent aux prises avec les Germains, soit qu'ils leur interdisent l'accès de leur territoire, soit qu'ils les attaquent chez eux. La partie de la Gaule qu'occupent, comme nous l'avons dit, les Gaulois commence au Rhône, est bornée par la Garonne, l'Océan et la frontière de Belgique; elle touche aussi au Rhin du côté des Séquanes et des Helvètes; elle est orientée vers le nord. La Belgique commence où finit la Gaule; elle va jusqu'au cours inférieur du Rhin; elle regarde vers le nord et vers l'est. L'Aquitaine s'étend de la Garonne aux Pyrénées et à la partie de l'Océan qui baigne l'Espagne; elle est tournée vers le nord-ouest.

第8章　ロマンス諸語の比較

8.2.5 イタリア語訳 "La guerra gallica"

La Gallia nel suo complesso è divisa in tre parti: la prima è abitata dai Belgi, la seconda dagli Aquitani e la terza da quelli che, nella loro lingua, si chiamano Celti e, nella nostra, Galli. Tutte queste popolazioni sono differenti tra loro per lingua, istituzioni e leggi. Il fiume Garonna separa i Galli dagli Aquitani, la Marna e la Senna li dividono dai Belgi. Di tutti questi, i più forti sono i Belgi, poiché sono i più lontani dalla colta e raffinata Provincia, e i mercanti raramente li visitano introducendovi quei prodotti che servono ad effeminare gli animi; essi confinano con i Germani d'oltre Reno e con loro sono inperenne stato di guerra. Per questo motivo anche gli Elvezi superano in valore gli altri Galli, poiché anch'essi si battono con i Germani quasi ogni giorno, sia quando li escludono dai propri territori, sia quando invadono essi stessi i loro. La parte, che si è detto appartenere ai Galli, incomincia dal fiume Rodano; è limitata dal fiume Garonna, dall'Oceano, dal territorio dei Belgi; tocca anche il fiume Reno dalla parte dei Sequani e degli Elvezi, ed è orientata a settentrione. Il territorio dei Belgi ha inizio dalle più lontane regioni della Gallia; è delimitato dal corso inferiore del Reno; guarda a settentrione e ad oriente. L'Aquitania si estende dalla Garonna ai Pirenei ed a quella parte dell'Oceano che tocca la Spagna; guarda ad occidente e a settentrione.

8.2.6 ルーマニア語訳 "Războiul galic"

Gallia îtreagă este împarţită în trei părţi, dintre care o parte este locuită de belgi, alta de aquitani, iar a treia de cei care în limba lor se numesc celţi, iar în limba latină galii. Aceste popoare se deosebesc între ele prin limbă, obiceiuri şi legi. Gallii sunt despărţiţi de aquitani prin fluviul Garumna, iar de belgi prin Matrona şi Sequana. Cei mai viteji dintre toţi sunt belgii, pentru că ei sunt cei mai izolaţi de traiul bun şi civilizat din Provincia romană; la ei vin foarte rar negustori care aduc lucruri ce contribuie la molesirea sufletelor şi sunt cei mai apropiaţi de germani, care locuiesc pe malul celălalt al Rinului şi cu care se războiesc fără încetare.

　Din acelaşi motiv, helveţii întrec în bărbăţie pe ceilalţi galli: aproape în fiecare zi se luptă cu germanii, pe care sau îi resping de pe teritoriul helvet, sau îi atacă înpropria lor ţară. Ţinutul ocupat de galli este aşezat spre nord; el începe de la fluviul Ron, se mărgineşte cu Garumna, oceanul şi ţara belgilor, iar îspre sequani şi helveţi ajunge până la Rin. Ţara belgilor, aşezată la nord-est, începe acolo unde se termină Gallia şi ţine până la cursul inferior al Rinului. Aquitania se află la nord-vest şi se întinde de la fluviul Garumna până la munţii Pirinei şi până la acea parte a oceanului care udă coastele Spaniei.

8.2.7　日本語訳『ガリア戦記』

　ガリアは全部で3つに分かれ，その一部分にはベルガエ人が，別のところにはアクィターニア人が，三番目のところには自らの言葉でケルト人と呼ばれ，我々の言葉でガリア人と呼ばれる人達が住んでいる。これらの人達はすべて言語，習慣，法律が異なる。ガロンヌ川がガリア人をアクィターニア人から分けている。マトゥロナ川とセクアーナ川がガリア人をベルガエ人から分けている。これらすべての人達の中で最も強いのはベルガエ人であるが，それは彼らがプローウィンキアの文化・教養から遠く離れていて，商人も行き来せず心を軟弱にするものが入らなく，ライン川の向こうのゲルマーニア人に近く，絶えず交戦しているからである。同じ理由でヘルウェティア人も他のガリア人に比べると武勇が優れていて，毎日のようにゲルマーニア人と争い，自らの領地で敵を防いだり，敵の領地に入って戦ったりしている。ガリア人が所有すると言われている領地の一部分はローヌ川に始まり，ガロン

第8章 ロマンス諸語の比較

ヌ川と大洋とベルガエ人の領地に囲まれ，セクアニア人やヘルウェティア人のところではライン川に達し，北に広がっている。ベルガエ人はガリアの領地の果てから始まり，ライン川の下流域に達し，北東を向いている。アクィターニアはガロンヌ川からピレネー山脈までとヒスパーニアに続く大洋に臨み，西北を向いている。

8.3『星の王子さま』の比較

『星の王子さま』はサン・テグジュペリ(1900～1944)によって書かれ，1946年に発行されてから多くの言語に翻訳されている。次に第25章の冒頭の一部分を比較してみよう。

8.3.1 ポルトガル語訳 "O principezinho"

　Era o oitavo dia da minha avaria no deserto e, enquanto escutava a história do negociante, bebi a última gota da minha provisão de água:
—Ah! disse eu ao principezinho, são bem lindas as tuas recordações, mais ainda não consertei o meu avião, não tenho mais nada que beber e também me sentiria feliz se pudesse dirigir-me, devagarinho, para uma fonte!
—A minha raposa..., disse-me ele.
—Meu rapazinho, a raposa já, não interessa!
—Porquê?
—Porque vamos morrer de sede...
　Não compreendeu o meu raciocínio e respondeu:
—É muito bom ter um amigo, mesmo quando se está para morrer. Quanto a mim, sinto-me bem contente pot ter tido a amizade de uma raposa...
《Não mede o perigo, disse de mim para mim. Nunca teve fome nem sede. Basta-lhe um pouco de sol...》

Mas ele olhou para mim e respondeu ao meu pensamento:
—Também tenho sede... procuremos um poço...
Tive um gesto de cansaço: é absurdo procurar um poço, ao acaso, na imensidade do deserto.
Contudo pusemo-nos a caminho.
Depois de termos andado horas e horas em silêncio, a noite desceu e as estrelas começaram a acender-se. Avistava-as como em sonho, sentindo-me um pouco febril com a sede. As palavras do principezinho dançavam-me na memória:
—Também tens sede, tu? perguntei-lhe.
Mas ele não respondeu à minha pergunta. Disse-me simplesmente:
—A água também pode ser boa para o coração...
Não compreendi esta resposta, mas calei-me... Sabia bem que era melhor não o interrogar.
Ele estava cansado. Sentou-se. Sentei-me perto dele. Depois de um silêncio, disse ainda:
—As estrelas são belas por causa de uma flor que se não vê...
Respondi 《é verdade》 e olhei, sem dizer nada, para a ondulação da areia à luz da lua.
—É belo o deserto, acrescentou...
—E era verdade. Sempre amei o deserto. Senta-se a gente numa duna de areia.
Não se vê nada. Não se ouve nada. E, todavia, qualquer coisa brilha em silêncio.
—O que dá beleza ao deserto, disse o principezinho, é a existência de um poço escondido em qualquer parte...

8.3.2 スペイン語訳 "El principito"

Estábamos en el octavo día de mi avería en el desierto y había

第 8 章　ロマンス諸語の比較

escuchando la historia del mercader bebiendo la última gota de mi provisión de agua.

—¡Ah!--dije al principito—. Tus recuerdos son bien bonitos, pero todavía no he reparado mi avión, no tengo nada para beber y yo también sería feliz si pudiera caminar muy suavemente hacia una fuente.

—Mi amigo el zorro... —me dijo.

—Mi pequeño hombrecito, ¡ya no se trata más del zorro!

—¿Por qué?

—Porque nos vamos a morir de sed...

No comprendió mi razonamiento y respondió:

—Es bueno haber tenido un amigo, aun si vamos a morir. Yo estoy muy contento de haber tenido un amigo zorro...

"No mide el peligro—me dije—. Jamás tiene hambre ni sed. Un poco de sol le basta..."

Pero me miró y respondió a mi pensamiento:

—Tengo sed también... Busquemos un pozo...

Tuve un gesto de cansancio: es absurdo buscar un pozo, al azar, en la inmensidad del desierto. Sin embargo, nos pusimos en marcha.

Cuando hubimos caminado horas en silencio, cayó la noche y las estrellas comenzaron a brillar. Las veía como en sueños, con un poco de fiebre, a causa de mi sed. Las palabras del principito danzaban en mi memoria:

—¿También tú tienes sed? —le pregunté.

Pero no respondió a mi pregunta. Me dijo simplemente:

—El agua puede también ser buena para el corazón...

No comprendí su respuesta, pero me callé... Sabía bien que no había que interrogarle.

Estaba fatigado. Se sentó. Me senté cerca de él. Y, después de un silencio, dijo aún:

—Las estrellas son bonitas, por una flor que no se ve...

Respondí "seguramente" y, sin hablar, miré los pliegues de la arena bajo la luna.

—El desierto es bonito—agregó.

Es verdad. Siempre he amado el desierto. Puede uno sentarse sobre un médano de arena. No se ve nada. No se oye nada. Y sin embargo, algo resplandece en el silencio...

—Lo que embellece al desierto—dijo el principito—es que esconde un pozo en cualquier parte...

8.3.3 フランス語の原文 "Le petit prince"

Nous en étions au huitième jour de ma panne dans le désert, et j'avais écouté l'histoire du marchand en buvant la dernière goutte de ma provision d'eau.

—Ah! dis-je au petit prince, ils sont bien jolis, tes souvenirs, mais je n'ai pas encore réparé mon avion, je n'ai plus rien à boire, et je serais heureux, moi aussi, si je pouvais marcher tout doucement vers une fontaine!

—Mon ami le renard, me dit-il...

—Mon petit bonhomme, il ne s'agit plus du renard!

—Pourquoi?

—Parce qu'on va mourir de soif...

Il ne comprit pas mon raisonnement, il me répondit:

—C'est bien d'avoir eu un ami, même si l'on va mourir. Moi, je suis bien content d'avoir eu un ami renard...

《Il ne mesure pas le danger, me dis-je. Il n'a jamais ni faim ni soif. Un peu de soleil lui suffit...》

第 8 章　ロマンス諸語の比較

　Mais il me regarda et répondit à ma pensée:
—J'ai soif aussi... cherchons un puits...
J'eus un geste de lassitude: il est absurde de chercher un puits, au hasard, dans l'immensité du désert. Cependant nous nous mîmes en marche.
　Quand nous eûmes marché, des heures, en silence, la nuit tomba, et les étoiles commencèrent de s'éclairer. Je les apercevais comme en rêve, ayant un peu de fièvre, à cause de ma soif. Les mots du petit prince dansaient dans ma mémoire.
—Tu as donc soif, toi aussi? lui demandai-je?
　Mais il ne répondit pas à ma question. Il me dit simplement:
—L'eau peut aussi être bonne pour le cœur...
　Je ne comprit pas sa réponse mais je me tus... Je savais bien qu'il ne fallait pas l'interroger.
　Il était fatigué. Il s'assit. Je m'assis auprès de lui. Et, après un silence, il dit encore:
—Les étoiles sont belles, à cause d'une fleure que l'on ne voit pas...
　Je répondit 《bien sûr》 et je regardai, sans parler, les plis du sable sous la lune.
—Le désert est beau, ajouta-t-il.
　Et c'était vrai. J'ai toujours aimé le désert. On s'assoit sur une dune de sable. On ne voit rien. On n'entend rien. Et cependant quelque chose rayonne en silence...
—Ce qui embellit le désert, dit le petit prince, c'est qu'il cache un puits quelque part...

8.3.4 イタリア語訳 "Il piccolo principe"

　Eravano all'ottavo giorno della mia avaria nel deserto, e avevo ascoltato la storia del mercante bevendo l'ultima goccia della mia provvista d'acqua:

"Ah! "dissi al piccolo principe, "sono molto graziosi i tuoi ricordi, ma io non ho ancora riparato il mio aeroplano, non ho più niente da bere, e sarei felice anch'io se potessi camminare adagio adagio verso una fontana!"

"Il mio amico la volpe, mi disse..."

"Caro il mio ometto, non si tratta più della volpe!"

"Perché?"

"Perché moriremo di sete..."

Non capì il mio ragionamento e mi rispose:

"Fa bene l'aver avuto un amico, anche se poi si muore. Io, io sono molto contento d'aver avuto un amico volpe..."

Non misura il pericolo, mi dissi. Non ha mai né fame, né sete. Gli basta un po' di sole...

Ma mi guardò e rispose al mio pensiero:

"Anch'io ho sete... cerchiamo un pozzo..."

Ebbi un gesto di stanchezza: è assurdo cercare un pozzo, a caso, nell'immensità del deserto. Tuttavia ci mettemmo in cammino.

Dopo aver camminato per ore in silenzio, venne la notte, e le stelle cominciarono ad accendersi. Le vedevo come in sogno, attraverso alla febbre che mi era venuta per la sete. Le parole del piccolo principe danzavano nella mia memoria.

"Hai sete anche tu?" gli domandai.

Ma non rispose alla mia domanda. Mi disse semplicemente:

"Un po' d'acqua può far bene anche ai cuore..."

Non compresi la sua risposta, ma stetti zitto... Sapevo bene che non bisognava interrogarlo.

Era stanco. Si sedette. Mi sedetti accanto a lui. E dopo un silenzio disse ancora:

"Le stelle sono belle per un fiore che non si vede..."

Risposi: "Già," e guardai, senza parlare, le pieghe della sabbia sotto la luna.

"Il deserto è bello," soggiunse.

Ed era vero. Mi è sempre piaciuto il deserto.

Ci si siede su una duna di sabbia. Non si vede nulla. Non si sente nulla. E tuttavia qualche cosa risplende in silenzio...

"Ciò che abbellisce il deserto," disse il piccolo principe, "è che nasconde un pozzo in qualche luogo..."

8.3.5 ルーマニア語訳 "Micul prinţ"

Ne găseam în cea de-a opta zi, de când rămăsesem în pană prin pustiu şi, în timp ce ascultam povestea cu neguţătorul, sorbisem şi cel din urmă strop al proviziei mele de apă.

—Vai! —i-am spus micului prinţ—sunt foarte frumoase amintirile tale, dar eu încă nu mi-am reparat avionul, nu mai am nimic de băut şi aş fi la rândumi fericit, de-aş putea porni în linişte spre o fântână!

—Prietena mea, vulpea... —zise el.

—Dragul meu băiat, nu mai e vorba de vulpe!

—Cum aşa!

—Pentru ca avem să murim de sete...

El nu ma înţelese; îmi răspunse:

—E bine să ai un prieten, chiar dacă e să mori. Eu, unul, sunt tare bucuros că m-am împrietenit cu o vulpe.

《Nu-şi dă seama de primejdie—mi-am spus. Lui niciodată nu-i e foame şi nici sete. Pentru el e de ajuns un strop de soare...》

El însă se uită la mine şi-mi raspunse, chiar la ceea ce gândeam:

―Şi mie mi-i sete... să căutăm o fântână...

Mă încercă o moleşeală: n-are nici un rost să cauţi o fântână, la voia întâmplării, prin pustiul fără de sfârşit. Cu toate acestea, pornirăm la drum.

Şi merserăm astfel ore de-a rândul, tăcuţi, până când se lăsă noaptea şi începură să se aprindă stelele. Eu le zăream ca printr-un vis, căci din pricina setei, mă cuprinse o uşoară ameţeală. Cuvintele micului prinţ îmi jucau în minte:

―Adică şi ţie ţi-i sete? l-am întrebat.

El însă nu mi-a dat răspuns la întrebare. Atât a zis:

―Apa mai poate fi bună şi pentru suflet...

Nu înţelegeam ce vrea să spună, dar tăcui... Ştiam prea bine că nu trebuia să-i pun întrebări.

Ostenise. Se aşeză. M-am aşezat şi eu alături. Şi, după o tăcere mi-a mai spus:

―Stelele sunt frumoase, datorită unei flori pe care nimeni nu o vede...

Eu i-am răspuns: 《De bună seamă》, şi m-am uitat, fără să mai spun nimic, la undele nisipului bătut de lună.

―E frumos pustiul... ―adăugă el.

Şi era adevărat. Întotdeauna mi-a fost drag pustiul. Te aşezi pe o dună de nisip. Nu vezi nimic. Nimic se aude. Şi cu toate acestea, ceva străluceşte în liniştea lui...

―De aceea e frumos pustiul― zise micul prinţ ― fiindcă, undeva, el ascunde o fântână...

8.3.6 日本語訳『星の王子さま』

ぼくの飛行機が砂漠のなかで故障してから8日目になっていました。もう一滴しか残っていないたくわえの水を飲みながら、商人の話しをきいていた

第 8 章　ロマンス諸語の比較

　ぼくは，王子さまに向かってこう言いました。
　「ああ，きみの話はほんとうにおもしろい。しかし，まだ飛行機の修理ができていないし，飲むものも何もないんだ。もし，ぼくもどこか泉のほうへ静かに歩いて行けたら，幸せなんだけど。」
　「ぼくの友達のキツネがね…」と，王子さまがぼくに言いました。
　「きみ，もうキツネの話どころじゃないよ。」
　「どうして？」
　「だって，喉がかわいて死にそうなんだもの…。」
　王子さまはぼくの言うことが分からなくて，こう答えました。
　「死にそうになったときに，一人でも友だちがいるのは，ほんとうに良いことだ。ぼくは，キツネと友だちになれてほんとうにうれしい…。」
　このぼくちゃんは危ない目にあっているのが分かっていないんだ，とぼくは思いました。おなかがすいた思いをしたこともなければ，喉がかわいたこともないんだ。お日さまが少しでも出ていれば，それで満足しているんだ。
　しかし，王子さまはぼくを見て，ぼくが心に思っていたことに答えました。
　「ぼくも喉がかわいたから，…井戸をさがそうよ…。」
　ぼくは疲れたという身振りをしました。こんな果てしもない砂漠の中で，成り行きにまかせて井戸を探すなんて，馬鹿げたことだと思ったからです。しかし，ぼくたちは歩きはじめました。
　ぼくたちが何時間も黙って歩いていると，夜になり星がかがやきはじめました。ぼくは喉がかわいて少し熱があったので，まるで夢を見ているように，星をみつめていました。王子さまの言ったことが，ぼくの記憶の中でおどっていました。
　「きみも喉がかわいたの？」と，ぼくは王子さまにききました。
　しかし，ぼくのきいたことには答えずに，王子さまはただこう言いました。
　「水も，心にとって，いいかもしれないな…。」
　ぼくは王子さまの言ったことが分からなくて，口をとじました…。
　王子さまにそのわけをきいてもしかたない，ということをぼくは知ってい

ロマンス語概論

たからです。
　王子さまは疲れていました。王子さまは腰をおろしました。ぼくもそばに腰をおろしました。しばらくだまっていたあとで，王子さまはまたこう言いました。
　「星があんなにきれいなのは，目に見えない花が一輪あるからなんだ…。」
　ぼくは「きっとね，そうだろうね」と答えました。そしてぼくは，砂でできた山のひだが月の光を浴びているのを，何も言わずにみつめました。
　「砂漠は美しいなあ。」と，王子さまは言いました。
　ほんとうにそうでした。ぼくはいつも砂漠がすきでした。砂山のうえに腰をおろします。なにも見えません。なにも聞こえません。しかし，なにかがしずかに光っているのです…。
　「砂漠が美しいのは，どこかに井戸をかくしているからだ…。」と，王子さまは言いました。

8.4 『ドン・キホーテ』の比較

　『ドン・キホーテ』はミゲル・デ・セルバンテス・サアベドゥラ(1547～1616)によって書かれ，1605年に発行された長編小説である。次に冒頭の一部分を比較してみよう。

8.4.1 ポルトガル語訳 "Dom Quixote da Mancha"

　Num certo lugar da Mancha, cujo nome não quero citar, vivia não há muito tempo um fidalgo, desses que têm sempre uma lança pendulada, um escudo antigo, uma pileca magra e um galgo para a caça. Um guisado mais de vaca que carneiro, salpicão quase sempre ao jantar, jujum aos sábados, lentilhas à sexta e um borrachito ao domingo levantam-lhe três quartos do seu rendimento. O resto ia para um gibão de bom tecido, calções e pantufos de veludo nos dias feriados, e um fato do melhor tecido caseiro nos dias de semana. Tinha em sua casa uma governanta com pouco mais de quarenta anos, uma sobrinha que ainda não tinha vinte, e um rapaz para os serviços pessoais e do campo, que lhe selava o cavalo e manejava o podão. Rondava o nosso fidalgo os cinquenta anos, era de constituição rija, seco de carnes, enxuto de rosto, grande madrugador e amante da caça. Dizem que o seu nome era Quixada ou Quesada (aqui as opiniões dos autores divergem), embora a hipótese mais verosímil seja a de quese chamava Quixana. Mais isso não tem muito a ver com nossa história, o importante é que não nos afastemos um centímetro que seja da verdade.

8.4.2 スペイン語の原文 "Don Quixote de la Mancha"

En un lugar de la Mancha, de cuyo nombre no quiero acordarme, no ha mucho tiempo que vivía un hidalgo de los de lanza en astillero, adarga antigua, rocín flaco y galgo corredor. Una olla de algo más vaca que carnero, salpicón las más noches, duelos y quebrantos los sábados, lentejas los viernes, algún palomino de añadidura los domingos, consumían lastres partes de su hacienda. El resto della concluían sayo de velarte, calzas de velludo para las fiestas, con sus pantuflos de lo mesmo, y los días de entresemana se honraba con su vellorí de lo más fino. Tenía en su casa una ama que pasaba de los cuarenta, y una sobrina que no llegaba a los veinte, y un mozo de campo y plaza, que así ensillaba el rocín como tomaba la podadera Frisaba la edad de nuestro hidalgo con los cincuenta años; era de complexión recia, seco de carnes, enjuto de rostro, gran madrugador y amigo de la caza. Quieren decir que tenía el sobrenombre de Quijada, o Quesada, que en esto hay alguna diferencia en los autores que deste caso escriben; aunque por conjeturas verosímiles se deja entender que se llamaba Quijada. Pero esto importa poco a nuestro cuento: basta que en la narración dél no se salga un punto de la verdad.

8.4.3 フランス語訳 "Don Quichotte de la Manche"

Dans une bourgade de la Manche, dont je ne veux pas me rappeler le nom, vivait, il n'y a pas longtemps, un hidalgo, de ceux qui ont lance au râtelier, rondache antique, bidet maigre et lévrier de chasse. Un pot-au-feu, plus souvent de mouton que de bœuf, une vinaigrette presque tous les soirs, des abatis de bétail le samedi, le vendredi des lentilles, et le dimanche quelque pigeonneau outre l'ordinaire, consumaient les trois quarts de son revenu. Le reste se dépensait en un pourpoint de drap fin, des chausses de panne avec leurs pantoufles de même étoffe, pour les jours de fête, et un habit de la meilleure sergedu pays, dont il se faisait honneur les jours de la semaine. Il avait chez lui une gouvernante qui passait les quarante ans, une nièce qui n'attegnait pas les vingt, et de plus un garçon de ville et de campagne, qui sellait le bidet aussi bien qu'il maniait la serpette. L'âge de notre hidalgo frisait la cinquantaine; il était de complexion robuste, maigre de corps, sec de visage, fort matineux et gran ami de la chasse. On a dit qu'il avait le surnom de Quixada ou Quesada, car il y a surce point quelque divergence entre les auteurs qui en ont écrit, bien que les conjectures les plus vraisemblables fassent entendre qu'il s'appelait Quijana. Mais cela importe peu à notre histoire; il suffit que, dans le récit des faits, on ne s'écarte pas d'un atome de la vérité.

8.4.4 イタリア語訳 "Don Chisciotte della Mancia"

In un paese della Mancia, di cui non voglio fare il nome, viveva or non è molto uno di quei cavalieri che tengono la lancia nella rastrelliera, un vecchio scudo, un ossuto ronzino e il levriero da caccia. Tre quarti della sua rendita se ne andavano in un piatto più di vacca che di castrato, carne fredda per cena quasi ogni sera, uova e prosciuto il sabato, lenticchie il venerdì e qualche piccioncino di rinforzo alla domenica. A quello che restava davano fondo il tabarro di pettinato e i calzoni di velluto per i dì di festa, con soprascarpe dello stesso velluto, mentre negli altri giorni della settimana provvedeva al suo decoro con lana grezza della migliore. Aveva in casa una governante che passava i quarant'anni e una nipote che non arrivava ai venti, più un garzone per lavorare i campi e farla spesa, che gli sellava il ronzino e maneggiava il potatoio. L'età del nostro cavaliere sfiorava i cinquant'anni; era di corporatura vigorosa, secco, col viso asciutto, amante d'alzarsi presto al mattino e appassionato alla caccia. Ritengono che il suo cognome fosse Quijada o Quesada, e in ciò discordano un poco gli autori che trattano questa vicenda; ma per congetture abbastanza verosimili si può supporre che si chiamasse Quijana. Ma questo, poco importa al nostro racconto: l'essenziale è che la sua narrazione non si scosti di un punto dalla verità.

8.4.5 ルーマニア語訳 "Don Quijote din la Mancha"

Într-un sătuc din la Mancha, de-al cărui nume nu țin să-mi aduc aminte, nu-i mult de când trăia un hidalgo, din cei cu lance în panoplie, scut vechi, cal ogârjit și ogar de hăituit vânatul. Câte-un ghiveci, mai mult cu carne de vacă de cât de berbec, și seara cele mai adeseori tocană; jumări cu slănină sâmbăta, linte vinerea și câte-un porumbel fript duminica, pe deasupra, îi mistuiau trei sferturi din venit. Ce-i rămânea se ducea pe vreun pieptar de stofă aleasă, pe nădragi de sărbătoare, de catifea, și cu pantofi la fel, căci peste săptămână se cinstea cu stofe de lână, nevopsită, toarsă subțire. Avea în casă o chelăreasă trecută de 40 de ani, o nepoată care nu împlinise încă 20 și un argat, bun și la plugărie și ca fecior în casă, la fel de priceput să înșeueze calul, ca și să altoiască pomii. Ani să tot fi avut hidalgul nostru ca la vreo 50: era bine legat şi vânos la trup, uscăţiv la faţă, se scula cu noapte-n cap şi era vânător pătimaş. Unora le place să spună că era poreclit Quijada ori Quesada—asupra acestui punct există oarecare divergente depăreri între autorii care s-au ocupat de cazul lui—cu toate că, după cojecturile cele mai vrednice de crezare, se poate deduce că i se zicea Quejana. Dar asta n-are cine ştie ce însemnătate pentru povestirea noastră: e de ajuns ca, depănâdu-i firul, să nu ne depărtăm de adevăr nici cu o iotă.

8.4.6 日本語訳『ドン・キホーテ』

　ラマンチャ県の，名前は思い出したくないある村に，さほど昔ではないが，槍架に槍を立て，古びた楯，痩せた馬に走りの速い猟犬を有する類いの郷士が住んでいた。おおかたの夜は羊肉より牛肉の多い煮込み，ひき肉やタマネギなどのパイ詰めで，土曜日には動物の脳みそや脂身を入れた卵焼き，金曜日にはレンズ豆，日曜日に子鳩一羽でも加えると，収入の4分の3が消えてしまった。残りは広幅の上っ張り，祭日用のビロードの半ズボン，同じ生地の靴カバーに使い，平日には極上のサージの服を誇りにしていた。家には40を越した家政婦と二十にならない姪と野良仕事をしたり使い走りする若者がいた。この若者は馬に鞍をつけたり木々の枝の刈り込みもしていた。我らが郷士は五十路に届かんとしていた。骨格はがっちりとし，肉は締まり，顔は痩せてとても早起きで，狩りが好きだった。苗字はキジャーダまたはケザーダだったようだが，この点に関しては書く人によっていくぶんの違いがあった。もっとも，信じるに足りる推測によると多分キジャーナであっただろうと思われるのだが。しかしこんなことは我々の話にはほとんど重要性はない。郷士の話をするのに，真実から一歩も踏み出さなければよい訳だ。

8.5 『学校』の比較

　『学校』はルーマニアの現代最高の散文作家ミハイル・サドヴェアーヌ(1880～1961)の作で，1956年に発行された短編である。次に冒頭の一部分を

第8章 ロマンス諸語の比較

比較してみよう。

8.5.1 ポルトガル語訳 "A escola"

Um dia, en quanto eu me dirigia para o Siret, David Focşăneanu, um de meus colegas de classe na escola do senhor Trandafir, parou-me sob as arcadas, nos confins da cidade. Era um pálido e franzino "filho da sociedade". Certas tardes, quando, ao abrigo de uma paliçada, jogávamos botão com ele e outros meninos, ele se distinguia pelas artimanhas que empregava a fim de ganhar nosso dinheirinho. Naquele dia, hem penteado e convenientemente vestido, como para os dias de escola, ele estava na soleira da loja e esfregava as mãos, como seu pai, à espera dos compradores.

Era um dia de feira antes da Assunção. Nunca me fora dado ver uma coisa dessa importância, durante os poucos anos de minha vida. De outro lado, David Focşăneanu me encorajava amigavelmente a ficar com ele. Eu decidi então renunciar de vez à água e aos bosques de Siret, a fim de contemplar o movimento da multidão na praça do mercado e na rua larga, repleta de lojas.

8.5.2 スペイン語訳 "La escuela"

Un día, mientras me dirigía hacia el Siret, David Focşăneanu, uno de mis compañeros de curso en la escuela del señor Trandafir, me detuvo bajo los portales, en los límites de la ciudad. Era un pálido y enfermizo retoño de citadino. Algunas tardes, cuando, al abrigo de un muro, jugábamos con él y con otros chicos al juego de los botones, él se distinguía por las mañas que utilizaba a fin de ganar nuestro dinero. Ese día, bien peinado y muy bien vestido como para los días de escuela, estaba parado en el dintel de la puerta de la tienda y se frotaba las manos igual que su padre a la espera de clientes.

Era un día festivo en la víspera de la Asunción. Nunca había podido ver una cosa de tal importancia en mis cortos años de vida. Por otra parte, David Focşăneanu me animaba amigablemente a quedarse con él. Entonces yo decidí renunciar por una vez al agua y a los bosques del Siret, con el fin de contemplar el movimiento de la muchedumbre en la plaza del mercado y en la ancha calle rodeada de tiendas.

8.5.3 フランス語訳 "L'école"

Un jour, tandis que je me dirigeais vers le Siret, David Focşăneanu, un de mes camarades de classe à l'école de monsieur Trandafir, m'arrêta sous les arcades, aux confins de la ville. C'était un pâle et malingre rejeton de citadins. Certains après-midi, quand, à l'abri d'une clôture, nous jouions, lui et d'autres garçons au jeu des boutons, il se distinguait par les ruses qu'il déployait afin de gagner nos sous. Ce jour-là, bien coiffé et convenablement habillé comme pour les jours d'école, il se tenait sur le seuil de la boutique et se frottait les mains, tout comme son père, dans l'attente des acheteurs. C'était jour de foire avant l'Assomption. Il ne m'avait jamais été donné de voir une chose de cette importance, durant les quelques années de ma vie. D'autre part, David Focşăneanu m'encourageait amicalement à m'arrêter chez lui. Je décidai donc de renoncer pour une fois à l'eau et aux bois du Siret, afin de contempler le mouvement de la foule sur la place du marché et dans la large rue bordée de boutiques.

8.5.4 イタリア語訳 "La scuola"

Un giorno, mentre andavo al Siret, incontrai alla periferia della città, sotto i portici, David Focşăneanu, uno dei miei compagni alla scuola del signor Trandafir. Era un pallido e striminzito 《figlio di cittadino》. Talvolta, di pomeriggio, con gli altri, giocavamo 《a bottoni》 sotto una palizzata, e lui si distingueva per le astuzie a cui ricorreva per privarci del nostro capitale. Quel giorno, pettinato con cura e ben vestito come quando veniva a scuola, stava al banco del suo negozio e, con lo stesso gesto di suo padre, si fregava le mani in attesa degli avventori. Era la festa dell'Assunta, giorno di fiera. Nei pochi anni della mia vita non avevo mai assistito ad un avvenimento più importante. Oltre a ciò, David Focşăneanu mi chiese amichevolmente di fermarmi da lui. Mi decisi perciò di disertare l'acqua e i salici del Siret per vedere il movimento della gente al marcato e sull'ampia via dei negozi.

8.5.5 ルーマニア語の原文 "Şcoala"

Într-o zi, pe când mă duceam la Siret, mă opri în bolţile de la marginea târgului, Focşăneanu David, unul dintre tovarăşii mei la şcoala lui domnu Trandafir. Era un palid şi firav fecior de târgovăţ. În unele după-amiezi, cu dânsul şi cu alţii, 《bătem bumbii》 subt un zaplaz— şi el se deosebea prin vicleniile pe care le desfăşura ca să ne câştige avutul. Acuma, pieptănat şi înbrăcat curăţel, ca într-o zi de şcoală, sta în pragul dughenii, şi, ca şi tatu-său, îşi freca mânile aşteptând muşterii. Era la sântămăria-cea-mare, zi de iarmaroc. În puţinii ani ai vieţii mele încă nu văzusem un lucru aşa de însemnat. Pe lângă asta, Focşăneanu David mă îndemna cu prietenie să mă opresc la el. Mă hotărâi să las de data asta apa şi zăvoiul Siretului, ca să văd mişcarea lumii în 《medean》 şi pe uliţa largă a prăvăliilor.

8.5.6 日本語訳『学校』

僕はある日，シレト川へ向かう途中のこと，町外れのアーケードのところで，トゥランダフィール先生の小学校での仲間のひとり，フォクシャネアーヌ・ダヴィドゥに呼び止められた。彼は顔色の悪い，ひ弱な都会っ子であった。午後になると僕は時々，彼やほかの子供達と一緒に垣根の下で「ボタン遊び」をやったものだが，僕たちの財産を巻き上げるために用いた悪知恵にかけては，彼は秀でていた。ところが彼は今，学校へ行く日のように髪に櫛

を入れ，きれいな服を着て店の敷居の上に立って，父親と同じように揉手をして，買い物客を待っていた。その日は聖母マリアの被昇天の祝日の前で，市の立つ日であった。僕は短い生涯において，未だこれほどの重大な出来事に出会ったことはなかった。他方，フォクシャネアーヌ・ダヴィドゥは親しみを込めて，店の中に入るように僕に薦めてくれた。それで僕は，今日は「広場」と広い商店街での人の往来を見るために，シレト川の水や川原の茂みをあきらめる決心をした。

8.6 今後の課題

　以上5つの作品の比較の材料を提供したので，いろいろな分野において比較の楽しみを味わって欲しいと思う。まだ翻訳の出ていない作品をロマンス語の1つに翻訳してみるというのも面白く意義のあることだと思う。

　次に余裕ができたら，5つのロマンス語がどの程度似ていて，反面どの程度お互いに異っているかを比較してみて欲しいと思う。

　更なる段階として，差異の原因を探ることによって，ことばの変化と人間の精神史との関係をも考察して欲しいと願うばかりである。

第9章　ロマンス言語学の諸問題

　今までの章でラテン語と5つのロマンス語を比較してきたが，類似した面と異なる面が明らかになったと思う。次に，今後一層明らかにされるべき主な問題点をあと一度簡単に記してみよう。

9.1 ローマニアの言語現象

　ローマニアを全体的に見た場合，東ローマニアではp, t, k が保存されるなど守旧的な面もあるが，複数語尾が -i, -e となる革新的な面もあるというように，言語には必ず革新的な面と守旧的な面とがあるので，ある言語が革新的で，またある言語が守旧的であると断定はできない。

　音韻史に関して，フランス語の LUNA＞lune [lyn] スペイン語の OCTO＞ocho [očo] などの現象はケルト語の基層的影響によるという説がある。フランス語の [u＞y] の例はレティア・ロマンス語にもあり，ケルト語の基層的影響であろうと思われる。スペイン語のF-＞h-＞∅ はバスク語の影響であるという説があるが，これは熟考する必要がある。というのも室町時代の謎々「父には一度も会はざれど母には二度会いひたりき」や古今和歌集の「梅の花見にこそ来つれ鶯の人来ひとくと厭ひしもをる」などの例が示すように，日本語の音韻史においても「p＞f＞h」の例があったりして，必ずしもバスク語基層説を支持するに十分な資料がないからである。

9.2 名詞の複数形の作り方

　一般に西ロマンス語では名詞は対格から派生し，東ロマンス語では主格から派生したと思われている。だから，「狼」の複数形はポルトガル語では lobos, スペイン語では lobos, フランス語では loups, イタリア語では lupi, ルーマニア語では lupi である。「星」の複数形はポルトガル語では estrêlas,

― 199 ―

スペイン語では estrellas，フランス語では étoiles，イタリア語では stelle，ルーマニア語では stele である。

しかしながら，DOS（2）はポルトガル語では dos，スペイン語では dos，フランス語では deux，イタリア語では due，ルーマニア語では doi であり，CANTAS（君は歌を歌う）はポルトガル語では cantas，スペイン語では cantas，フランス語では chantes，イタリア語では canti，ルーマニア語では cânți のような例もあるので，必ずしも上の説が正しいとは言えない。

9.3 名詞の性の差

例えば，「樹木」はラテン語では ARBOR で女性であったが，ポルトガル語では女性で árvore，スペイン語では男性で árbol，フランス語では男性で arbre，イタリア語では男性で albero，ルーマニア語では男性 arbore である。「海」はラテン語では MARE で中性であったが，ポルトガル語・スペイン語・イタリア語では男性で，フランス語・ルーマニア語では女性である。このような性の不一致・転換の理由はいろいろ考えられるが，すべての場合について明確にする必要がある。

9.4 中性名詞

ラテン語の中性名詞 FRUCTUM「果実」はスペイン語では fruto となり，複数形 FRUCTA はスペイン語では fruta と単数女性形になった。

ルーマニア語には中性名詞が存在する。もっとも，ルーマニア語の中性名詞は単数では男性，複数では女性という特殊なもので，ラテン語の中性名詞とは100％一致はしない。

9.5 名詞の格

ルーマニア語には呼格，主格・対格，与格・属格の3つの格が存在するが，他のロマンス語には格は1つのみである。ルーマニア語には他の言語にはない所有冠詞もあり，前置詞も決して貧弱ではないが，格が保存されている。

もっとも，Reges consules amant. という文は「王達は役人達を愛する」と「役人達は王達を愛する」を区別できなかった程，ラテン語の格は不完全であった。このような不一致がなぜ生じたのかは，未だ解明されていない。

9.6 活用の変化

ルーマニア語では現代になってから第2活用から第3活用への転換: a dispărea＞a dispare(消える)，a plăcea＞a place(喜ばす)，a rămânea＞a rămâne(止まる)，a scădea＞a scade(落ちる)，a ţinea＞a ţine(保持する)，a umplea＞a umple(満たす)，etc. 第3活用から第2活用への転換: a bate＞a bătea(打つ)，a face＞a făcea(する・作る)，etc. が行われている。他のロマンス語において，活用の転換は極めて早い時期に既に完了している。

9.7 数詞の構造

ラテン語では1と2に男性・女性・中性の別があり，3には男性・女性の別があった。現代ロマンス諸語では1はすべての言語で区別をするが，2はルーマニア語でのみ男性(doi)・女性(două)を区別する。11から15まではルーマニア語以外はQUINDECIMの系統であるが，ルーマニア語は形態素はラテン語であるが構造はスラヴ語(11 unsprezece～15 cinsprezece, 16 şaisprezece～19 nouăsprezece)である。16以上についてはルーマニア語以外にもばらつきがある。16はポルトガル語ではdezasseis，スペイン語ではdieciséisであるが，フランス語ではseize，イタリア語ではsediciである。20はルーマニア語以外はラテン語のVIGINTIの系統を受け継いでいるが，ルーマニア語ではdouăzeci(10×2)である。80はポルトガル語・スペイン語・イタリア語はラテン語のOCTOGINTAの系統を受け継いでいるが，フランス語ではquatre-vingts(20×4)であり，ルーマニア語はoptzeci(10×8)である。90はフランス語ではquatre-vingt-dix(20×4+10)という。100はルーマニア語ではo sutăとスラヴ語を借用しているが，その他のロマンス諸語ではラテン語のCENTUMの系統を受け継いでいる。このような差異

の原因を明らかにしなければならない。

9.8 ルーマニア語の指示形容詞の後置
「これらの本は彼のものだ」は，スペイン語やルーマニア語では，
ス語　Estos libros son de él.
ル語　Aceste cărţi sunt ale lui.
であるが，ルーマニア語で「この・あの」を強調したいときは，指示形容詞を後置して，
ル語　Cărţile acestea sunt ale lui.
と言う。
　これはバルカンの諸言語に共通した冠詞の後置と係わりがあるのであろうが，再考を要する問題である。

9.9 人称不定詞
　ポルトガル語の人称不定詞の用法は既に古ポルトガル語の時代から存在する。その由来に関しては，接続法過去に由来すると言う説が有力であるが，果たしてそうかを明確にする必要がある。
ポ語　Vou comprar uma televisão para meus pais verem.
ス語　Voy a comprar un televisor para que vean mis padres.
フ語　J'achèterai une télévision pour que mes parents la regardent.
イ語　Comprerò un televizor perché i miei genitori la vedano.
ル語　Voi cumpăra un televizor pentru ca părinţii mei să se uite.
日語　私は両親が見るようにとテレビを一台買うつもりです。
　また，ルーマニア語の蓋然法の由来は今日まで明確にされていない。
ポ語　Gostaria de comprar uma casa grande.
ス語　Quisiera comprar una casa grande.
フ語　Je veus acheter une grande maison.
イ語　Vorrei comprare una casa grande.

ル語　Aş vrea să cumpăr o casă mare.
日語　私は大きな家を買いたいものだ。

9.10　接続詞か不定詞か

　ルーマニア語では「私はルーマニアへ行きたい」は "Vreau să merg în România." であるが，スペイン語では "Quiero ir a Rumania." である。すなわち，ルーマニア語では接続法が用いられるがスペイン語では不定詞が用いられる。ルーマニア語の用法はアルバニア語・ブルガリア語・ギリシア語などのバルカン諸語の影響という説があるが，果たして本当か。不定詞を用いるのはラテン語およびルーマニア語以外のすべてのロマンス語に共通した現象である。

9.11　部分冠詞

　「私はミルクを飲みたい」はフランス語では "Je veux boire du lait." であるが，スペイン語では "Quiero beber leche." である。古スペイン語では部分冠詞を用いていたが，今日では用いられないのはなぜか。もっともラテン語では部分冠詞は用いられていなかった。このような部分冠詞の起源・廃止の理由を明らかにする必要がある。

9.12　スペイン語とルーマニア語における代名詞の二重・重複用法

　「マリアを私はとても愛している」は
ス語　A María (la) quiero muchísimo.
ル語　Pe Maria o iubesc foarte mult.

　であるが，ほかのロマンス語にはこのような表現はない。これは，例えばスペイン語 José quiere a María.［ホセはマリアを愛している］の延長線上にあるものであるが，直接目的語を話題の中心にしたいときのトピカリゼーションの用法である。

9.13 語順

「スペイン語の語順は自由だ」という人が語学教育に当たっている人でさえいるが，スペイン語の語順は本当は自由ではない。Quiero a María.［私はマリアを愛している］と A María (la) quiero.［マリアを私は愛している］とは異なる。

また，次のような弱形代名詞の位置・形態の変化をも明らかにする必要がある。ちなみにポルトガル語，フランス語，イタリア語では次のように言う。

ポ語　Deu-me uma informação. Deu-ma.
ス語　Me ha dado una información. Me la ha dado.
フ語　Il m'a donné une information. Il me l'a donnée.
イ語　Mi ha dato un'informazione. Me l'ha data.
ル語　Mi-a dat o informaţie. Mi-a dat-o.
日語　彼は私にある情報をくれた。彼は私にそれをくれた。

9.14 動詞の時制

今日の口語において現在とかかわりのある過去・現在と係わりのない過去を表すとき，ポルトガル語では両者を区別せずに直説法点過去を用い，スペイン語では現在と係わりのある過去を表す現在完了と現在とかかわりのない過去を表す点過去を区別する。フランス語・イタリア語・ルーマニア語では両者を区別せずに現在完了［＝複合過去］を用いる。

ポ語　Já escutei isto.
ス語　Ya lo he oído. ≠ Ya lo oí.
フ語　Je l'ai déjà écouté.
イ語　L'ho già ascoltato.
ル語　Asta am mai auzit-o.
日語　私はもうこのことを聞いた。

第9章 ロマンス言語学の諸問題

9.15 点過去・線過去

ポ語　O tempo ia passando.

ス語　El tiempo iba pasando.

フ語　Le temps passait.

イ語　Il tempo passava.

ル語　Vremea trecea.

日語　時は進んでいた。

　　NB ルーマニア語には過去進行形はない。

9.16 発想の差異

　次のような発想の差異を明らかにする必要がある。

ポ語　Tenho uma sede do diabo.

ス語　Tengo una sed del diablo.

フ語　J'ai une saif du diable.

イ語　Ho sete del diavolo.

ル語　Mi-e sete al dracului.

日語　私はとても喉が渇いている。

ポ語　Estou doente.

ス語　Estoy enfermo.

フ語　Je suis malade.

イ語　Sono malato.

ル語　Mi-e rău.

日語　私は病気です。

9.17 所有冠詞

　ルーマニア語における所有冠詞の特徴的用法を明らかにする必要がある。

ポ語　um amigo do Sr. Sato.

ス語　un amigo del señor. Sato.

フ語　un ami de monsieur Sato.
イ語　un amico del signor Sato.
ル語　un prieten al domnului Sato.
日語　佐藤氏のある友人

ポ語　É o terço na classe.
ス語　Es el tercero en la clase.
フ語　Il est le troisième de la classe.
イ語　Lui è al terzo nella classe.
ル語　Este al treilea în clasă.
日語　彼はクラスで3番である。

9.18 形容冠詞

　ルーマニア語における形容冠詞の用法を明確にする必要がある。

ポ語　Isto é o livro mais novo.
ス語　Este es el libro más nuevo.
フ語　C'est le livre le plus récent.
イ語　Questo è il libro più nuovo.
ル語　Aceasta e cea mai nouă carte.
日語　これが最も新しい本です。

ポ語　Ele é o melhor aluno na classe.
ス語　El es el mejor alumno de la clase.
フ語　Il est le meilleur étudiant.
イ語　Lui è lo studente migliore della classe.
ル語　El este cel mai bun elev din clasă.
日語　彼がクラスの中で最も良い生徒だ。

第9章 ロマンス言語学の諸問題

9.19 迂言的表現
「どこで彼らは働いていますか」はポルトガル語とフランス語では，
　　ポ語　Onde é que eles trabalham?
　　フ語　Où est-ce qu'ils travaillent?
のように迂言法を用いる理由を明らかにする必要がある。ちなみにスペイン語，イタリア語，ルーマニア語では次のような非迂言表現が一般的である。
　　ス語　¿Dónde trabajan?
　　イ語　Dove lavorano?
　　ル語　Unde lucrează?

9.20 語彙の借用
　語彙の借用に関して，西ロマンス語とイタリア語はアラブ語とゲルマン語の借用が多いが，ルーマニア語はトルコ語・ハンガリー語・ロシア語からの借用が多い。語彙の借用，例えば「コーヒー」に関して，ポルトガル語へはイタリア語から，スペイン語へはアラブ語から，フランス語へはイタリア語から，イタリア語へはトルコ語から，ルーマニア語へはトルコ語から［ちなみに日本語へはオランダ語から］といった流れがあるので，多くの事例に当たって全体像を明らかにする必要がある。

9.21 旧ローマニアと新ローマニアにおけるあらゆる面に関する差異
　cazar を［casar］と発音するいわゆる seseo, -ado＞-ao, -s＞∅ などの現象を初めとしてスペインのスペイン語とイスパノ・アメリカのスペイン語には音韻・形態・文構成・語彙のあらゆる面において差異があり，ポルトガルのポルトガル語とブラジルのポルトガル語にも差異があるように，フランスのフランス語とカナダのフランス語にもいろいろな違い(例えば，80はフランスでは quatre-vingts であるが，カナダでは oitante という)がある。このような差異の原因の究明が待たれる。

9.22 ポルトガル語とイタリア語の進行形の特徴

「私は新聞を読んでいる」はスペイン語では Estoy leyendo el periódico. であるが，ポルトガル語とイタリア語では，それぞれ，Estou a ler o jornal.(Sto a leggere il giornale(: Sto leggendo il giornale))で，いわゆる「現在分詞」を用いない。なお，フランス語とルーマニア語ではそれぞれ，Je lis un journal. Citese un ziar. でいわゆる進行形はない。a は AD に由来すると思われるが，なぜこのような形式が好まれるのか，解明が待たれる。

　ロマンス言語学は，前述のごとく，ロマンス比較言語学であるから，1つのロマンス語を個別に記述・研究するのではない。絶えず2つ以上のロマンス語を比較研究することである。そして，現存する10のロマンス語すべてを比較できれば理想的だが，少なくても本書で示したような方法で，ラテン語と5つの大きなロマンス語(ポルトガル語・スペイン語・フランス語・イタリア語・ルーマニア語)を同時に考察して，ローマ帝国という1つの国の存亡とラテン語の不統一・衰退・ラテン系言語の生成の関係・言語変化のメカニズムひいては文化の発展・人間精神の進歩との関係を明らかにしたいものである。残存する資料と研究成果のお陰で，ほかの比較言語学の模範(praeceptrix linguisticae)になるつもりはなくても，実際はそうなる可能性はある。

第10章　ルーマニア語の起源について

10.1　スペイン語の場合は，その母体はカスティリア語であり，そしてその発祥の地は旧カスティリアであるという風に，年代は別にすれば，かなり正確に揺籃の範囲を我々は知っているが，ルーマニア語の生成地に関しては，すでに100年間の論争があるという事自体が知られていないし，又その解決もいまだに成されていないというのが現状である。問題の所在は，ルーマニア語は「継続」か「移住」かという点にある。前者の主張するところは，ルーマニア語は今日のルーマニア・ほぼ昔のダーキアにトラヤーヌス帝が植民を始めた時以来ずっと今日まで中断することなくロマンス語が行われているという事であり，後者の意見は，271年の帝国によるダーキア放棄の時に引き続きいわゆる蛮族の侵入によりドナウ河以北の地にはロマンス語を話す者が居なくなり，今日のルーマニアでロマンス語が話されているのはドナウ河以南にスラヴ族と混住していたローマ人の後胤が後世河北に移住した結果であり，その為に現代ルーマニア語にはスラヴ語的要素が多いというのである。前者は主としてルーマニア人の歴史学者及び言語史家の提唱する説であり，後者はルーマニア人以外の言語学者が主になって唱えていて，主唱者の名前からRoesler説[1]と呼ばれる事もある。ラウジッツ文化の発祥の地がロシア領内かドイツ圏内か，それぞれロシア人の歴史家とドイツ人の学者が論争し，自国での発生説を擁護した如く，この種の問題にはナショナリズムの感情論が学問的中立をはるかに凌駕している場合が残念ながら見受けられる。筆者はその様なナショナリズム的偏見とは一切係りが無いから公正な立場で，このバルカン・ロマンス語の発祥の地を突止めてみたい。

　今「バルカン・ロマンス語」と言ったが，例えばフランス語で言えばlangues romanes balkaniques，つまり複数のロマンス語がバルカン半島にあるという事になる。それらには当然，今日では死滅したダルマチア語，ユダヤ人の

用いるスペイン語，ルーマニアのロマンス語及びその三つの「方言」が含まれるはずであるが，拙論では，ダルマチア語とユダヤ・スペイン語については，問題の性質上触れない。そして今，ルーマニア語には三つの「方言」があると言い，あたかもルーマニアのロマンス語が標準語であるかの如き言い方をしたが，これはあくまでも現代語での分類であり，一般に行われている方法である事は周知の通りである。歴史的に見た場合，三つの言語はそれぞれの存在を十分に主張できるのである。本書では，四つの異る名称を有す言語として論を進めて行く事にするが，その前にそれらの四つの言語とは何々であり今日どの様な分布を成しているかを見なければならない。

10.2 ルーマニア語で dacoromâna と呼ばれる言語は，現在のルーマニア，ベッサラビア，ソ連のブコヴィナの一部，ユーゴスラビアのバナト，ブルガリアとハンガリアでルーマニアの国境に隣接した地域で行われている。トランシルバニアの中程にはマギャールを話す集団が弧島を成している。「ルーマニア(România)」という国名がローマ(Roma)という名称を一番忠実に保っていると言う人が多いが，それは事実であるとしても，極めて危険に満ちた表現であると言える。と言うのは，中世を通じてルーマニアという一つの国名で呼ばれ得る程に国は統一された例しは無く，1862年になってやっとルーマニアという国名を採用したのであるから。尤も，その様な国名は，ルーマニア人が自らをローマ人の後裔であると考え，且つ，その事に誇りを感じているから生れたのであり，Iorgu Iordan が "トラヤヌスは我々ルーマニア人の精神的創造者なのです" と1975年3月筆者に語った事からも窺われる如く，ルーマニア人の旧ローマ帝国に対する愛着の度合いはとても強く，決して帝国主義の侵略者などとは考えていないのである。その様な人達の運用言語が dacoromâna である。

10.3 aromâna は別名マケドニアのルーマニア語とも呼ばれ，半島の実に広い範囲で運用されている。国名をあげれば，アルバニア，ユーゴスラビ

第10章　ルーマニア語の起源について

ア，ギリシア，ブルガリアの四ケ国に点在しているし，今日 aromâna を話す地点以外でもこの言語による地名がある所からすると，以前は現在よりもっと広がっていたと思われる。この言語は dacoromâna に次いで多くの話者を有し，約35万人である。aromâna が dacoromâna と異る点は，Pierre Bec 1971によれば，次の6つである。

10.3.1 L' と N' の保存：　　　FĪLIU　　>hil'u　　　　dac. r. fiu
　　　　　　　　　　　　　　　CŬNĔU　>cun'u　　　　〃　cui
10.3.2 CL と GL の保存：　　　CLAVE　>cl'ae　　　　〃　cheie
　　　　　　　　　　　　　　　GLACIA >gl'atsă　　　　〃　ghetă
10.3.3 I に後続される N の口蓋化：BONI　　>buñ　　　　〃　buni
10.3.4 複合子音の後では -U は脱落しない：OCTU　>optu　　〃　opt
　　　　　　　　　　　　　　　SŎMNU >somnu　　　　〃　somn
10.3.5 E は唇子音の後で軟口蓋化しない：　PĬLU　>per　　　〃　păr
10.3.6 語中音の省略は dacoromâna より頻繁である。

　これらの6つの項目のうち，1，2，4からも判る通り，aromâna の方が dacoromâna よりも古形を保っていると言える。

10.4 meglenoromâna というのは dacoromâna での名称で，自分達の事は自らの言語で Vlaši と呼ぶ。これは，ゲルマン人がトランシルバニアの遊牧民の事をブラック人と呼んだ事に由来すると思われる。サロニカの北東にある Meglen 州とドブロジャ地方及び小アジアに1万5千人から2万人くらいのわずかの運用者を数えるのみである。aromâna と共通する特徴を多く有す為に，両者の共存の期間が相当長かったと考えられる。meglenoromâna の音韻的特徴は，Pierre Bec 1971によると次の通りである。

10.4.1 ă と î はアクセントがある時 õ に中和する：
　　　　　　　　　　　　　　　LANA　　>lõnă　　dac. r. lână
10.4.2 E は唇子音の後で保存される：PĬRU　　>per　　　〃　păr
10.4.3 L' と N' の保存：　　　LĔPŎRE　>l'epuri　　　〃　——

— 211 —

		VĪNĔA	>vin'ă	〃	vie
10.4.4 č>t, ğ>z:		CAELU	>ter	〃	cer
		GĔNĔRU	>ziniri	〃	ginere
10.4.5 -L の軟口蓋化:		CABALLU	>cał	〃	cal

10.5 istromâna は，イストリアで約1500人程度の話者しか有しないが，その殆んど全員が二言語併用者である。スラヴ語とイタリア語に同化する運命にあると言える。Maggiore 山と Cepih 湖間の村落にXIII世紀からの存続の証拠がある。aromâna や meglenoromâna とは異るが，dacoromâna とは外くの共通する特徴を有す。次に dacoromâna とは異る特徴をあげてみよう。

10.5.1 N' と L' の保存:	CŪNĔU	>cuñ	dac. r.	cui
	FĪNIU	>fil'	〃	fiu
10.5.2 U>v:	*CAUĪTO	>cŏvtu	〃	caut
10.5.3 内破音及び語末の L の消失:	*CALDU	>cŏd	〃	cald
10.5.4 K>t, ğ>z:	QUAERĔRE	>tere	〃	cere
	GENŬGCLU	>zeruncl'u	〃	——

音韻面に限って言えば，以上の如くであるから，istroromâna と dacoromâna は，aromâna と meglenoromâna とがそうである如く，極めて近い関係にあり，両者の長い間の接触がもたらしたものであると考えられる。

10.6 今述べた様に，これら四つの言語は二つずつが極めて類似していて，その分岐過程が相当明らかであるから，実質的には二つの言語圏の発祥地を考察すれば良い事に成る。二つの言語圏というのは，dacoromâna 圏と aromâna 圏の事である。この様に地理的に離れた同類の言語が存在する例として想い出されるのは，イベリア半島のカタルーニア語とポルトガル語の関係である。両者の間に丁度クサビの様に突き出ているのがカスティリア語であり，そのカスティリア語によって中断されているものの，カタルーニア

第10章　ルーマニア語の起源について

語とポルトガル語はお互いに類似点が多く、カスティリア語とポルトガル語及びカスティリア語とカタルーニア語との類似点よりもはるかに多い為に、ポルトガル語とカタルーニア語は元々一つの言語であった事が想定され、イベリア半島はアラビア語の侵入以前の西ゴート王朝時代には言語的に統一されていた、と見るのが今や常識である。この様なイベリア半島の場合と同じく、今我々が扱っているバルカン・ロマンス語の場合も、「ルーマニア祖語（フ protoroumain, ル străromână）」を想定できよう。その年代に関して、例えば Al. Rosetti 1973 a はⅦ世紀かⅧ世紀に始まりⅩ世紀に終るとし、Pierre Bec 1971 は、分裂がⅨ世紀からⅫ世紀の間に行われるという自説にかんがみ、その始まりの時期をⅤ世紀からⅧ世紀の間においている。本書では、この様に論争の多い「ルーマニア祖語」の発祥の地と年代についても考察したい。

10.7 まず、ルーマニア語はドナウ河以北の地における継続であるという説を紹介しよう。Pierre Bec 1971 は河北における継続説支持者で、移住説に対して次の様な主旨の事を言っている。

10.7.1 もしローマの要素が古モエシアにおいて重大であったのであれば、ドナウ河の右側地域の急速なスラヴ化は説明不可能な現象となる。

10.7.2 蛮族の侵入が続行中であり今尚不安定な状況であるのに、集団となって河北に移住する理由は無い。

10.7.3 もしその様な移民が大量に行われたのであれば、何か文献に残っているはずであるが、見当らない。

10.7.4 ハンガリーとロシアのⅫ世紀とⅩⅢ世紀の年代記が、トランシルバニア地方におけるⅩ世紀の、モルダビア地方におけるⅫ世紀の公国の存在を証明している。

10.7.5 もしルーマニア人が河南地方から移住したのであれば、キリスト教の用語がスラヴ・ビザンチン的であるはずであるが、実はラテン語である。

10.7.6 地名がダーキア撤廃後とても古くから存在するという事は、中断が

無い事を証明する。もし，アウレリアヌス帝の撤退命令によりダーキアが完全に無人化したのであれば，Motru(AMUTRIA)，Mures(MARISIA)，Cris(GRISIA)，Somes(SAMUS)，Timis(TIUISCO)，Olt(ALUTUS)，Prut(PYRETOS)，Cerna(TSIERNA)などの紀元前V世紀からローマ人やギリシア人によって記録されている河川名が今日まで保存され得るはずが無い。町名や村名のラテン語が見当ら無いからといって河北におけるローマ人の存続説を否定するものでは無く，むしろ蛮族侵入による陰気な時代を喚起するだけであり，その侵入によって家居及び文化の全根跡が全滅してしまったのである。

そして，その発祥の地に関して，発祥地説(la théorie d'un《berceau》originel)は東ロマニアでは適用できないとしながらも，Pierre Bec はドナウ地方のラテン語は次の様な地方で話され続けたとして地名をあげている。

a) トランシルバニアの片隅。
b) カルパチア山脈の南斜面(オルテニア)と西斜面(バナット)。
c) バルカン連峰の二つの北斜面(上・下モエシア)。

c)の両モエシアを含むとした最後の項目は，従来の継続説からは期待できそうに無いのであるが，最近の移住説に押された結果であろうと思われる。以上が継続説派の大要であると言える。それに反する移住説を Carlo Tagliavini 1973により紹介しよう。C. Tagliavini は，ルーマニア祖語はドナウ河の右岸で発展した，と言い切っている。その論拠は次の様な点にある。

a) アルバニア語と諸々の一致が見られるが，それは共通の基層語によるのでは無く，一定期間両言語が共存した事による。
b) ルーマニア語に認められるスラヴ語の要素がブルガリア語的である。(北スラヴ語的要素は当然最近のものである。)
c) 古いゲルマン的要素が存在しない。

以上の三点が，C. Tagliavini をして河北における継続説を否定せしめ，発祥の地をおおむね旧セルビアの地であると言わせしめている理由である。

第10章　ルーマニア語の起源について

10.8 前述の如く、ルーマニア語とアルバニア語は多くの共通する特徴を有するのであるが、それらがどの様なものであるか、Kr. Sandfeld 1930によって、語彙関係以外のものを列挙してみよう。

(以下、ルーマニア語をル語、アルバニア語をア語、ブルガリア語をブ語と略すことがある。dacoromânaの正書法は筆者が現行のものに改めた。)まず音韻面に関しては、

a) アクセントの無いAはル語でă、ア語でë:
　　SANITATEM＞sănătate　　shëndét
　　CAMISIA　　＞cămaşă　　këmishë
b) AN, AMにアクセントがある時、ル語 în, î m、ア語 ën, ëm:
　　CANTICUM＞cântec　　　këngë
　　CAMPUS　　＞câmp　　　këmbë
c) Ūは両言語とも保存する:
　　*EXCURTUS＞scurt　　　shkurtë
　　LUCTA　　　＞luptă　　　luftë
d) 母音間摩擦子音 -B- の消失:
　　CABALLUS＞cal　　kal
　　CUBITUS　＞cot　　kut

これらの現象に関して意見は多岐にわたっている事をSanefeld 1930も述べている。即ち、A＞ăはルーマニア語ではかなり規則的であるが、反面、アルバニア語のëはA以外からも派生するし、イタリア語からの借用語でもaはëに成ると言う。

造語法に関する共通点は、

e) 両言語とも、男性名詞から女性名詞を作る際に -onia を使う:
　　ル語 urs 牡熊 ursoaie 牝熊　　ア語 ujk 牡狼 ujkonjë 牝狼
f) スペイン語のcualquieraやイタリア語のqualsivogliaとほぼ同じく、不定代名詞を形成する際、両言語とも「欲する」という意味の動詞・直説法現在三人称単数を用いる。

— 215 —

ス語 quienquiera　　ル語 cineva　　ア語 kushdó
　　〃　dondequiera　　〃　undeva　　〃　kudó

　aromâna にも cǎndva (ママ)(whenever) と câtva (whichever) を除き，cineva, ceva, undeva は存在する。

g)「決して…ぬ」ス語 nunca，フ語 jamais はル語では niciodatǎ と言うが，ア語も同じ造語法に寄る。即ち，as një herë。

h)「いつもそうだ」(フ語 tout ainsi)は，ル語 tot aşa　ア語 gjith ashtú で同じ構造である。

i)　様態を表すル語の接尾辞の -eşte はア語では -isht である。
　　「羊飼いの様に」　　ル語 ciobǎneşte　　ア語 tshobanisht
　　「トルコ風に」　　　〃　turceşte　　　〃　turqisht

j)「最初の・第一の」という時の序数に関しても両言語は同じ構造を有すが，「二番目の」以降も同じ構造である。
　　「二番目の」　ル語 m. al doilea f. a doua
　　　　　　　　ア語 m. i dytë f. e dytë
　　「三番目の」　ル語 m. al treilea f. a treia
　　　　　　　　ア語 m. i tretë f. e tretë

これと同じ構造はブルガリア語も有している。

k)　数詞の「百」には両言語とも不定冠詞を前置する。
　　ル語 o sutǎ　ア語 një qind

　統辞面でも両言語は多くの共通点を有すが，それは極めて特筆に価する事である。

1)　ルーマニア語では過去分詞が名詞的役割を果すが，アルバニア語の場合も同じである。
　　フ語 Qu'y a-t-il à faire?　　ル語 Ce-i de fǎcut?
　　〃　J'ai beaucoup à faire　　〃　Am multe de fǎcut.
　　〃　Il est à lier　　　　　　ア語 Ishtë për të lidhurë.
　　〃　J'ai à lier　　　　　　　〃　Kam për të lidhurë.

— 216 —

第10章　ルーマニア語の起源について

　　前置詞の për(ア語) と de(ル語) は同じ働きをしている。
m)　殆んどのロマンス語と異り，不定詞に前置詞を冠す。
　　　　ル語 a durmi　　ア語 me fjet　(cf. ス語 dormir)
n)　「必要である」の構文が両言語とも同じである。
　　　　ル語 Trebuie făcut.　　ア語 Duhet bă
　　　　cf. フ語 Cela doit se faire.
o)　複合時制を作る際，ロマンス語の中にはフ語の être や venir に価する動詞を用いる言語もあるが，両言語とも avoir に価する動詞を用いる。
　　　　ル語 Am venit　　ア語 Kam sôsurë　　cf. フ語 Je suis venu.
　この複合時制に関しては，meglenoromâna と aromâna の一部では être に価する動詞が用いられるが，それはブルガリア語と共通する現象である。
p)　両言語は共に，代名詞の女性形を中性的意味で用いる。
　　　　ル語 O ştiu=フ語 Je la sais, Je sais cela.
　　　　ア語 I tha këtë=フ語 Il lui a dit cela.
　同じく形容詞の女性複数形も中性的意味で用いられる。
　　　　ル語 cele bune şi cele rele=フ語 le ben et le mauvais
　　　　ア語 të mira edhé të liga.
q)　両言語とも定冠詞を後置するし，その用法もいちじるしい一致を示している。両言語とも特定のきまり文句の時を除いて，前置詞に支配された場合は定冠詞は用いない。
　　　　ル語 Am găsit-o pe drum=フ語 Je l'ai trouvé sur la route.
　　　　ア語 Vate në pallát=フ語 Il est allé au palais.
ｘ，両言語とも所有冠詞という形態を有す。
　　　　ル語 un frate al meu　ア語 një vellanë t im(私の弟を)
　同じ所有冠詞は属格の前で限定詞となる。
　　　　ル語 limba animalelor şi a paserilor
　　　　ア語 gluhët e kafshëvet edhé të zogjet
　　　　フ語 la langue des animaux et des oiseaux

r) 名詞の屈折に関して，ルーマニア語の中性は単数では男性と同じ変化をし，複数では女性と同じ変化をするが，これはアルバニア語やイタリア語にも見られる現象である[2]。

s) ルーマニア語とアルバニア語と南イタリアの方言とが類似する場合も上述の如く多い。

「理解する」とか「見る」という動詞と共に「その様に(仏語 ainsi)」という副詞が，「それを(仏語 cela)」の代りに用いられるのがその一つの例である。

   ル語 aşa, astfel ア語 ashtú 南イタリア方言 akussi

ギリシア語でも ἔτσι が同じ意味に成る。

10.9 aromâna の方が dacoromâna よりも古形を保っているという事は，前述の如く，一致した意見であるが，その aromâna とアルバニア語との類似点を Sandfeld 1930 によって列挙してみよう。(aromâna については，筆者は最近の正書法を知らないので，Sandfeld 1930 の綴字法をそのまま利用する。)

a) rn 及び rl が rr という風に同化する。つまり，長い r がスペイン語の様に強く連打される様に発音される。

   aromâna ficiorru＜ficiorlu 仏語 le fils
       iarră＜iarnă   〃 hiver

b) l が ll の如く発音される。

c) 複合時制は avoir に価する動詞と過去分詞で作るが，その過去分詞は aromâna では女性形にする。これは，アルバニア語のトスク方言で -ë の形を使う類推とも考えられる。dacoromâna の諸方言にも女性形は時に認められる。

d) アルバニア語の不定代名詞の形態については既に10.8で述べたが，aromâna とも対応を示している。

  atom. caretido itido iutido cândtido
  ア語 kushdó tshëdó kudó kurdó
  英語 whoever whichever wherever whenever

第10章 ルーマニア語の起源について

-do は「欲する」という意味の三人称単数である。
e) 時を表す接続詞 când(英語 when)と共に，両言語とも接続法をしばしば用いる。
f) 比例の表現の時も，共に接続法を用いる。
  arom. Fă cum s-vrei＝フ語 Fais comme tu voudras.
  ア語 Bën tsh të ditsh＝フ語 Fais ce que tu sauras.
 dacoromâna では Fă cum vrei と言うが，スペイン語では Haz como quieras と言うのが普通であり，この場合は aromâna と似ている。
g) dacoromâna の場合，過去時制と係りがある時でも接続法現在形が用いられるが，aromâna とアルバニア語においては接続法不完了過去形が用いられる。
h) aromâna で omlu a calilei は公正な人間という意味であるが，cale「道」と属格をこの様な表現で使うのは，アルバニア語と同じである。
i) where という疑問副詞は aromâna では iu のはずであるが from に価する前置詞を冠して from where＝where の如く di iu と言う。これは，アルバニア語で ngaha と言うのと同じである。スペイン語でも dónde は，語源的には，現代語に逐語訳すると，de dónde である。
j) aromâna では，la はフランス語の chez という前置詞に価し，前置詞格の代名詞が来るはずであるが，主格が来て vas-yină la io. (＝仏語 Il va venir chez moi.)と言うが，この主格の用法もアルバニア語と同じである。
k) aromâna の数詞 trei(3) に女性形があるのは，tre に対し tri という女性形を有するアルバニア語の影響に寄る。

10.10 次にブルガリア語とルーマニア語との類似点を Sandfeld 1930 によって列挙しよう。
a) ルーマニア語で e- が「ie」と発音されるのはブルガリア語の影響である。dacoromâna では，例えば el は[iel]，este は[ieste]である。aromâna にはこの様な二重母音化は無いが，meglenoromâna には認められる。

— 219 —

ロマンス語概論

b) ラテン語の -SC- が E と I の前にある時,ルーマニア語では [št] と成る。例: ştiu＜SCIO. これは,ブルガリア語の sktj という扱いに似ている。

c) ルーマニア語には他のロマンス諸語と異り,呼格がある。男性単数は -e であり,女性単数は -o となる。特にこの -o で終る女性単数はブルガリア語と一致する。

d) 数詞の11－19は,例えば11＝unsprezece (＝仏語の直訳 un sur dix),12＝doisprezece (＝deux sur dix) と言うが,これはスラヴ語と一致を見る点である。aromâna では20を yinğit＜VIGINTI と言い,dacoromâna の douăzeci とは異るが,21－29では dacoromâna と同じく,un-sprǎ-yinğit と言う。これもブルガリア語と一致している。

e) 数詞の造語法のみならず,そのシンタックスもブルガリア語とルーマニア語と一致した現象が見られる。即ち,dacoromâna では20以降,aromâna では11以降,支配される名詞との間に DE (＝英語 of) という前置詞を挿入する。

　　　例: dacoromâna　douăzeci de inşi　　20人
　　　　　aromâna　　　unsprǎdzaţ di insi　11人

これは,古ブルガリア語で属格が用いられていたなごりと考えられる。

f) 前未来は être に価する動詞 fi の未来形と動詞の過去分詞とで作るのがルーマニア語である。

　　　例: Voiu(ママ) fi cîntat＝I will have sung.
　　　　　Voiu(ママ) fi scris＝I will have written.

ラテン語でも HORTATUS ERO とは言うが,この語順はブルガリア語の Stă bădă pisal (＝I will have written.) と同じであり,ルーマニア語の条件法過去と接続法完了形に fi (＝être) を使うのも,ブルガリア語との一致点である。

g) 自動詞の完了形は,aromâna と meglenoromâna では dacoromâna の avea (＝フ語 avoir) と異り fi (＝フ語 être) の現在の助けを借りて,例えば,

― 220 ―

第10章 ルーマニア語の起源について

I have come. と言う時,

    dacoromâna   Am venit.
    aromâna   Escu venit.
    meglenoromâna Sam vinit. と言い, ブルガリア語で Az săm došăl と言うのと一致を見る。

h) dacoromâna の現代語では, I have eaten は Am mâncat という語順をとるが, 中世では Mîncat-am であった。この語順は現在でも istroromâna や meglenoromâna では普通であり, セルボ・クロアチア語やブルガリア語では規範的である。

i) 再帰動詞に寄って受身の意味を表す方法はロマンス諸語にも見い出されるが, ルーマニア語に最もこの用法が広まっている。これは, スラブ語の影響に寄るものと思われるし, ルーマニア語の再帰動詞の用法もスラヴ語のそれと一致している。

j) ルーマニア語の仮定条件文では, 主文にも従属文にも条件法が使える。これは, 他のロマンス諸語には見かけない用法であるが, スラヴ語では一般である。

この外に筆者がブルガリア語を知らない為に, Sandfeld がルーマニア語とスラヴ語(特にブルガリア語)と一致した現象だとしてあげている多くの条項と, dacoromâna とは一致を見せないが aromâna や meglenoromâna とのみ一致を見るブルガリア語の多くの例も割愛した。

10.11 今度は, アルバニア語とブルガリア語のどちらかとルーマニア語の現象が一致している例で無く, バルカン半島の諸言語とルーマニア語とに共通した現象について, Sandfeld 1930 によって, 列挙してみよう。

a) 定冠詞の後置は, アルバニア語とブルガリア語とルーマニア語に共通した現象である。尤も, 地理的に遠く離れているスカンディナヴィアの諸言語にも定冠詞の後置は見られるし, 又, ラテン語自体, ロマンス語の定冠詞の元となる指示形容詞の後置は, 前置と同様, 普通であったけれども, 西ロマ

ンス諸語の定冠詞が前置形であり，ロマンス諸語の中でバルカン半島のルーマニア語だけが後置形を用いるのは，やはり隣接するアルバニア語の影響無しには考えられない。それに，ルーマニア語の定冠詞の用法がアルバニア語のそれと似ている事も考慮しなければならない。XI世紀の教会スラヴ語のテキストにはまだ定冠詞が固定していなく，XVII世紀を待たねばならない事から，ブルガリア語の定冠詞については，ルーマニア語あたりの影響を考えねばならない。

b) 次に，バルカンの三つの言語に多少の差はあれ共通しているのは，不定詞(の用法)の消滅又は削減である。半島の三つの言語の中で一番不定詞を良く使うのは dacoromâna であるが，それでもスペイン語などは比較にならず，殆んどの場合，接続法に取って代られている。meglenoromâna も同じく不定詞の頻度は低いが，istroromâna では西ロマンス語と同じ程度に保存されている。これは，地理的に近いイタリア語やセルビア・クロアチア語の影響である。

c) 前にも言及したが，未来形の作り方が，to want に価する動詞を使う点，ギリシア語，南アルバニア語，ブルガリア語，セルビア・クロアチア語の四つの言語とルーマニア語は類似している。尤も，フランス語の多くの方言でもこの「欲する」という意味の動詞を使うし，スカンディナヴィア諸語も同じ作り方である点は，冠詞の後置と同じであるが，この両半島には一切影響関係は考えられないものの，バルカン半島の「言語的統一」を否定するわけにはいかない。Al. Rosetti 1973 b によれば，これはギリシア語の影響で，その影響の強い Calabria や Terra d'otranto などの南イタリアの方言にも見られる現象であると言うが，バルカンの半島における「統一」は事実である。

d) 筆者が「格の融合」[3]と呼ぶ現象がバルカンの諸言語に見られる。ルーマニア語には，主格と対格の融合した base form と属格と与格とが融合した case form の二元対立が認められるのであるが，この二元対立法はラテン語の内部構造から生成する可能性が大であったと同時に，隣接するブルガリア語などの影響は否定できない。

第10章　ルーマニア語の起源について

e)　シンタックスの面でも，半島の諸言語は多くの類似点を見せるが，今は一つの例だけをあげると，「私は空腹だ」と言う時,

英語　I am hungry.

仏語　J'ai faim.

西語　Tengo hambre.

でフランス語とスペイン語は同じ構造を示しているが，dacoromâna では，Mi e foame(仏語の逐語的訳: Il y a faim pour moi.)と言う。この構造は，Gladen săm と言うブルガリア語と似ている。

以上，バルカン半島の言語的統一という事に関して五項目の類似点をあげて来たが，実は，Sandfeld 1930は13の項目について述べているのであるが，紙幅の都合で筆者はそのうち八項目を転記するのを省略した。しかし，これらの五項目で，互いの類似点の多い事を証明するに十分だと考える。

10.12　筆者が今まで Sandfeld 1930を援用したのは，「バルカン半島の言語的統一」がどの程度まで成されているかを見る為であった。今度は，10.1で紹介した継続説に属する意見を検討してみよう。Al. Rosetti 1941は「ルーマニア祖語」について大略次の様に言っている。

「dacoromân, istroromân, aromân, meglenoromân は，上・下モエシア，ダーキア及び下パンノニアのローマ化されたドナウ諸州で継続して話されていて，かつては一つの言語であった。その基となる言語の事を，straromân, român primitiv 又は român comun と呼ぶ。meglenoromân はブルガリア語の強い影響を受けた aromân の一分派であり，istroromân は dacoromân の一分派である。これら四つの方言の語彙を調べてみると，共通する文化の特徴は田園的で農牧的であった。「共通ルーマニア語」の生成の時期はV・Ⅵ世紀に始りⅩ世紀頃終る。と言うのは，aromân を話す人がギリシアの北に姿を現す記録が980年にあるからである。」Al. Rosetti は1973になると次の様に述べている。

「ルーマニア語，ブルガリア語，アルバニア語，ギリシア語などは同一の

基層語の為に，あるいは，お互いに及ぼした相互影響の結果，多くの共通する特徴を有している。住民の移住・羊飼い達の移動も多くの共通特徴を作り出した。ルーマニア人の半島横断は，アルバニア，トラキア，テッサリアなどでXIII世紀頃の記録がある。半島の言語的統一は文化的統一に寄るところが多いが，その文化もラテン的文化区域とギリシア的文化地域に分けられるが，多くの住民は二つの言語を併用するのが常であった。そして，アルバニア人は現在の様に海岸にではなく，Shkoder, Prizren, Ochrida, Vlora にかこまれる地域にも居住していた。セルビアにもルーマニア人の住んでいた跡がRomanjaとかStari Vlaxなどという地名に見られる。aromânはdacoromânに比べて古形を保っている[4]。VII世紀からIX世紀にかけて，スラヴ語の要素がルーマニア語に入って来る。ドナウ地方の教会はブルガリア教会の教権の下に再編成せられるが，今までの二言語併用は，ラテン文化の継承者であるルーマニア語の優位に終る。南スラヴ語の統一はIX世紀かX世紀頃まで保たれるが，東西のグループに別れ，東はブルガリア語とマケドニア語を含み，西はセルビア・クロアチア語とスロヴェニア語とを含み，ルーマニア語に入ったスラヴ語の多くは東北部のブルガリア語であり，ブルガリア語はそのモデルをギリシア語の祈禱書に借りている。」Al. Rosetti 1973によると，アルバニアの中心は現在のアルバニアの北にあるMatiであったと言う。

10.13 さて，我々はここで出来る限り史実を探り出さねばならない。

アウレリアヌス帝による271年の軍団の撤去により政府の役人・軍人など主だった住民はダーキアの地を放棄し，ドナウ河の南側に新たに河岸ダーキア (DACIA RIPENSIS) を，又，その南に内陸ダーキア (DACIA MEDITERRANEA)——その主都はSerdica. 今日のソフィア——を設置し，ドナウ河以北の蛮族に対する重要な経営の地として，ダーキアから撤収した住民を住まわせた事を我々は知っている。今，新たに州を造ったかの様な言い方をしたが，実はドナウ河以南のトラキアの地は紀元以前からすでに

第10章　ルーマニア語の起源について

ローマ化されていて，現在のブルガリアの北部にローマ（化された）人が住むのは決してはじめてでは無く，すでにかなりの程度のローマ化が成されていたと見なければならない。271年以降に新設された二つのダーキア州は，だから実の所，名目上は新設ではあっても，実質的にはローマ化の継続であり強化であったはずである。ドナウ河以北にもローマ人居住の考古学的遺物が発見されると以北継続説主張者は言うが，それはローマ人が居住していた150年間のものでないという証拠は無く，ビザンチンの歴史家 Theophylaktos Simokattes が，VII世紀の現在のヴアラキアに価する地が Sclavinia と呼ばれると言っている様に，スラヴ人の地と化した様な所に，上・中流階級のローマ人が去ってしまった力で新たにローマの華が咲くはずが無く，又その様な荒廃した環境でラテン語が河南地域と同程度に生き残るはずは無いと筆者は考えるのである。そして，トラヤヌス帝が植民を開始したダーキアが今日のルーマニアの国と同じ広がりを持っていたと勘違いする人が多いが，DACIA FELIX は決して大きな面積を有していたのでは無く，そこに居住した人達も帝国のあらゆる地方から（EX TOTO ORBE ROMANO）来て植民した新興の都邑だったのである。そこでは，南ガルリアにおける如く言語的規範は守るに難く，ましてや蛮族の侵入によってその様な規範に欠ける言語を保持する事などとうてい出来なかったと思わねばならない。

　Ştefan Pascu 1974によれば，発掘された碑文のうち約3,000がラテン語で，35～37がギリシア語で書かれていると言い，継続説を支持している様であるが，Gotalania もしくは Sclavinia と化した地帯での教養語と言えばラテン語しか無いのであり，ましてキリル文字の発明はX世紀であった事を忘れてはならない。日常の言語はスラヴ語でも，書記に際しては自らの文字のあるラテン語を使った，と解釈できるのである。

　次に，キリスト教はいろいろな意味で重大である。バルカン半島のキリスト教化は早くから行われていたが，1054年に起ったカトリックとオーソドックスの分裂は，それ以前のローマ文化圏とビザンチン文化圏の区分に大いに寄るところが多い。ローマ文化圏とは，ダルマチア州，上・下モエシア州，

トラヤーヌスに征服されたダーキア州(DACIA TRAIANA)及びパンノニア州南部である。ギリシア文化圏は一応，Skopie の南，ソフィアの西，Hémus 山脈，黒海の沿岸にまで広がっている。しかし，このギリシア文化圏は，その範囲を越える事がしばしばであった。その様な時，VI世紀・VII世紀にはバルカン半島は完全にスラヴ族の手中に入ってしまい，ビザンチンの支配はわずかダルマチア海岸に限られる程になった。そして，ローマの伝統が昔から相当根強く張っていたギリシアの北とダニューブ河の南の間に位置する，例えば，ダルダニア州でさえ，スラヴ族とローマ人との混住がやっと行われ，二言語併用という現象が生じたのであるが，ローマの伝統の薄れる傾向にあった旧 DACIA TRAIANA では，二言語併用というよりもスラヴ語色の強い言語生活が行われていたと思われる。ブルガリア人が半島に到来するのは679年である。それからやっと外国語であるスラヴ語を習い覚え，セルディカ(今日のソフィア)を征服するのは809年の事である。ソフィアを中心とするダルダニア州あたりでは，ローマの文化的伝統が継続されラテン語も当然維持されていたと考えられるのであるが，その様な地域でさえも二言語併用という結果になったのである。しかし，ソフィアの西の方，セルビアと隣接するモラヴア州では，ラテン語はブルガリア語に影響されることなく運用されていた。そこまではビザンチンの力も伸びず，新興のブルガリアの権勢も及ばず，むしろ，ローマ的西方世界に属していたわけである。その様な地域から，農牧的生活を営み，ラテン語を話していたローマ(化)人が北に南に移住したのではあるまいか。Al. Rosetti 1973によれば，aromâna を話す住民の根跡が976年に Prespa 湖と Castoria の間に見られると言う。Al. Rosetti 1973によれば，aromâna の運用者がマケドニアやギリシアに姿を現すのはXI世紀だと言う。Al. Rosetti 1941が aromâna を話す民がギリシアの北に姿を現すのは980年であると言っている事は既に述べた。又，Pierre Bec 1971によれば，istroromâna の話者がトリエステに文献上姿を現すのはXIII世紀であると言う。

この様に，牧畜を業とする「ルーマニア祖語人」は北に南に移動し，隣接

第10章　ルーマニア語の起源について

するアルバニア語やブルガリア語の直接の影響を受けたものと思われる。dacoromâna が aromâna に比して幾分進化した形態をそなえているのは，牧畜を業とする人達がローマの文化的・言語的伝統のすでに薄れていたダニューブ河以北の地に渡って定住する様になったからで，指導的規範の無い所では一般に言語の古形・正則は保たれ無いからである。それに，istroromâna と dacoromâna は他の二つの言語に比して多くの類似点を有しているという事は既に述べたが，この事は，dacoromâna と istroromâna の運用者が早い時点に祖語から独立した事を意味するのであり，前述の如き多くの文法事項にまでわたるアルバニア語とブルガリア語との対応・類似が河北で起ったものとはとうてい考えられない。aromâna と meglenoromâna とがお互いに類似した事項を多く有し，dacoromâna と istroromâna と比べて古形を保っているという事も前に述べたが，それは，ローマの文化・言語を異文化の中にあって守り通すだけの規範的伝統があった地域で運用された言語だったからである。その様な伝統は河南では強く，Miron Constantinescu 1970が言っている如く，ドブロヂャ地方が587年にアヴァール人に蹂躙されるまで，その様な強い伝統が河南では保持されたものと考えられる。その様な伝統が河北とは異り6・700年間も続いた河南で容易に霧散するとは考えられないのである。

　さて，Pierre Bec 1971が DACIA TRAIANA における継続説の支持者であると10.7で述べたが，その根拠となっている点をここで検討してみよう。a) の「急速なスラヴ化」は，イベリア半島の場合を考えれば極めて容易に理解できる。ゴート族に支配され次にアラビア人の侵入を受けながらもラテン語が残り得たのは，ラテン文化の強さと支配階級のゴート人の人数の少なさにあったのであり，反面，バルカン半島の場合，殆んどの民族移動の通過地であり，度重なる荒廃にも拘らず生き続けたのは，元々はスラヴ族で無いブルガリア人さえもスラヴ語を採用せざるを得なく成った程にスラヴ語運用者の数も力も大きかった為に，二ないし三言語併用という形態で新しい形のラテン語が存続していたのである。

— 227 —

b) の移住の理由については，同一言語を用いる者が一つの集団を形成するという事は，いかなる地域においても又，いつの世であれ，人間の習性であるから，ましてや，牧畜を業とするルーマニア祖語人が集団となり四方に移住した事は理解に難く無い。ドナウ河は，決して自然の国境を形成するに足る険しい流れでは無く，むしろ，ロシア平原を南北に流れる多くの河川の場合と同じく，今や大陸にあって交通を容易にせしめ，移動を促進する運河の役目を果していたのである。トランシルバニア山脈は，上質の水と必需品の塩を産す豊かな牧草地であった。

c) と d) の，文献が残存していないからと言って，そういう事実が無かったとは限らないのである。むしろ，牧畜業を営む人達の移動は，自然な出来事であって，それを記す程の特異性は全く無いし，ルーマニア語の文献の初出はXVI世紀であるが，それ以前に歴史が何も無かったのではないのと同じ事である。Miron Constantinescu 1970が，XII世紀にトランシルバニアにルーマニア(語を話す)人の定住の跡があるというのは，我々の言う移民ルーマニア人の跡で無いという証拠は無いのである。

e) のキリスト教用語の問題について，前項で少し横道にそれてしまったが，前述の如く，我々がルーマニア祖語の発祥地としている地域はビザンチン文化圏にあるのでは無く，むしろ，ラテン文化圏にあり，そこに居住する信者に平易に分るラテン語を使うのは当然である。それに，キリスト教化の年代とルーマニア祖語の分裂もしくはトランシルバニアへの移住の時期とに関係があるが，スラヴ族のキリスト教化はIX世紀かX世紀の事であり，北のdacoromânaにしろ南のaromânaにしろ，民衆がすでに新しい形のラテン語を母語としていた時期に，何もギリシア語をキリスト教用語にする必要は全く無かったわけで，否，むしろ，有害ですらあったはずだ。一般大衆に平易に判る言葉でなければ宗教は支持を得られるはずも無く，ギリシア正教だからといってギリシア語のみを強要するのであれば，ブルガリア語的色彩の強いスラヴ語でのキュリロスとメトディオスの布教が認められるはずが無く，ギリシア語の代りにスラヴ語を使う自主的なブルガリア教会が生れる素

第10章　ルーマニア語の起源について

地も無かったわけである。そして，1054年のローマ教会とギリシア教会の分裂は，すでに民衆の母語が確立した後であるから，「キリスト教用語」の問題は，いささかも問題にならない。

　C. Tagliavini 1973によると，ブルガリア教会が独立するのは891年のことで，ルーマニア教会は1020年に，そのブルガリア教会に従属している。そして，この時代の文献で今日残存するものが殆んどブルガリア語で書かれているのを見ても，当時いかにブルガリア語の影響が強かったかが判る。

f)　の地名の問題であるが，Ⅱのf)に列記した河川名がⅢ世紀から継続して今日に至っているという証拠はどこにも無いのである。だから，それらは，ラテン語を話す民衆の移民後のラテン名であっても決しておかしく無く，むしろ反対に，Bucureştiという主都の名前がアルバニア語の要素を含んでいる事や，筆者が今まであげて来たバルカン半島の言語的統一は，継続説では説明出来ないのでは無かろうか。

10.14　10.7においてC. Tagliaviniの移住説を紹介したが，その中のa)で，アルバニア語との一致は一定期間の共存の結果であるとしているが，筆者は，正確には，二言語，あるいは，ブルガリア語も入れて，三言語併用の結果であり，必ずしも共存の結果とは考えない。それは，牧畜を業とする人達の非家居的生活からの類推である。その場合，各人が三言語併用能力を有す必要は必ずしも無く，つまり，parole的段階での三言語運用能力が必要なのでは無く，社会集団的に能力があった，つまり，文法を決定するlangueの段階で三言語併用という現象があり，それが祖語と成ったものと考えられるのである。そして，その祖語生成の年代は，Pierre BecやAl. Rosettiの言う如き，Ⅴ・Ⅵ世紀の早い時期ではあり得ない。なぜならば，アルバニア人は現在のアルバニアよりも東北の地に早くから居住して当地のラテン語と相互影響が出来得る地理的条件下にあったとしても，ブルガリア人が河岸ダーキア及び内陸ダーキア並びにダルダニアに近いソフィアを征服するのは，前述の如く809年の事であり，それ以降でなければルーマニア語と成る

ラテン語におけるブルガリア語の影響は年代的にも地理的にも不可能なのである。その様なわけで，ルーマニア祖語がアルバニア語やブルガリア語の影響を同時に受ける年代は，IX世紀の始めから約七世代後のX世紀末という事になろう。そして，その生活様式は農牧的であった事は既に述べたが，Grigore Nandriş 1952が，「基本語彙を調べて見ると，カルパチア・バルカン地方におけるローマ文化の崩壊後のラテン語民族は，山岳地方における牧畜的生活に限られ…"移動する"という意味の単語がルーマニア語には特に多い。」と述べている事から判る如く，"移動"を開始し，aromâna の運用者は早くから文化的にも言語的にも孤立した状態に陥ったけれども，長いローマの伝統のある地域で生きのびていたがゆえに，dacoromâna よりも古い形を保っているものと考えられるのである。それに反し，dacoromâna が幾分進化した形態を呈するのは，孤立した状態で指導的規範に沿する事が出来なかった為である。

「ルーマニア」という国の名前は1862年になって新たにつけられたものであって，それ以前は封建時代以来複数の侯国などに分割されていたという事は周知の事であり，ダーキアとルーマニアの間には，名称から想像される様な直接の関係は無い。しかし，セルビアの Bosna 河の上流域に，Romanija というまぎれもなく Roma, Romania から派生した地名が，Al. Rosetti 1973も言う様に中世を通じて存続していたという事は，西ローマ帝国崩壊以後のバルカン半島における文化的中心の一つがそこにあったという事を考えせしめる。そして，そこは地理的に見て，アルバニア人と隣接する西北限であったと考えなければならない。又，今まで我々が使って来た aromâna という名称も，より古い伝統を示すものである事は自明である。東端は，河岸ダーキア，内陸ダーキア，ダルダニア州の東端となる Isker 河であり，南限は，ソフィアからスコピェに至るラテン文化圏とビザンチン文化圏の境界線と一致し，スコピェと Romanija を結ぶ線が，アルバニア語圏との併存が最も濃厚に実現した地帯ではなかろうか。

ルーマニア祖語は，この様な地域に三言語併用の結果生れたものであり，

第10章　ルーマニア語の起源について

Al. Rosetti が一貫して唱えているトラキア語の基層説は，トラキア語がローマ文化・ギリシア文化などのより優れた文化を凌いで生き残れるはずが無く，又，前に記したあれ程多くの共通した特徴をバルカンの三つの異る言語に同時に遺影を残すことなど出来るはずが無いので，全面的には認めるわけにはゆかない。そして，トランシルバニアにおける継続説それ自体に種々の変異があるのであるが，筆者は継続を全く認めないのではないが，少くとも「ルーマニア祖語」の年代と地域に関する限り，しかも，特にその言語・文化的規範の中心を成す限定された範囲を云々する時，ドナウ河以北のトランシルバニアは除外せざるを得なく成る。

「ルーマニア祖語」という筆者の術語は，この様に言って来た場合，アルバニア語とブルガリア語の影響を同時に受けたと考えられるIX世紀とX世紀において河南地帯で行われた新しい形のラテン語を意味するのであり，それ以前もラテン語は同じ地域で行われていたわけであるが，その様なラテン語は pre-common Romanian と呼べるであろう。

〔注〕
(1) Roesler, Rumänische Studien, 1871.
(2) これについては，拙論「ルーマニア語名詞の格融合と性転換について」ロマンス語研究10号を見られたい。
(3) 同上
(4) 例えば，dacoromâna では対格に pe を用いるが，aromâna では用いない。スペイン語などと同様，後世の発明である。

第11章　ルーマニア語の特異性について
——ロマンス諸語との形態的比較——

11.1 ルーマニア語と他のロマンス語との比較研究は，Al. Niculescu (1965) によれば，Ovid Densusianu の Histoire de la langue roumaine (1901, Paris) が嚆矢であるというが，実はそれ以前からルーマニア語史の大きな問題として，ルーマニア語が現在のルーマニアでローマ時代から中断されることなく用いられているのか，あるいは，ドナウ河以南のバルカン半島から後世再輸入されたものかという相対立する議論がなされている。私は1976年に，継続説を排斥して借用説を唱えた。その際主としてアルバニア語並びにブルガリア語とルーマニア語が一致する言語現象及び言語学的というよりもむしろ文化的背景に力点を置いてバルカン半島の言語的統一の問題を解明したのであるが，今回は，他の4つのロマンス語即ちポルトガル語・スペイン語・フランス語・イタリア語そして場合によってはダルマチア語(以下「ダ語」と略すこともある)と，主として形態的比較を試みルーマニア語が他のロマンス諸語に対してどの様に"特異"でありその原因は何かを純粋に言語学的見地から考察してみたい。

　ルーマニア語の形態論については，2つの格の保存及び男・女・中の3性の存続という大きな問題があるが，私は既に1976年にそのことに関しては結論を下したから再びここでは扱わない。その他の形態論に関する問題を全て扱う紙幅はないので，ルーマニア語の極めて特徴的な事柄のみを重点的に考察することになろう。

11.2 数字の1を表すラテン語の UNUS, -UM, -A はポルトガル語・スペイン語・フランス語・イタリア語・ダルマチア語では中性が消失し，その結果それぞれ，um uma, uno una, un une, uno una, join joina となるが，ルーマニア語では un o となり，女性形が特異な形態を示す。これは，ポルトガ

第11章　ルーマニア語の特異性について

ル語の男性単数定冠詞 o 及び女性単数定冠詞 a が，ルーマニア語を除く他のロマンス諸語の定冠詞が (-)l(-) 付きの形を示す中で，唯一の例外を成すと同じ程度のしかも単なる音韻的理由に寄るものであるが，その為に特殊な趣を与えている。この数詞がロマンス語では不定冠詞となり名詞に前置される点は共通している。各言語ともラテン語の3性から男性と女性の2性になっている点は，名詞や形容詞の場合と同じ傾向の結果である。

ルーマニア語に男・女・中の3性があるという意見もあるが，その場合でも中性は単数では男性と同形であり複数では女性と同形であるので，2つの異る形式があれば良いことになる。

この項は，ルーマニア語が特異であることを示す為ではないが，各々のロマンス語の不定冠詞の形を次に示そう。

ラテン語	ポ語	ス語	フ語	イ語	ダ語	ル語
UNUS	um	un	un	un(o)	un	un
UNA	uma	una	une	una	una	o

11.3 例えばスペイン語で unos amigos と言えば"数人の友人"を示すのであるが，この unos の用法は実はラテン語に既にあったものである。この不定形容詞はポルトガル語では uns umas，スペイン語では unos unas と言う。ところがフランス語やイタリア語では des という部分冠詞を使ったり，又それぞれ quelque qualche と言い，ダルマチア語でも kulke 又は calco であるが，ルーマニア語では niste(＜NE SCIO QUID)と言う。このルーマニア語の場合，語源の形態素の数が多く，その結果音形的にも特異な感じを与えている。フランス語・イタリア語・ダルマチア語の語源的形態素は2ヶであるが，ルーマニア語の3ヶ形態素を使用するこの現在の形態は，守旧的とも言えるし同時に又迂言的・補強的とも言える。

11.4 次に，15から19までの数詞を一覧表にしてみよう．

	ラテン語	ポ語	ス語	フ語	イ語	ダ語	ル語
15	QUINDECIM	quinze	quince	quinze	quindici	cionco	cin(ci)sprezece
16	SEDECIM	dezasseis	diez y seis	seize	sedici	setco	şasesprezece
17	SEPTENDECIM	dezassete	diez y siete	dix-sept	diciassette	dikisapto	şaptesprezece
18	OCTODECIM	dezoito	diez y ocho	dix-huit	diciotto	dikidapto	optsprezece
19	NOVENDECIM	dezanove	diez y nueve	dix-neuf	diciannove	dikinú	nouăsprezece

ルーマニア語を除く言語では，ダルマテア語をも含めて，16に不一致を見る．18・19は，AC 又は ET という接辞を介して表す方法が俗ラテン語で現れ，どちらを選択したかによる．イタリア語は DECEM AC OCTO＞dece ac octo＞diciotto の方を選び，スペイン語は DECEM ET OCTO＞dece et octo＞diez y ocho（＝dieciocho）を選んだ．18・19をそれぞれ DUODEVIGINTI UNDEVIGINTI と言わないのが俗ラテン語での一般的傾向であったから，AC と ET のどちらを選択するかだけの問題であった．

ところがルーマニア語の場合，11から15までも，上表と同じ形式を示すのである．即ち，11＝unsprezece，12＝doisprezece，13＝treisprezece，14＝patrusprezece となる．-sprezece は口語では -şpe となるが，他に -sprece, -spce, -şpce などの形もある．いずれにせよ，元の形は UNUS SUPER DECEM, etc. であり形態素は悉くラテン語である．Al. Rasetti(1973)によれば，スラブ語では jedinŭ na deşete と言うが na が spre に当ると言う．Fl. Dimitrescu(1974)に寄れば，アルバニア語でも同じ構造で，njëmbëdhjetë (11＝1 spre 10)，tetëm bedhjetë(18＝8 spre 10)だと言う．

ルーマニア語の11から19までの数詞については，ブルガリア語 and/or アルバニア語の影響は否定できないと私は思う．又，Meyer Lübke(1974)も同じ意見である．

11.5 現代フランス語では，70，80，90はそれぞれ soixante-dix quatre-vingts quatre-vingts-dix と言われ，20進法の特異な形態を示しているが，

第11章　ルーマニア語の特異性について

古フランス語や現代の方言には se(p)tante, oitante, uitante, octante, nonante などの形も見られる。ポルトガル語・スペイン語・フランス語・イタリア語では，20から90まで，今述べたフランス語の例外を除き他は全て，VIGINTI TRIGINTA QUADRAGINTA QUINQUAGINTA SEXAGINTA SEPTUAGINTA OCTOGINTA NONAGINTA を継承しているが，ルーマニア語は，douăzeci, treizeci, patruzeci, cin(ci)zeci, şaizeci, şaptezeci, optzeci, nouăzeci という風なスラヴ語的並置法を用いている。古ブルガリア語では20は dŭva deseti(＞douăzeci)と言っていた。又現代ブルガリア語では，20＝dvajset, 30＝trijset と言い，アルバニア語では，20＝njëzét(une vingtaine)，30＝tridhjét，40＝dyzét(deux vingtaines)と言う。

又統辞論にもかかわってくるが，ルーマニア語では20以降・アロムン方言では11以降，数詞と数えられる名詞との間に前置詞 de(アロムン方言では di)が必要である。これは，古ブルガリア語で属格を用いていた為だというのは Sandfeld(1930)の説である。(ス語では millón の次に de が要求されるのに似ている。)

この項目も，ブルガリア語・アルバニア語の影響は否定できない。次に20から90までの数詞を一覧表にしてみよう。

	ラテン語	ポ語	ス語	フ語	イ語	ダ語	ル語
20	VIGINTI	vinte	veinte	vingt	venti	vench	douăzeci
30	TRIGINTA	trinta	treinta	trente	trenta	trianta	treizeci
40	QUADRAGINTA	quarenta	cuarenta	quarante	quaranta	quaranta	patruzeci
50	QUINQUAGINTA	cinqüenta	cincuenta	cinquante	cinquanta	cinquanta	cin(ci)zeci
60	SEXAGINTA	sessenta	sesenta	soixante	sessanta	sessuanta	şaizeci
70	SEPTUAGINTA	setenta	setenta	soixante-dix	settanta	septuanta	şaptezeci
80	OCTOGINTA	oitenta	ochenta	quatre-vingts	ottanta	octuanta	optzeci
90	NONAGINTA	noventa	noventa	quatre-vingt-dix	novanta	nonuanta	nouăzeci

11.6　ダルマチア語の čant をはじめとして，イタリア以西のロマンス諸語

では，100を表すのにCENTUMを受け継いでいるが，ルーマニア語のみo sutăと言う。200はルーマニア語ではdouă suteであり，スラヴ語的である。100代は，ラテン語以外の形態素を借用する極めて稀な例である。Meyer Lübke(1974)は，スラブ語ではなくダーキア語を借用したと言っている。私は，100という位の高い数字が基層語にあったか疑問であるし，又あったとしても残る可能性は少なかったと思う。そして，ラテン語のCENTUMを使用していないのは5＝QUINQUE＞cinci＜CENTUMの如く同音異義になった為だと思う。しかも，その同音異語の現象が起るのはスラブ族の侵入後であることから，ダーキア語説は受け入れられない。

　Sandfeld(1930)に寄ると，oという不定冠詞がsutăに前置されるのは，アルバニア語に対応しているという。o sutăはアルバニア語ではnjë qindと言う。

　この項目について，ブルガリア語・アルバニア語の影響は否定できないであろう。

11.7　1,000はルーマニア語ではo mieであるが，2000以上はdouă miiの如く複数形がある。同じく複数形があるのはイタリア語で，1,000がmilleであるのに対して2,000はdue milaである。ポルトガル語・スペイン語・フランス語は1,000，2,000をそれぞれ，mil, dois mil; mil, dos mil; mille, deux milleと言い，複数形態は取らない。

　ルーマニア語のmieという単数形は，実はMILIAという複数形に由来する。この様に複数形から単数形が派生するのは，スペイン語にfruta＜FRUCTA(FRUCTUSの複数形)の様な例があるとはいうものの，ルーマニア語の特徴と言える。しかし，16世紀には単数も複数もmieであった。又，Pavao Tekavčić(1972)に寄れば，イタリア語のmilaという複数形も後世の類推だという。いずれにせよ，ラテン語では1,000＝MILLE　2,000＝DUO MILIAと言っていたのだから，イタリア語・ルーマニア語は守旧的であると言えよう。

第11章 ルーマニア語の特異性について

11.8 ルーマニア語の序数は，"第1の"どう意味の prim(ul) întîi(< ANTANEUS. Fl. Dimitrescu(1974)によれば，この構造もアルバニア語的であると言う)を除き，他は全て，例えば"第2の" al doilea(男性形) a doua(女性形)に見る如く，男性形は al+基数詞+lea，女性形は a+基数詞+a という形式を原則として取る。Fl. Dimitrescu(1974)によれば，この形式を取るのは16世紀以降であると言う。Al. Rosetti(1973)によれば，al doilea という形は19世紀からで，それ以前は al doile, al treile(第3の)であったと言う。更にその前の形は，Fl. Dimitrescu(1974)によれば，al doil, al treil だったと言う。又，一般に古形を保存しているアロムン方言は -le の形態である。いずれにせよ，-le(a) -a の起源は定冠詞だと私は考えている。基数詞に前置される al 及び a の起源については次項で述べるが，この序数は迂言的・補強的であると言える。更に又，"100番目の" al o sutelea と言う時，アルバニア語では全く同じく i një qindëtë と言うと Sandfeld (1930)は記している。この序数形式はアルバニア語の影響を受けて迂言的・補強的になったのであろう。

11.9 前項の al(男性単数) 及び a(女性単数) は所有冠詞と呼ばれ，ルーマニア語独特のものであり，それぞれの複数形も存在する。これら al(古ル語は alu) a ai ale の起源は，それぞれ AD+ILLUM, AD+ILLAM, AD+ILLOS, AD+ILLAS である。前置詞 AD に寄る所有の概念の表現形式は他のロマンス語に例を見ないでもないが，その場合でも，この形式が正則的に現れるのではない。ましてや，近代語で定冠詞となる指示形容詞と共に用いられる例は他のロマンス語にはない。形態素は他ならぬファン語である。この所有冠詞が用いられるのは名詞の属格及び所有代名詞の前で，所有冠詞は必ず被所有物の性・数に一致する。そして，所有冠詞の直前では被所有物を表す名詞には定冠詞は付けない。Al. Niculescu(1965)に寄れば，この所有冠詞はアルバニア語にもあるという。un băiat al vecinului(隣人の息子の意。スペイン語では，un hijo del vecino)はアルバニア語では，një djalë i fqinit となる。又，アルバニア語の djali i fqinit をルーマニア語に直訳すると，*bă iatul al vecinului となる。ルーマニア語の所有冠詞の用法はアルバニア語の影響を受けた結果であろう。

11.10 所有冠詞は所有代名詞の一構成要素で，その所有代名詞は所有形容詞に所有冠詞を前置することによって得られる。所有冠詞は被所有物を表す名詞の性・数に一致しなければならないし，所有者とは人称・数において一致しなせればならない。極めて複雑である。

被所有物 所有者	男性単数	女性単数	男性複数	女性複数
1人称単数	al meu	a mea	ai mei	ale mele
2人称単数	al tău	a ta	ai tăi	ale tale
3人称単数	al său	a sa	ai săi	ale sale
1人称複数	al nostru	a noastră	ai noştri	ale noastre
2人称複数	al vostru	a voastră	ai voştri	ale voastre
3人称複数	al lor	a lor	ai lor	ale lor

　上の表は，ルーマニア語の所有代名詞の表である。所有代名詞に移る前に，所有形容詞について整理しておこう。実は，上の表で所有冠詞の al, a, ai, ale を除くと所有形容詞が出来上るのである。ただし所有者が3人称複数の場合の lor(＜ILLORUM) は人称代名詞の属格形を借用している。そして又，3人称単数の său, sa, săi, sale は口語では殆んど用いられずに代りに人称代名詞の属格形 lui(＜ILLUI)　ei(＜ILLAEI)が用いられている。その代りに，ルーマニア語には1・2人称の単・複共人称代名詞の属格形がないのである。1・2人称の所有の概念は所有形容詞又は所有代名詞で表わされるのである。例をあげると，

　　　profesorul tău ＝ tu profesor （ス語）

　　　eleva ta 　　　＝ tu alumna （ス語）

の如く使う。即ち，所有形容詞は名詞に後置され，その名詞には，スペイン語と異り，定冠詞が後倚している。上の表では2人称が tău, etc. vostru, etc. となっているが丁寧な表現の時は dumneavoastră という主格と同形態を借

第11章　ルーマニア語の特異性について

用して例えば prietenul dumneavoastră（あなたの友人）という風に言う。

　mea の複数形が mele となっているのは，stea（星）の複数形が stele となることからの類推である。tale, sale などは mele の類推であろう。

　上で，ルーマニア語の1・2人称には属格形がないと言ったが，実は所有の概念を表すのはポルトガル語・フランス語・イタリア語・ルーマニア語では普通は所有形容詞で，スペイン語ではなぜか人称代名詞の所有形又は属格形と言っている。それらの形態を次に示してみよう。

人称・数	言語	ポ語 m.	ポ語 f.	ス語 弱形	ス語 強形 m.	ス語 強形 f.	フ語 m.	フ語 f.	イ語 m.	イ語 f.
被所有物が単数の時	1 単	o meu	a minha	mi	mío	mía	mon	ma	il mio	la mia
	2 単	o teu	a tua	tu	tuyo	tuya	ton	ta	il tuo	la tua
	3 単	o seu	a sua	su	suyo	suya	son	sa	il suo	la sua
	1 複	o nosso	a nossa	nuestro-a	nuestro-a		notre		il nostro	la nostra
	2 複	o vosso	a vossa	vuestro-a	vuestro-a		votre		il vostro	la vostra
	3 複	o seu	a sua	su	suyo	suya	leur		il loro	la loro
被所有物が複数の時	1 単	os meus	as minhas	mis	míos	mías	mes		i miei	le mie
	2 単	os teus	as tuas	tus	tuyos	tuyas	tes		i tuoi	le tue
	3 単	os seus	as suas	sus	suyos	suyas	ses		i suoi	le sue
	1 複	os nossos	as nossas	nuestros-as	nuestros-as		nos		i nostri	le nostre
	2 複	os vossos	as vossas	vuestros-as	vuestros-as		vos		i vostri	le vostre
	3 複	os seus	as suas	sus	suyos	suyas	leurs		i loro	le loro

　上の表で，イタリア語の3人称は大文字にすれば2人称の丁寧な意味を表す。スペイン語の弱形は必ず名詞に前置され，強形は後置される。弱形は強形から派生したもので，中世は現代ポルトガル語・イタリア語・ルーマニア語と同様，定冠詞がついていた。ポルトガル語とイタリア語はともに定冠詞がついていて，上表の所有形容詞形と所有代名詞形は全く同形である。以下に，スペイン語とフランス語の所有代名詞形を示そう。

ロマンス語概論

言語 人称・数・性			ス語		フ語	
			m.	f.	m.	f.
被所有物が単数の時	1	単	el mío	la mía	le mien	la mienne
	2	単	el tuyo	la tuya	le tien	la tienne
	3	単	el suyo	la suya	le sien	la sienne
	1	複	el nuestro	la nuestra	le nôtre	la nôtre
	2	複	el vuestro	la vuestra	le vôtre	la vôtre
	3	複	el suyo	la suya	le leur	la leur
被所有物が複数の時	1	単	los míos	las mías	les miens	les miennes
	2	単	los tuyos	las tuyas	les tiens	les tiennes
	3	単	los suyos	las suyas	les siens	les siennes
	1	複	los nuestros	las nuestras	les nôtres	
	2	複	los vuestros	las vuestras	les vôtres	
	3	複	los suyos	las suyas	les leurs	

　ゲルマン語の場合, 所有者の性・数(特に3人称の)が明確に示される形態を取るが, ルーマニア語を除くロマンス諸語に共通して言えることは, 所有者の性は全く問題にされず, 被所有物の性・数に関心があるということである。ルーマニア語については上に触れたが, スペイン語の3人称の場合 su libro と言った場合, de él, de ella, de usted, de ellos, de ellas, de ustedes のどれか1つを補わなければ, これらのうちの誰の所有になるのか不明な時がある。

　以上見た通り, ロマンス諸語の所有形容詞・代名詞の形態に一致を見ないし, ルーマニア語の所有代名詞は語源までさかのぼると, ポルトガル語・イタリア語よりも迂言的・補強的であることが判る。

　次に, 所有の概念が主格補語の時どの様に表わされるか見よう。

　　英語　This book is mine.
　　ポ語　Este livro é (o) meu.
　　ス語　Este libro es mío.
　　フ語　Ce livre est à moi.

— 240 —

　　　　　第11章　ルーマニア語の特異性について

　イ語　Questo libro è mio.
　ル語　Cartea aceasta este a mea.
　ポルトガル語の o meu という冠詞つきの形態は強意である。当然無冠詞の形もある。フランス語の à という前置詞は AD に由来するから，ルーマニア語の形態に類似している。いずれにせよ，この場合所有代名詞を使う（ポルトガル語と）ルーマニア語は特異である。

11.11　現代スペイン語の人称代名詞は，1・2人称主格形に関して，特殊な形態を示す。それぞれ，nosotros, vosotros と言う。中世以来17世紀まで，それぞれ nos, vos であった。現代語は補強的表現である。意味的に2人称の敬称で形態上3人称である言語は，ポルトガル語・スペイン語・イタリア語の3言語で，それぞれ você(複数 vocês), usted(ustedes), Lei(Loro) と言う。17世紀のスペイン語には，例えばセルバンテスに vocé や vuesa merced という形態があり，後者が今日 usted という風に縮約されて3人称の扱いを受けている。ポルトガル語の você は現代では親密な間柄で用いられる為，より丁寧に言う必要のある時は，o senhor などを使う。
　ルーマニア語の場合，dumneavoastră という代名詞は単・複同形であり，要求する動詞も同形で，上の3言語の場合と異り，2人称複数形である。Al. Niculescu(1965)に寄れば，dumneavoastră が単数の意味で使われるのはフランス語の影響で，19世紀からと言う。フランス語の丁寧な表現は vous で，動詞は2人称複数が要求される。dumneavoastră は your authority を意味するのであるが，ほぼ同じ意味で使われる2人称の主格代名詞に dumneata がある。この主格形の丁寧さの度合は dumneavoastră よりも一段落ちて，要求する動詞は2人称単数である。その差は，-voastră という所有形容詞によって起っている。-voastră の方が -ta より丁寧な意味を表し得ることは，スペイン語やフランス語の vos(otros)・vous の方が tu より丁寧であるのと同じである。
　この dumneata に，mata, matale, mătăluță, mătălică, tălică などの縮

— 241 —

約形やそれに縮少辞の付いた形などの多くの変種があるのは，ポルトガル語の3人称(意味は2人称)に você, vossemercê, o senhorvossência などの変異形があるのと同じく，ロマンス諸語の中で特異な存在である。

又，ルーマニア語の場合，他のロマンス諸語と全く異なることであるが，意味も形態も3人称である代名詞として，el-dânsul-dumnealui, ea-dânsa-dumneaei がある。各組の後の代名詞の方がより丁寧な表現であるが，目前に居ない人を代名詞で丁寧に言うロマンス語はルーマニア語以外には無い。合成代名詞であるが，その形態素はラテン語である。ルーマニア語の主格人称代名詞は迂言的・補強的であると言えよう。

11.12 3人称の代名詞で与格と対格で形態が異なるのは，全てのロマンス語に共通したことである。又，1・2人称単・複に与格と対格の区別がないのは，ルーマニア語以外の4言語に共通した現象であるが，ルーマニア語には，特に単数において，与格と対格に明確な形態的差異がある。1・2人称の与・対格代名詞を次に示そう。

数 \ 人格 格	1				2			
単	与	mi	îmi	mi-	-mi	ti	îți	-ți	ți-
	対	mă	m-	-mă		te	t-	-t	
複	与	ne	ni	ne-	-ne	vă	v-	-vă	
	対	ne	-ne	ne-		vă	v-	-vă	

これらの中には，弱形・強形・前倚形・後倚形などの区別がある。この項目に関して，ルーマニア語は守旧的であると言えよう。

11.13 再帰代名詞に関しても同様に4言語には与・対格の区別はなく同一形が用いられるが，ルーマニア語とダルマチア語の場合は区別がある。ルーマニア語の場合，その上に弱形・強形の差異もある。ルーマニア語の3人称再帰代名詞を次にあげよう。

第11章 ルーマニア語の特異性について

	強			弱			
与	sie	sieşi	（古 sie）	îşi	şi	şi-	-şi
対	sine		（古 sineşi）	se	se-	-se	s-

　ルーマニア語に与格と対格の形態的差異があるのは，大きな音韻変化をこうむっているとは言え，ラテン語を継承している為で，ルーマニア語が守旧的であることを示す例である。

11.14　ラテン語では，相手に近い物を指す時は，主格形をあげると，ISTE, ISTA, ISTUD，話者に近い物を指す時には，HIC, HAEC, HOC，第3人称に対応するものとして，ILLE, ILLA, ILLUD が使われていた。これらに由来する現代語の指示形容詞は，ルーマニア語以外では殆んどの場合名詞に前置されるが，それらの形態は次の通りである。

言語・数・遠近	ラテン語		ポ語		ス語		フ語		イ語	
	単	複	単	複	単	複	単	複	単	複
近称	HIC HAEC HOC	HI HAE HAEC	este esta	estes estas	este esta	estos estas	ce(t)‥ci }ces‥ci cette‥ci		questo questa	questi queste
中称	ISTE ISTA ISTUD	ISTI ISTAE ISTA	esse essa	esses essas	ese esa	esos esas	ce(t)‥là }ces‥là cette‥la		quello quella	quegli quelle
遠称	ILLE ILLA ILLUD	ILLI ILLTAE IILA	aquele aquela	aqueles aquelas	aquel aquella	aquellos aquellas				

　ラテン語の3性が現代語では2性になっていることは言うまでもない。
　ルーマニア語の場合，名詞の前に来る前置形と後に来る後置形の差異があること及び名詞の格に呼応して指示形容詞にも格変化があることが特徴的である。次にその様なルーマニア語の指示形容詞形を示そう。

ロマンス語概論

遠近	格	前後置形 / 数 / 性	前置形 単 男	前置形 単 女	前置形 複 男	前置形 複 女	後置形 単 男	後置形 単 女	後置形 複 男	後置形 複 女
近	主・対		acest	aseastă	acești	aceste	acesta	aceasta	aceștia	acestea
近	与・属		acestui	acestei	acestor		acestuia	asesteia	acestora	
遠	主・対		acel	acea	acei	acele	acela	aceea	aceia	acelea
遠	与・属		acelei	acelei	acelor		aceluia	aceleia	acelora	

　これらの指示形容詞はロマンス諸語で形態的統一を見ない例である。ポルトガル語とスペイン語がラテン語の近・中・遠の3称を継承しているが，かえってそのことゆえに，むしろ特異な存在である。しかし，そのポルトガル語とスペイン語でも，ラテン語の近称が正確に保存されているのでなく，ラテン語の中称が近称となり，中称はラテン語の強意代名詞 IPSE, IPSA を借用している。遠称はポルトガル・スペイン・イタリアの3言語に共通点を見るが，それらの語源は ECCE＋ILLE・ILLA であろう。ILLE は全てロマンス語において定冠詞として使われて指示機能が低下した為に，今度指示形容詞となる為には形態的に補強する必要が生まれた。この補強は，フランス語で近称に ci（＜ECCE＋HIC），遠称に là（＜ILLAC）が使われているのに似ている。尚，フランス語の ce は ECCE＋HOC に由来し，cet は ECCE＋ISTE から派生している。いずれも補強の形態素が新たに必要である点が共通している。イタリア語の questo, quello もフランス語の場合とほぼ同じく，Elcock(1975)に寄れば，それぞれ ECCU＋ISTUM, ECCU＋ILLUM である。ECCE＋ISTE(ECCU＋ISTUM)がフランス語では cet，イタリア語では questo になっていて，あまりにも両者の発音が異るのは注目に価する。アカデミア(1975)に寄れば，ルーマニア語の acesta, aceasta に相当するラテン語はそれぞれ，ECCE＋ISTU, ECCE＋ISTA である。この様に見た場合，ロマンス諸語の近称はラテン語の中称 ISTE を中核にでき上っていることが判るが，各言語の特殊な音韻変化の結果，今日の様な一見して異る語源を想定せしめる程である。遠称の場合，ポルトガル語・スペイン語・イタリア語・ルーマニア語とも ECCE＋ILLE, ECCE＋ILLA から派生してい

第11章　ルーマニア語の特異性について

ることは明らかである。ルーマニア語では ECCE＋ILLE は cel ともなる。これは形容(詞的)冠詞と呼ばれ，音形的にも用法的にも，acel と大巾に異っていることは注目に価する。

　この項目に関して，ルーマニア語は守旧的であり，その上，迂言的・補強的であるとも言える。

11.15　ロマンス諸語の定冠詞の主格形は次の通りである。

性＼数		ポ語	ス語	フ語	イ語	ダ語	ル語
sg.	m.	o	el	le	l' lo il	el	-(u)l
	f.	a	la	la	l' la	la	-(u)a
pl.	m.	os	los	les	gli i	i	-i
	f.	as	las	les	le	le	-le

　ポルトガル語に l- が欠けていたり，イタリア語に多くの変異形があるのはいずれも音声的理由に寄るものである。ルーマニア語を除く全ての言語の場合も，ラテン語の指示形容詞 ILLE 及びその他の指示形容詞の対格から派生している点，及び，これらの定冠詞が実詞に前置される点が共通した特徴であるが，ルーマニア語の場合，同様に ILLE 類から派生してはいるものの，必ず実詞に後置されしかも接尾される点，並びに，名詞の格変化に呼応して主・対格用形(base form)と与・属格用形(case form)の異る2種類の定冠詞がある点が，他のロマンス諸語の場合と大きく異る。

　所有形容詞・指示形容詞・形容詞的冠詞など意味上類似した品詞がルーマニア語では一様に名詞に後置される点は注目に価するのであるが，ラテン語では，そして Aebischer の言う articoloide の時代には特に，HOMO ILLE BONUS という語順も ILLE HOMO BONUS という語順同様一般的であったことが思い出される。だから，例えばスペイン語に例を求めれば，Alfonso el Sabio(賢王アルフォンソ)などという表現もある。この様になったのは，"弁慶がな"式の変則分割によって，HOMO-ILLE BONUS となったと考えられる。そして，ルーマニア語だけが他のロマンス語と異り，後倚形

— 245 —

を使っているのであるが，その後倚形に決定されるに至ったきっかけは多分に偶然的要素も作用したとは思うが，又同時に，現代スペイン語では指示形容詞の後置形の方が前置形よりも意味が強いという例が示す通り，いわゆる"意味のインフレ現象"の結果でもあろうし，又同時に，同様に後倚定冠詞を有すブルガリア語とアルバニア語の影響は否定できないであろう。後倚形という形式のみならずその用法も，例えば前置詞に支配される名詞には定冠詞を用いないなど，ブルガリア語とアルバニア語と類似していて，特に後者との類似はいちじるしい。

ルーマニア語の定冠詞は，名詞の場合と同様，base form と case form とを区別しなければならないが，男性単数の case form は lui であり，*IL-LUIUS＜ILLIUS にさかのぼる。次の特異点は，決して前置詞と縮約しないことである。それは定冠詞が例外なく後倚的だから当然のことである。定冠詞と前置詞が縮約しない次の言語は，スペイン語である。14世紀には para と el が結合した paral という形もあったが，現代語では a と de の2つが el と縮約するのみである。次はフランス語で，au, aux, du, des の4コであり，ポルトガル語やイタリア語は，それぞれ16コと28コで飛び抜けて多い。

ルーマニア語の定冠詞に関する次の特徴として，ポルトガル語にも例を見ないでもないが，地名・人名とともに用いられるということを指摘できよう。スペイン語でも女性の人名には時として定冠詞が用いられるが，限られた例である。ルーマニア語の場合，女性の人名とともに用いられる場合がはるかに多い。Marie, Ileană, Ioană などは通常，Maria, Ileana, Ioana の如く定冠詞付きで用いられる。男性の人名の場合も Ionescu, Georgescu, Popescu などの姓を表す -u は定冠詞の名残りであるが，全ての姓を表す男性の名詞が定冠詞を取るわけではなく，Staicuţ の様な例もある。地名の女性名詞にも通常は定冠詞が付いているが，スペイン語では定冠詞を削除する傾向にあるのと対照的である。Românie-România Spanie-Spania Franţă-Franţa Japonie-Japonia などすぐ思い付く例をあげたが，各対の後者か定冠詞付き

第11章　ルーマニア語の特異性について

の形であって，独立して用いられるのは普通後者である。これらの地名に形容詞が前に来るとその形容詞に定冠詞が付いて，地名の名詞からは定冠詞が落ち，例えば frumoasa Românie（美しいルーマニア）の如くなる。

又，反対に男性の地名名詞は通常定冠詞をともなわないが，それが主語になったり，限定詞によって修飾された場合は例外である。例えば，Bucureşti（ブカレスト市）は，独立した時は今書いたように言われるが，これが主語になり，スペイン語の Bucarest es la capital de Rumania というのは，ルーマニア語で Bucurştiul este capitala României と言う。

11.16 ルーマニア語の場合，形容詞と副詞の関係も特殊である。-esc という接尾辞を有する形容詞から，その接尾辞の代りに -eşte という接尾辞を付けることにより，同じ意味の副詞が得られる。例えば，femeiesc（女の様な）──→femeieşte（女の様に）。この -eşte はアルバニア語の -isht に由来する。例えば，

　　　　tshobanisht ── ciobăneşte （ジプシー風に）
　　　　turqisht　　── turceşte　 （トルコ風に）

形容詞から副詞を作る第2の方法として，-âş 又は -aş を付加する方法がある。例えば，chior（近視の）── chiorâş（近視眼的に）。

第3の方法は，様態の形容詞に -mente（MENS の奪格）を添加することによって得られる。これはルーマニア語以外のロマンス諸語で一般に行われる方法であり，今日のルーマニア語にこの形態を見るのは，フランス語やイタリア語から新造語法を借用した結果である。MENS が女性であるから前にくる形容詞を女性形にするのは，スペイン語などにも見られる現象である。

さて，"ロマンス語"という時の Romance が ROMANUS の奪格に由来することは周知の通りである。ラテン語で PARLARE（又は LOQUI），ROMANICE（ローマ風に話す）という時，ルーマニア語では a vorbi româneşte, a vorbi limba română, a vorbi romana の3通りの言い方があ

る。Alf Lombard(1974)によれば最初の表現方法が一番普通だと言う。ポルトガル語・スペイン語・フランス語・イタリア語ではそれぞれ，falar rumeno, hablar rumano, parler roumaine, parlare rumeno の如く無冠詞である。今無冠詞と言ったが，言語名は，実はロマンス諸語の場合，起源的には副詞又は形容詞のはずである。スペイン語では中世初期には fablar romance という表現しか無く，まだ国名に一致した言語名ができていなく，romance は副詞のはずである。español(古形は españon)が国又は地方の形容詞として用いられるのは10世紀頃からであるが，言語を指すのはずっと後である。ところがスペイン語の副詞は -mente を付加する場合が多い為に，romance という形態も次第に名詞と考えられ，時を同じくして castellano などという形容詞的な言語名ができたのであるが，副詞や形容詞に定冠詞を冠す習慣が無いのをそのまま受け継いでいるのである。Aquí se habla español と言えば"ここではスペイン語が通じる"という意味だが，español を lo に置き代えて *Aquí se lo habla と言えないということはやはり形容詞又は副詞起源，より正確には ablativo 起源だからである。(否，もしかして，"hablativo" かも！)

ルーマニア語の場合，言語名を表す -eşte の接尾辞を有す副詞が，a şti (知る)，a înţelege (理解する)，a învaţa (学ぶ)などの動詞の補語として用いられることは，副詞の名詞化が今日でも行われている特異な現象である。これと同じ様な語法は現代スラブ語にもある。Alf Lombard(1974)によると，フランス語の Je sais le roumain はルーマニア語では，Ştiu româneşte とも Ştiu româna とも Ştiu limba română とも言える。同様に，Je comprends le roumain は Înţeleg româneşte でも Înţeleg româna でも Înţeleg limba română でも良い。又，J'apprends le roumain は，Învaţ româneşte や Învaţ româna や Învaţ limba română の3通りの言い方が可能である。

この項目に関して，ルーマニア語は守旧的であると同時にスラブ語的であると言える。

第11章　ルーマニア語の特異性について

11.17 ルーマニア語の前置詞の特徴は，base form 支配と case form 支配の２種類があることである。とは言え，目的語が名詞の場合は，その被支配格の区別は不明瞭かつ不必要であるが，代名詞の場合は必要である。ルーマニア語の base form 支配の前置詞のうち主なものは次の通りである。

　　către(＜CONTRA), spre(＜SUPER), cu(＜CUM), de(＜DE),
　　despre(＜DE SUPER), după(＜DE POST), fără(＜FORAS),
　　în(＜IN), între(＜INTER), la(＜ILLAC), lânge(＜LONGUM AD),
　　pe(＜SUPER), peste(＜PRAE SPRE), pentru(＜PRINTRU),
　　prin(＜PRAE IN), pâna(＜PAENE AD), printre(＜PRAE INTER),
　　sub(＜SUB)など。

これらがラテン語の対格支配の前置詞を基本にできていることは明白である。

　ラテン語の格がロマンス諸語では融合した結果，ルーマニア語では２つの格が残り，フランス語においても比較的遅くまで２格の形態的差が残ったとは言え，現代ではフランス語でも他のロマンス諸語でも格の区別は無くなったので，ルーマニア語以外のロマンス語を云々する時に de の支配する格を心配する必要はないわけであるが，DE は元々奪格支配の前置詞であり，ラテン語の奪格はルーマニア語においては主格と対格に吸収されて base form を形成しているところからして，ラテン語の DE に由来するルーマニア語の前置詞 de が base form 支配の前置詞であるのは当然である。de は意味的類推から一般に属格と思われていて，その結果 case form 支配と思われがちであるが，間違いである。そして，この前置詞 de を使った次の様な前置詞句が base form 支配となるのは当然と言えよう。

(in) afară de, alături de, aproape de, departe de, dincoace de, dincolo de, înainte de, vizavi de, faţă de, timp de など

　これらの前置詞句が表す意味と同一の意味を表すロマンス諸語の前置詞(句)の形態は一致しないが，通常は de を含んでいる。ルーマニア語の特異性として言えることは，全てラテン語の形態素を用いてはいるが，個々の形

— 249 —

態素の意味を時には補強したり，時には微妙な意味を出す為に多くの形態素を複合的に使用する傾向にあるということである。

"～のお蔭で"という意味を表すルーマニア語の3つの前置詞 datorită, graţie, mulţumită は，たいていの場合，その目的語に case form を要求するが，目的語が人称代名詞の時は，与格の強形でなければならない。例えば"私のお蔭で"はルーマニア語では graţie mie となるが，ポルトガル語では graças a mim, スペイン語では gracias a mí, フランス語では grâce a moi, イタリア語では grazie a me となり，いずれの言語においても，いわゆる前置詞格の代名詞を用いていて，与格の意味はルーマニア語以外では AD という対格支配の前置詞によって表わされる。この様に，表面に現れた形態に不一致が見られても，その根底にあるものはあくまでもラテン語的であると言える。

次にあげるルーマニア語の11個の前置詞は，その目的語となる実詞に case form を要求するが，場合によっては，前置詞 lui を目的語との間に挿入する。

asupra (＜AD SUPRA), deasupra (＜DE AD SUPRA), de-a lungul (＜DE AD LONGUM ILLUM), dedesubtul (＜DE DE SUBTUM ILLUM), împotriva (＜IN protiva＝スラヴ語), contra (＜CONTRA), împrejurul (＜IN PRAE GYRUN ILLUM), înaintea (INAB ANTEILLAM), înăuntru (＜ILLAC INTRU ILLUM), îndărătul (＜IN DE RETRUM ILLUM), înapoia (＜IN AD POST ILLAM), etc.

これらの複合前置詞の語源は，împotriva の protiva がスラブ語起源であることを除けば，あとは全てラテン語に求められる。しかも，それらの分解された形態素的前置詞は悉く対格（又は奪格支配），即ち，ルーマニア語では base form 支配となってしかる可きなのに現実には case form 支配である。その理由は奪格＝case form という類推によるのだろうが，判然とは私には判らない。この項目に関して，ルーマニア語は極めて守旧的かつ迂言的・補強的であると言える。

第11章　ルーマニア語の特異性について

11.18　ルーマニア語の語彙の面では，Grigore Nandris(1969)によれば，ラテン語的要素は1/5だけであり，スラブ語的要素が2/5を占め，トルコ語・ギリシア語・ハンガリー語・アルバニア語の合計が2/5に達する程の特異性を示している。もっとも，スラブ語的要素が数的に多いとは言え，日常使われる単語はラテン語に由来するものの方が多く，スラブ系の単語及び形態素はラテン系に比して創造的ではないと言える。しかし，ロマンス諸語の中にあって，非ラテン的語彙が大部分を占めるのは，スペイン語の中のアラビア語彙は10％であるから，それ以上に特異な現象に違いない。

　形態面においては，語彙の様には多くの特異性はないかも知れないが，今まで見て来た如く，やはり特異と呼んでしかる可き現象があることは否定できない。もちろん，時にはフランス語やポルトガル語の方が特殊な形態を有している場合もあるが，全体的には他のロマンス諸語とは違う様相を呈しているのである。

　Sextil Puşcariu(1937)をはじめとして多くの学者が，ルーマニア語は"守旧的"だと言うが，名詞の格変化及び男・女・中の3性の存続というレティア・ロマン語以外の他のロマンス諸語に例を見ない2つの現象においては特に守旧的であり，私が上にあげた例の中には，守旧的と言える項目は実に多い。守旧的ということに関して，現在のルーマニア(古ダーキア)が一番遅くローマ帝国の版図に編入されたのに一番古い形態を保っているからといって，別にふしぎではない。ドナウ河以北のことのみを考えれば確かに遅れてはいたが，ルーマニア語の発生の地はドナウ河以南であり，その地はイベリア半島のローマ化と同じく，早くローマ化されていたのだから，中世に入ってある程度孤立した為に守旧的性格が強くなった。それは，ユダヤ人のスペイン語の場合と同じである。

　さて，1つの単語の為に他のロマンス諸語の場合より多い形態素を使っているのは，いわゆる，"インフレ現象"であり，それはドナウ河以南の地で数的に勝るブルガリア語・トルコ語・アルバニア語などの中でラテン語的なるものを死守し存続する為に，又意味をより明確・明瞭にする必要から生れた

方便であろうと思われる。

　又，ラテン語的なるものの保存に努めたとは言え，バルカン半島という地理的条件によって，隣接するアルバニア語やブルガリア語から受けた影響は決して否定できない。その際，造語法そのものはアルバニア語的あるいはブルガリア語的であっても，形態素が必ずラテン語であることが特異性の原点であり，他のロマンス諸語と比較した際に，最も特異な現象として目に映るのである。そして，アルバニア語やブルガリア語から強い影響を受けたその他は，Constantin C. Giurescu(1972)などの，ナショナリズムに立脚した根強い反対はあるが，やはり，ドナウ河以南のバルカン的言語風土に起因するところが多いと言える。

第12章　ラテン語からロマンス語へ

12.1 次の文はカエサルによる『ガリア戦記』(Bellum Gallicum)の冒頭の一部分である[1]。書かれたのは紀元前50年頃。いわゆる古典ラテン語である。

Gallia est omnis divisa in partes tres, quarum unam incolunt Belgae, aliam Aquitani, tertiam qui ipsorum lingua Celtae, nostra Galli appellantur. Hi omnes lingua, institutis, legibus inter se differunt.

次に，ローマニアの西端のポルトガル語から東端のルーマニア語までの，現代ロマンス語訳を示す。

12.1.1　ポルトガル語 "A guerra das Gálias"

A Gália, no seu conjunto, está dividida em três partes, de que uma é habitada pelos Belgas, a outra pelos Aquitanos, a terceira por aqueles que na sua própria língua se chamam Celtas e, na nossa, Gauleses. Todos estes povos diferem entre si pela língua, pelos costumes, pelas leis.

12.1.2　スペイン語 "La guerra de las Galias"

Toda la Galia está dividida en tres partes, de las cuales habitan una los belgas, otra los aquitanos y la tercera los que en su lengua se llaman celtas y en la nuestra galos. Todos éstos se diferencian entre sí por el idioma, las costumbres y las leyes.

12.1.3　フランス語 "La guerre des Gaules"

L'ensemble de la Gaule est divisé en trois parties: l'une est habitée par les Belges, l'autre par les Aquitains, la troisième par le peuple qui, dans sa langue, se nômme Celte, et, dans la nôtre, Gaulois. Tous ces peuples diffèrent entre eux par la langue, les coutumes, les lois,

12.1.4 イタリア語 "La guerra gallica"

La Gallia nel suo complesso è divisa in tre parti: la prima è abitata dai Belgi, la seconda dagli Aquitani e la terza da quelli che, nella loro lingua, si chiamano Celti e, nella nostra, Galli. Tutte queste popolazioni sono differenti tra loro per lingua, istituzioni e leggi.

12.1.5 ルーマニア語 "Războiul galic"

Gallia întreagă este împarţită în trei părţi, dintre care o parte este locuită de belgi, alta de aquitani, iar a treia de cei care în limba lor se numesc celţi, iar în limba latin ă galii. Aceste popoare se deosebesc între ele prin limbă, obiceiuri şi legi.

12.1.6 日本語訳『ガリア戦記』

　ガリアは全部で３つに分かれ，その一部分にはベルギー人が，別の所にはアキタニア人が，三番目の所には，自らのことばでケルト人と呼ばれ，我々のことばでガリア人と呼ばれる人達が住んでいる。これらの人達は全て，言語，習慣，法律が異なる。

12.1.7　もちろん，上に示した訳のみが正しいというわけではないが，ラテン語の原文とロマンス語の現代語訳がいかに異なるかを比較するのに大いに役に立つ。ロマンス語が俗ラテン語に由来することは否定できないが，俗ラテン語のまとまった文を求めることは殆ど不可能なので，古典ラテン語を用いざるを得ない。

　一見してラテン語の文は短く，ロマンス語の訳文は全て長いことが分かる。

　これは当然のことながら，ラテン語の文構造が総合的であるのに対して，ロマンス語の文構造が分析的であることによる。「分析的」というと一見スマートで聡明な感じがするが，教養のない一般大衆の話し言葉である「俗ラテン語」に由来する複合形を多用することを意味する。フランス語の翻訳文が最も長いのは，ロマンス語の中にあって最も分析的構造の言語である，すなわち，最も非ラテン的言語であることによる。上のロマンス語訳を見る

と，一般的に，格が消失して前置詞が多用されている。形式所相動詞が再帰動詞に取って代わられるなど，動詞の活用が単純化され，新たな活用・時制が誕生している。また，定冠詞・不定冠詞が誕生するなど，新たな品詞が生成した。指示機能が強化されている。語彙がラテン語起源のものから外来語を借用しているケースが増えてきている。ラテン語は，2000年経過した今日のロマンス語の姿とは大きく異なっていることが分かる。

12.1.8「ロマンス語」とは何か

「ロマンス語」は英語で"romance language(s)"と言われ，ラテン語そのものではない，「ローマ風の言語」という意味である。"romance"はラテン語の"ROMANICE"（ローマ風に）という副詞に由来する。476年に西ローマ帝国が崩壊すると，帝国の公用語で比較的統一が保たれていたと思われるラテン語が徐々に話されなくなり，旧属州では土着言語の影響を受けたり，帝国崩壊後に到来した言語の影響を受けたりして，ラテン語を話しているつもりが，実は「ローマ風に」しか話しているのではなかった。遅くても8世紀頃には，文字による統一のない口語ラテン語に由来する「ロマンス語」が誕生したと考えられる。上の『ガリア戦記』が書かれた紀元前50年から今日に至るまで2000年以上の年月が経っているわけであるが，現存するロマンス語の初出文献であり，842年2月14日という日付のある『ストラスブールの誓約』の中に既に，"prindrai"（私は取るでしょう）と"saluarai"（私は助けるでしょう）という，分析的未来形が現れていることからすると，8世紀の内には既に話し言葉としてのラテン語は消滅して，口語ロマンス語が誕生していたと言えよう。そして，どの言語もそうであるが，それ以来，常に発展・進化してきている。

12.2 言語はどのように変化するのか

言語は歴史的にどのように変化するのか。この問題は，それぞれの言語の歴史的背景によって異なるので，一般法則を打ち立てるのは困難である。ロマンス語も5つもあれば当然，地理的環境・歴史も異なるわけで，まとめて

話をすることができないケースもある。言語の変化の原因は様々であるが，紙幅の許す範囲内で，いろいろな角度から考察してみよう。

12.2.1 ローマ化の年代の差
12.2.1.1 守旧的な面

　ローマ軍が戦勝の結果，各地にラテン語をもたらしたのであるが，その年代の差がロマンス語内の差となって現れている場合がある。

　イベリア半島にラテン語がもたらされたのが最も早く，紀元前218年であり，ガリアにラテン語がもたらされたのは上述の『ガリア戦記』の後，すなわち紀元前50年頃であるが，今日のルーマニアにほぼ相当するダーキアにラテン語がもたらされたのは紀元105年になってからである。すなわち，ラテン語そのものに323年の歴史があるわけである。その間に当然，ラテン語内の変化が生じていた筈なので，例えばスペイン語とルーマニア語の間にはある程度の差異があることは予想される。ポルトガル語とスペイン語にはラテン語の関係代名詞単数属格"CUIUS"がそれぞれ"cujo"，"cuyo"という形態で関係形容詞として継承されているが，他の3つのロマンス語には関係形容詞というものがない。この現象の理由をLapesaはイベリア半島に古いラテン語が，すなわち，早期にラテン語が導入されたせいであるという。同様にLapesaは，比較を表すポルトガル語とスペイン語の副詞"mais"，"más"は古いラテン語の副詞"MAGIS"に由来するせいだとする。そしてフランス語とイタリア語の比較を表す副詞"plus"，"più"は新しいラテン語の副詞"PLUS"に由来するせいだと言う。これら4言語で終われば何も問題はないが，最も遅くにラテン語が導入されたルーマニアでは，Lapesaが古いラテン語の副詞という"MAGIS"に由来する"mai"を用いる。これは柳田国男が『蝸牛考』(1927)で述べた「方言周圏説」と同じような現象である。異なるのは，日本語の場合は京都を中心にして同心円を描くことに何も問題は無かろうが，広いローマニアの場合は，ローマのみが常に言語生活の中心であったわけではないということである。今日のルーマニアの基盤となったダーキアを征服したのはイスパニア出身の皇帝トラヤーヌスであ

第12章 ラテン語からロマンス語へ

る。ダーキアに入植したのは，イスパニア出身の退役軍人が多かったのではなかろうか。同様の例を次に幾つか示そう。

ラテン語	ポ語	ス語	フ語	イ語	ル語	ラテン語	意味
afflare	achar	hallar	trouver	trovare	afla	*tropare	発見する
equa	égua	yegua	jument	cavalla	iapă	iumentum	雌馬
fervere	ferver	hervir	bouillir	bollire	fierbe	bullire	沸騰する
formosus	formoso	hermoso	beau	bello	frumos	bellus	美しい
magis	mais	más	plus	più	mai	plus	より多く
plicare	chegar	llegar	arriver	arrivare	pleca	*arripare	着く

12.2.1.2 革新的な面

　ローマニアに関して，柳田国男の「方言周圏説」と同じような考えはMatteo Bartoli が "Saggi di linguistica spaziale" (1945)の中で唱えており，一見魅力的であるが，実は次の例に見られるように，旧ローマニアの周辺域において革新的現象も見られる。

　　ポ語　Amo (a) Maria.
　　ス語　Quiero a María.
　　フ語　J'aime Marie[2].
　　イ語　Amo Maria.
　　ル語　Iubesc pe Maria.
　　日語　私はマリアを愛している。

「特定な人間が直接目的語の時，前置詞が用いられる」この現象は，どう説明したらいいであろうか。フランス語は語順による分析的特徴を早くから出したが，総合語的特徴を保つ(ポルトガル語)，スペイン語，ルーマニア語は，"a" と "pe" というラテン語に由来する前置詞が新たな統辞的役割を果たしている。ちなみに，"amar" はラテン語の "AMARE" に由来し，ルーマニア語以外のロマンス語に継承されているが，ルーマニア語の "iubi" はドイツ語の "lieben" と語源を同じくするスラヴ語の借用である。このような基本語彙さえスラヴ語からの借用語であることは，その影響の大

きさを物語るものである。

12.2.2 基層語の影響
12.2.2.1 ケルト語の音韻的影響

　フランス語(やオック語，レト・ロマンス語)には他のロマンス語にない発音［y］が存在する。それは「LUNA＞lune［lyn］（月）」に見られる現象であるが，これはケルト語の基層的影響であるという説がある。では，ケルト人が住んでいたところ全てにこの現象が見られるかというと，そうではない。ポルトガル語圏とスペイン語圏にもケルト人は住んでいた。「月」はポルトガル語とスペイン語ではそれぞれ，"lua"，"luna"であり，［y］とはならない。ガリアに住むケルト語の方言の影響であるという説があるが，古代ケルト語に /y/ という音素が存在したという積極的な証拠はないものの，ケルト人に占拠された北イタリアでも［-U-］＞［-y-］の現象が見られるのは事実である。

　ラテン語の「夜」と「8」はそれぞれ，"NOCTEM"と"OCTO"で，ポルトガル語では"noite"，"oito"，スペイン語では"notte"，"ocho"，フランス語では"nuit"，"huit"で，内破の［-K-］が［-i̯-］となる現象がケルト語の行われていた所で一様に見られる。これはいわゆる「ケルト語の弛緩現象」(Celtic lenition)と呼んで良い可能性がある。両方とも「口蓋化音」であるという共通点がある。

12.2.2.2 ケルト語の形態的影響

　フランス語の数詞"20"，"30"，"40"と"50"，"60"，"100"はそれぞれ"vingt"，"trente"，"quarante"，"cinquante"，"soixante"，"cent"であり，これらは全てラテン語に由来する。しかし"70"，"80"，"90"はそれぞれ"soisante-dix"，"quatre-vingts"，"quatre-vingts-dix"であり，形態素はラテン語に由来するが，形成法はケルト語的である。古フランス語では"60"は"trois-vingts"，"100"は"cinq vinz"，"120"は"six-vingts"，"140"は"sept-vingts"，"160"は"huit-vingts"，"220"は"onze-vingts"，"300"は"quinze-vingts"と言われ，20進法は一般的であった。ケルト語

第12章　ラテン語からロマンス語へ

の子孫であるゲール語やブルトン語にも20進法が今日残っていることからすると、フランス語の20進法はガリアのケルト語に由来する可能性がある。

12.2.2.3 ケルト語の語彙的影響

ラテン語には「馬」を表す単語が2種類あった。1つはラテン語起源の"EQUUS"で、それは「人が乗るための馬」の意味であった。あと1つはケルト語起源の"CABALLUS"で、それは「荷物を運ぶための馬」の意味であった。ところが"EQUUS"の規則的音韻変化の結果は"ego"、すなわち、"EGO"（私は）と同じ音形になってしまった。その結果、「人が乗る」・「荷物を運ぶ」という意味的差異が無視され"CABALLUS"が借用されて、今日ポルトガル語で"cavalo"、スペイン語で"caballo"、フランス語で"cheval"、イタリア語で"cavallo"、ルーマニア語で"cal"と言われている。これは同音衝突の結果、ケルト語彙が借用されているケースである。このように全てのロマンス語でケルト語彙が借用されている場合も有れば、そうでない場合もある。ポルトガル語、スペイン語、フランス語は「道」を表すのにケルト語起源の語彙を借用して、それぞれ、"caminho"、"camino"、"chemin"と言われるが、イタリア語とルーマニア語では、それぞれ、"strada"、"drum"（スラヴ語起源）である。「ビール」に関しては、ポルトガル語とスペイン語はケルト語を借用して、それぞれ、"cerveja"、"cerveza"と言い、フランス語、イタリア語、ルーマニア語はラテン語の"BIBERE"（飲む）を継承して、それぞれ、"bière"、"birra"、"bere"と言い、一様でない。イベリア半島の2言語がケルト語彙を多く継承しているのが特徴であるが、それは紀元前6世紀頃イベリア半島にケルト人が居住を開始し、ケルト人がイベリア半島に多かったことによるのであろう。

12.2.3　傍層語

12.2.3.1　ゲルマン語

ゲルマン民族はゴート語やフランク語を話していた。カール大帝が日常用いていたのはフランク語であり、ラテン語は理解できなかった。支配者のラテン語能力が影響を及ぼした例を見てみよう。「白い」を表すラテン語の形

容詞には"ALBUS","CANDIDUS"という2語があって，前者は「艶のない白」を表し，後者は「艶のある白」を表していた。しかし，今日ロマンス語で「白い」は，ポルトガル語"branco"，スペイン語"blanco"，フランス語"blanc"，イタリア語"bianco"である。これらの単語は「艶」の有無を表さないゲルマン語の"blank"に由来している。観点・価値観が変化した結果である。ゲルマン族の支配を受けなかったルーマニア語は"alb"を継承している。

　ゴート語は好戦的な語彙が多い。ラテン語の「戦争」は冒頭の『ガリア戦記』に出てくる"BELLUM"であるが，「綺麗な」という意味の形容詞が"BELLUS"で，同音衝突を起こした結果，英語の"war"（戦争）と同じ語源のゴート語の単語が，ポルトガル語"guerra"，スペイン語"guerra"，フランス語"guerre"，イタリア語"guerra"のように借用されている。ルーマニア語は同音衝突の問題はなかったのに，スラヴ語から"război"（語源は「人殺し」の意）を借用した。それだけ，ルーマニア語においてはスラヴ語の影響が強かった訳である。

12.2.3.2 アラビア語

　アラビア語は711年にイベリア半島に上陸する。「アラビア語」とは言え，イベリア半島にアラビア語をもたらすのに影響を及ぼしたのは，ベルベル人である。元々ハム系の言語を話すコーカソイドのベルベル人（不幸にもギリシア語で「野蛮人」の意，ベルベル語では「イマズゲン」と呼ばれ「自由な民」の意である）がセム系のアラビア語を学び，2言語併用者として，イベリア半島に文字を介さないで，口語アラビア語をもたらした。特にベルベル人が築いた王朝であるムラービト朝（1056〜1147）のベルベル人によるアラビア語がポルトガル語とスペイン語に語彙的影響を及ぼした。「砂糖」は，ポルトガル語では"açúcar"，スペイン語では"azúcar"，フランス語では"sucre"，イタリア語では"zucchero"，ルーマニア語では"zahăr"である。この単語はギリシア語源のアラビア語経由の借用語であるが，イベリア半島では"al-"という定冠詞つきで借用されている例が多く，フランス語，イ

第12章　ラテン語からロマンス語へ

タリア語，ルーマニア語は定冠詞がついていない例が多い。学術用語の「アルコール」と「代数」は，それぞれ，ポルトガル語では"álcohol", "álgebra, スペイン語では"álcohol", "álgebra, フランス語では"alcool", "algèbre", イタリア語では"alcool", "algebra, ルーマニア語では"alcool", "algebră で，定冠詞つきの例外もあるが，一般的にイベリア半島には定冠詞つきの借用語が多いのは，アラビア語を外国語として学んだベルベル人からスペイン人が口語を通じて借用したせいである[3]，という意見は捨てがたい。

12.2.3.3 ルーマニア語の語彙

ルーマニア語のみ語彙が異なる場合が多い。ルーマニア語の語彙の特徴は，時代順に，スラヴ語，ギリシア語，ハンガリー語，トルコ語，そして近代になってから，フランス語と英語からの借用語が多いのが特徴である。ルーマニア語は他の4つのロマンス語と異なる特別な様相を呈している。それは地政学的・歴史的特徴と決して無縁ではない。「はい」という受諾の返事はポルトガル語"sim"，スペイン語"sí"，フランス語"oui"，イタリア語"sì"，でフランス語が特異な形態であるがラテン語の"HOC ILLE"に由来し，ポルトガル語，スペイン語，イタリア語はラテン語の"SIC"に由来するが，ルーマニア語はスラヴ語を借用して"da"と言う。

スペイン語にハンガリー語の"kocsi"（馬車）に由来する"coche"（車・馬車）という変わり種があるが，隣接言語であるハンガリー語からの借用語彙はルーマニア語には多い。

12.2.3.3.1 スラヴ語

ラテン語で「友」は"AMICUS"であり，基本語彙であるが故に，ロマンス語で継承されているのは当然である。ポルトガル語とスペイン語では"amigo"，フランス語では"ami"，イタリア語では"amico"であるが，標準ルーマニア語では基本語彙であるにもかかわらず，スラヴ語に由来する"prieten"が用いられて，ラテン語に由来する"amic"は殆ど用いられない。"boală"（病気），"bogat"（裕福な），"citi"（読む），"coborî"（下りる），

"drag"(親愛なる), "icoană"(イコン), "nevastă"(妻), "sfânt"(聖なる)などはスラヴ語に由来する。

12.2.3.3.2 ギリシア語彙

「バラ」はラテン語で"ROSA"であるが，ポルトガル語"rosa"，スペイン語"rosa"，フランス語"rose"，イタリア語"rosa"，ルーマニア語はギリシア語に由来する"trandafir"(語源は「30枚の花びら」の意)である。"ROSA"と同語源のルーマニア語の単語は"roşu"(赤い)である。"frică"(恐怖)，"proaspăt"(新鮮な)，"scop"(目的)，"sterp"(不妊の)などもギリシア語源である。実は"zahăr"(砂糖)はギリシア語からの直輸入である[4]。

12.2.4 音韻変化

12.2.4.1 名詞

言語音は弛緩と緊張の繰り返しの歴史をたどる。弛緩の最終的結果は音形の短縮・消失なので，反動として緊張・強化が生じる。ラテン語の「水」"AQUA"は弛緩してポルトガル語とスペイン語では"agua"となり，フランス語では更に弛緩して"eau"[o]となった。このフランス語の短音節化が最も弛緩した例である。ちなみに，「水」はイタリア語では"acqua"，ルーマニア語では"apă"である。ルーマニア語は[-K-]＞[-p-]が特徴的である。

音形の緊張・強化に関しては，発音による場合もあるが，接辞を用いた形態的な場合もある。ラテン語で「太陽」は"SOL"であるが，フランス語では縮小辞を用いて"soleil"とし，適切な長さにした。同様の例はイタリア語において"fratello"(兄弟)，"sorella"(姉妹)の基本語彙にも見られる。それぞれ，ラテン語の"FRATER"，"SOROR"に由来する。

12.2.4.2 動詞

ラテン語で「私は保持する」は"TENEO"である。ポルトガル語では"tenho"，スペイン語では"tengo"，フランス語では"tiens"，イタリア語では"tengo"であるが，ルーマニア語では"ţin"である。ポルトガル語のみがラテン語の発音を忠実に保持している。スペイン語とイタリア語にラテ

第12章　ラテン語からロマンス語へ

ン語からかけ離れ，通常の音韻変化では生じないはずの［-go］が生じているのは，音節境界が変動し，"-go"が［-go］を表す文字として誤解されたこともあるが，例えばスペイン語の場合，基本語彙である"hago"＜"FACIO"の類推作用も大きな影響を与えたと思われる。動詞の音形変化には，単なる音韻変化の他に，音形の類推作用も大きな役割を果たす場合が多い。

　西暦紀元2世紀頃の口語ラテン語において，母音間閉鎖音［-b-］が摩擦音［-v-］に変化すると，人称によっては未来形と完了形の区別がつかなくなった。すなわち，"AMABIT"（彼は愛するだろう）と"AMAVIT"（彼は愛した）は，発音上区別できなくなった。未来と完了の区別がつかなくなった結果，迂言的完了が誕生した。文法の一角が崩れるとそれに付随して他の文法変化が発生する。ラテン語の過去完了"AMAVERAM"がスペイン語で音形が短縮されて接続法過去"amara"になったり，ラテン語の接続法過去"CANTAVISSEM"がルーマニア語では直説法過去完了"cântasem"になっている。

12.2.4.3　各ロマンス語の発音の特徴

　我々は日本語において"l"と"r"の区別をしていない。従って外国語を学ぶ際に，幾分努力を要するわけである。アメリカ人は"Rots of ruck!"といって日本人の発音を揶揄する。もちろん"Lots of luck!"（幸運をお祈りします）という発音が十分にできない日本人の発音を茶化したものである。ポルトガル人はロマンス語話者の中にあって唯一，"l"の習得に失敗した。"branco"＜"blank"（「白い」という意のゲルマン語），"obrigado"＜"OBLIGATUS"（「義務を負った」という意のラテン語）などの基本語彙に見られるように，ポルトガル人は"l"の発音ができるにも関わらず，"r"に置き換えている[5]。また，"DOLOREM"＞"dôr"（苦痛），"COLOREM"＞"côr"（色），"FILUM"＞"fio"（糸）などにおいては語中の"l"が発音されないし，"LUNAM"＞"lua"（月），"BONAM"＞"boa"（「良い」の女性形），このような単語においては，語中の"-n-"が発音されない。

— 263 —

ローマニアの最果ての地において言語教育の中心地とのコミュニケーションがうまく取れなかったことが原因であろう。その最たる現象は，定冠詞の"l-"が発音されないことである。

例えば「作る」と「葉」はラテン語で，それぞれ"FACERE"，"FOLIAM"である。ポルトガル語では"fazer"，"folha"，フランス語では"faire"，"feuille"，イタリア語では"fare"，"foglia"，ルーマニア語では"face"，"foaie"であるが，スペイン語は，それぞれ"hacer"，"hoja"である。

スペイン語は語頭の"F-"を継承することなく，書記上は"h-"に置き換えられ，その"h-"も実際には1515年以降は発音されていない。従って，「煙」はラテン語で"FUMUS"であるが，スペイン語では"humo"である。ただし，"fiesta"（祭り），"fuego"（火），"flor"（花）のような，発音にエネルギーを要する二重母音や子音が後続する場合は，"f-"が保存されている。また，コロンブスによってもたらされた「タバコを吸う」という概念は，ラテン語の「煙」"FUMUS"から"fumar"という単語を造り出した。これらは例外であるが，「"F-" ＞ "h-"」という弛緩現象は，"f-"音を有せず，ラテン語の"f-"音を"p-"音で代用していたバスク語の影響であるという説が長年成されている。

実は，日本語にも同じような現象がある。古今和歌集に「梅(むめ)の花見にこそ来つれ鶯のひとくひとくと厭ひしもをる」という和歌があるが，「ひとくひとく」は「人来人来」と「ぴーちくぴーちく」の掛詞である。つまり，[p] と [f] は全く異質な発音とは思われていなかったことを物語る現象である。室町時代のなぞなぞに「父には一度も会はざれど，母には二度会ひたりき」とあり，「母」が [fafa] と発音されていたことを物語っている。現代日本語では [haha] である。現代日本語では [h] の喉での摩擦が弱まる傾向にあるように思われる。日本語にバスク語の影響があるはずがないので，スペイン語でも構造内変化の結果，弛緩化が生じたのではあるまいか。これは多くの言語に見られる「調音の経済性」とも呼べる現象でもある。

尤も，そのきっかけがバスク語でなかったとは断言はできない面がある。

第12章　ラテン語からロマンス語へ

というのは，バスク地方に隣接するフランスはガスコーニュ(Gascogne＜VASCONIA「山間の森林の地」の意)においても「"F-"＞"h-"」という同じ現象が見られるからである。「"F-"＞"h-"」の弛緩現象が確定するには，日本語の場合もスペイン語の場合も同様に，数世紀を要した。

12.2.4.4 音位転換

　日本語の「荒田し(aratasi)」→「新しい」(atarasii)，「山茶花(sanzaka)」→「山茶花(sazanka)」，「秋葉原(akibahara)」→「秋葉原(akihabara)」，「シミュレーション」→「シュミレーション」や，英語の「鳥(bird＜brid)」，「3番目の(third＜thrid)」などは直ぐに思いつく「音位転換」の例であるが，ロマンス語にも同じ現象が存在する。スペイン語で「忘れる」は"olvidar"であるが，フランス語では"oublier"であり，イタリア語では通常は別語源ではあるが，"obliare"が存在し，ルーマニア語では"uita"で，これらはラテン語の"*OBLITARE"に由来する。この場合，スペイン語のみが「音位転換」を起こしている。ポルトガル語で「地区」は"bairro"で，スペイン語では"barrio"で，共にアラビア語の"barri"(郊外)に由来し，ポルトガルに「音位転換」が見られたり，フランス語の"fromage"(チーズ)は"FORMATICUM"に由来するので，他のロマンス語にも例がないわけではないが，"CREPARE"＞"quebrar"(壊す)，"corbata"(ネクタイ：語源的にはフランス語のように"cravate"が正しい)"RETINA"＞"rienda"(手綱)，"VENERIS"＞"viernes"(金曜日)の例のように，スペイン語には「音位転換」が他のロマンス語に比べて多い。

12.2.5 バルカン連合

　『ガリア戦記』のラテン語の原文には冠詞は存在しない。ラテン語の指示形容詞の指示機能が弱化してロマンス語の定冠詞が誕生したのであるが，ルーマニア語は"războiul"(男性単数形)，"Gallia"(女性単数形)の例に見られるように，名詞に後置される。ラテン語においては定冠詞の原形である指示形容詞は，名詞に前置される(ILLA LINGUA「その言語は」の意)ことも可能であれば，後置される(LINGUA ILLA「その言語は」の意)こ

— 265 —

とも可能であった。ルーマニア語のみ定冠詞が後置される理由は，「バルカン言語連合・バルカン的言語統一」(Balkanischer Sprachbund)で拍車がかけられたせいである。ちなみに，「友」と「国」に定冠詞をつけた例を示すと，ポルトガル語"o amigo", "a terra", スペイン語"el amigo", "la tierra", フランス語"l'ami", "la terre", イタリア語"l'amico", "la terra", ルーマニア語"prietenul", "țara"となる。

　ルーマニア語以外のロマンス語では不定詞が用いられるのに，ルーマニア語では接続法が用いられることが多い。「私はここで働きたい」は，

ポ語　Desejo trabalhar aqui.
ス語　Quiero trabajar aquí.
フ語　Je veux travailler ici.
イ語　Voglio lavorare qui.
ル語　Vreau să lucrez aici.

「私はうまく歌えない」は，
ポ語　Não posso cantar bem.
ス語　No puedo cantar bien.
フ語　Je ne peux pas chanter bien.
イ語　Non posso cantare bene.
ル語　Nu pot să cânt bine.

ルーマニア語で接続法が用いられているのは，バルカン半島における近隣の言語の影響である。

12.2.6 誇張

　言語によって変化の原因は異なる場合もあるが，共通している場合もある。日本でも数年前に一時，若い女の子達の間で「超きれい」というような表現が流行って，顰蹙を買ったことがある。「とてもうまく」はフランス語では"très bien"であるが，その語源をラテン語に求めれば"TRANS BENE"である。すなわち，「超うまく」と言っているに他ならないのである。これは誇張の例の一つであり，日本語とフランス語に原因が共通した例

であり，このような例は比較的多い。

12.2.7 ルーマニア語に特徴的な形態・文構造

　スラヴ語は6世紀頃から今日ルーマニア語と呼ばれる当時の俗ラテン語に影響を与える。発音，形態，語彙の面において他のロマンス語にない影響を与える。ここでは「格の保存」，「数詞の形成」，「未来形」についてのみ言及する。

　今日殆どのロマンス語で名詞の格は消失しているが，ルーマニア語のみ5つの格を保存している。とは言え，主格＝対格，属格＝与格なので，2種類，それに呼格を加えて，合計3つの格が存在する。これらの格はもちろんラテン語に由来するが，呼格はスラヴ語の影響で保存されている可能性が大である。"Petru"の呼格は"Petre"で"-e"はラテン語とスラヴ語の呼格と同じであり，"Ană"の呼格は"Ano"で，"-o"はラテン語には現れなく，スラヴ語と同じ音形なので，スラヴ語の影響は否定できない。

　ルーマニア語の数詞は11から19までと，20から90までの10の倍数の形態はロマンス語の中にあって特異である。「11」はポルトガル語"onze"，スペイン語"once"，フランス語"onze"，イタリア語"undici"で，ラテン語の"UNDECIM"に由来するが，ルーマニア語では"unsprezece"であり，形態素はラテン語(UNUS SUPER DECEM)に由来するものの，形成法は「10＋1」で，スラヴ語起源である。「20」はポルトガル語"vinte"，スペイン語"veinte"，フランス語"vingt"，イタリア語"venti"で，共にラテン語の"VIGINTI"に由来するが，ルーマニア語では"douăzeci"で，これも同様に形態素はラテン語(DUAE DECEM)であるが，形成法はスラヴ語である。ちなみに「100」はポルトガル語"cem"，スペイン語"ciento"，フランス語"cent"，イタリア語"cento"で，これらは全てラテン語の"CENTUM"に由来する。ルーマニア語では「100」は"o sută"で，スラヴ語起源である。このように，ルーマニア語の数詞の基本部分にスラヴ語の影響が随所に見られる。

　ラテン語の総合的未来形が消滅し分析形がロマンス語で誕生したことに上

で言及したが，ラテン語で「私は歌うでしょう」は"CANTABO"と総合的で，ポルトガル語では"cantarei"，スペイン語では"cantaré"，フランス語では"chanterai"，イタリア語では"canterò"[6]であるが，ルーマニア語では"voi cânta"である。ルーマニア語以外では"CANTARE+HABEO"という構造で一致を見るが，ルーマニア語の"voi"はラテン語の"VOLO"に由来し，発想としては英語の"will"に似ていて，ロマンス語の中にあっては異質である。これはスラヴ語の迂言的未来形の影響によるものと考えられる。

12.2.8 新世界からの借用語

コロンブスがもたらしたインディオの語彙に関して，例えば「チョコレート」のポルトガル語"o chocolate"，スペイン語"el chocolate"，フランス語"le chocolat"，イタリア語"il cioccolato"，ルーマニア語"ciocolata"のケースのように，性のみが異なり，元の音形をおおむね保存しているものもあるのだが，「ジャガイモ」のポルトガル語"a batata"，スペイン語"la patata"，フランス語"la pomme de terre"（「大地のリンゴ」の意），イタリア語"la patata"，ルーマニア語"cartoful"（元はイタリア語の「トリフ」を表す単語"tartufulo"を借用したドイツ語"Kartoffel"からの借用）の場合のように，また，「トマト」のポルトガル語"o tomate"，スペイン語"el tomate"，フランス語"la tomate"，イタリア語"il pomodoro"（「金のリンゴ」の意），ルーマニア語"pătlăgea roşie"（トルコ語の「ナス」"patlıcan"に「赤い」というラテン語の形容詞を付けたものであり，ちなみにルーマニア語の「ナス」"vânătă"はラテン語の"VENETUS"（青色の）というラテン語の形容詞を付け加えたものに由来する）の例のように，必ずしも元の音形を保っていないものがある。フランス語の「ジャガイモ」やイタリア語の「トマト」の場合に「禁断の木の実」である「リンゴ」という単語を使っている点は，さすがキリスト教国であると感心する。

12.3 西ロマンス語と東ロマンス語

イタリア半島のラ・スペツィア(La Spezia)とリーミニ(Rimini)を結ぶ線

第12章 ラテン語からロマンス語へ

(より正確には，マッサ(Massa)とセニガッリア(Senigallia)を結ぶ線)が，ローマニアを東西に分ける等語線(linea Massa-Senigallia)を形成している。ポルトガル語・スペイン語・フランス語が西ロマンス語と呼ばれ，イタリア語・ルーマニア語が東ロマンス語と呼ばれる。なぜこの地域が統語線を形成するかは，実のところ明確には分からない。管見では，この境界線は，日本の「糸魚川−富士川ライン」を形成する大地溝帯(Fossa magna)に相当するようなものがあったわけではないが，ケルト人の居住域とゲルマン人の支配地域の境界域であったことが関係していると思われる。ルビコン川が近隣にあり，帝政ローマ以前の境界を構成することも事実である。またゴシック美術の南北の境界線と一致している点は面白い。

12.3.1 アクセントのある音節の次の母音が西ローマニアでは消失するが，東ローマニアでは保存される。

ラテン語	ポ語	ス語	フ語	イ語	ル語
fraxinum(トネリコ)	freixo	fresno	frêne	frassino	frasin
pectinem(櫛)	pente	peine	peigne	pettine	pieptene

12.3.2 母音間無声音 "-P-"，"-T-"，"-K-" が西ローマニアでは有声化するが，東ローマニアでは無声音のままである。

ラテン語	ポ語	ス語	フ語	イ語	ル語
ripam(岸)	riba	riba	rive	ripa	râpă
mutare(変える)	mudar	mudar	muer	mutare	muta
amicum(友)	amigo	amigo	ami	amico	amic

12.3.3 語末の "-S" は西ローマニアでは保存されるが，東ローマニアでは "-i" に変化する。

ラテン語	ポ語	ス語	フ語	イ語	ル語
cantas(君が歌う)	cantas	cantas	chantes	canti	cânţi
duos(2)	dois	dos	deux	due	doi
tres(3)	três	tres	trois	tre	trei

品詞に関わりなく同じ現象である点に注目するべきである。

12.3.4 内破の"-K-"は西ローマニアでは「ヨッド」となるが，東ローマニアではほぼ内破音のままである。

ラテン語	ポ語	ス語	フ語	イ語	ル語
lactem(牛乳)	leite	leche	lait	latte	lapte
noctem(夜)	noite	noche	nuit	notte	noapte
octo(8)	oito	ocho	huit	otto	opt

　ポルトガル語，スペイン語，フランス語の場合は一致して，ケルト語の「弛緩現象」の影響を受け継ぐものではないと断定はできないが，「内破音の弱化」は多くの言語に共通した現象である。イタリア語とルーマニア語はまさにそのケースである。

12.3.5 語頭の音連鎖「S-+子音」は，西ローマニアでは"e-"が添加されるが，東ローマニアではそのままである。

ラテン語	ポ語	ス語	フ語	イ語	ル語
scholam(学校)	escola	escuela	école	scuola	şcoală
spinam(棘)	espinha	espina	épine	spina	spin
spiritum(魂)	espírito	espíritu	esprit	spirito	spirit

12.3.6 名詞は西ローマニアでは対格から派生したものが多いが，東ローマニアでは主格から派生したと考えられるものが多い。

ラテン語	ポ語	ス語	フ語	イ語	ル語
capras(多くのヤギ)	cabras	cabras	chèvres	capre	capre
homines(多くの人)	homens	hombres	hommes	uomini	oameni
lupos(多くの狼)	lobos	lobos	loups	lupi	lupi

　ちなみに，ルーマニア語の"capre"，"oameni"，"lupi"は，それぞれラテン語の主格"CAPRAE"，"HOMINES"，"LUPI"に由来する。

12.4 結語

　言語が変化する理由は実に様々である。いかなる言語にも本来，相互理解を容易にするために，変化しないでいようする面と，それと反対に，努力し

第12章　ラテン語からロマンス語へ

なければ自然に変化してしまう面とが備わっていると考えられる。だから，ラテン語に由来するロマンス語という姉妹言語の中に共通性があるのは，言語として当然であるが，共通性がない場合があるのもまた当然である。

　筆者の貧しい食生活を支えるある食堂で働く中年の婦人は，敬意を込めてのことだろうか，注文を訊く祭に「何になさいましょうか」と言う。敬語と謙譲語を併用していることに気がついていなく，上品過多語法(hyperurbanism)を用いているのである。又，別の食堂では「ハム&エッグ」と書いてある。これは明らかに「ハム&エッグ」のことであるが，"&"が"et"を表していることを正確に知らずに使っているのである。これは「無知」に起因する過ちである。近年「ラ抜き表現・千円からお預かりします」といった若者表現が云々されている。このような問題は，もちろん言語の構造の差故に，ロマンス語にはない。しかしながら，言語は生きものなので，壮年層と若年層には何語においても一定のギャップが存在する。言語が変化する原因は主として判断力・知力の面において劣る社会階層にあるという説がある。テレビの無い生活が考えられない最近は「有名タレントの話し方の模倣」による言語変化を付け加える必要があるであろう。知的レベルはある程度高いと思われる医師がテレビ番組で「運動してダイエットする」といった表現を平気でする。多くの人が「ダイエット」とは「痩身」のことだと思っているようである。本来の「制限食・減食」のつもりでいると，話がかみ合わないことが多々あるが，これは言語変化は「川の流れのように」低きに流れる模範的な例である。もちろん，それと反対の流れである，「向上心」も言語活動には見られるので，言語変化の原因は様々である。

　本書では主として，ラテン語からロマンス語に移行し，そのロマンス語の中世初期から近代に至る頃までの，大きな興味のある変化に限定して論述した。言語変化の根底には音韻変化があることは否定できない。その音韻変化は，その言語の構造内で自然に発生する場合もあれば，外的影響で偶発する場合もある。口語ラテン語における音韻変化は既に西暦紀元2世紀頃から発生していた。例えば，一つの音素が変化すればそれに伴って他の音素が影響

を蒙る。音韻構造に変化が生じると，必然的に形態面に影響が出るのであるが，文構造においても影響は必然で，語末の発音が弛緩して開音節化し，その結果，格が曖昧になり，名詞の場合は前置詞を必要とし，動詞の場合は総合から分析へと変化し，複合形が誕生せざるを得ない。

　西ローマ帝国の崩壊は476年であり，それまでは比較的統一されたラテン語が行われていたものと思われる。口語ラテン語には当然地方差が芽生えていたであろうが，元は一つであったラテン語の発音，語構造，文構造，語彙の分野において，それぞれの地方で，異なる時代に，少しずつ変化が生じたために，7・8世紀にロマンス語が誕生した。ロマンス語の誕生はキリスト教の布教と密接な関係にある。新約聖書はギリシア語で書かれていたので，宗教分野におけるギリシア語の借用は多い。ギリシア語は古くは古典ラテン語に多大な影響を与えていた。後にルネッサンスの時代にも，また近代科学の時代にもギリシア語はロマンス諸語に語彙的影響を与えている。キリスト教国にあってアラビア語の語彙的影響も大きい。711年にイベリア半島に姿を見せたアラビア語は1492年に姿を消すまで，ポルトガル語とスペイン語には約5,000語くらいの語彙を残している。音韻変化・語形変化・構文上の変化に加えて，ローマ帝国崩壊の原因となったゲルマン人の言語を初めとする外来語の借用で，ロマンス語の語彙に大きな変化が生じた。

　ラテン語からロマンス語への移行の歴史はキリスト教の普及の歴史と共にある。一方において，一般大衆に迎合して音形も崩れ，大衆に理解しやすい迂言表現・比喩が増大した。しかし，他方においては，聖ヒエロニムスによって4世紀末頃に成されたラテン語訳聖書『ウルガータ』と，教会の絶大な影響でロマンス諸語の「ラテン語性」が保たれた面も大きいと言える。冒頭に示した『ガリア戦記』のラテン語の原文と現代ロマンス語訳の異なる理由が，理解していただけたのではないだろうか。

〔注〕
(1) 本書8.2。
(2) ロマンス語の中にあって唯一フランス語で主語の人称代名詞が用いられるのは，活用

第12章　ラテン語からロマンス語へ

語尾の発音が曖昧になって人称を特定できなくなった結果，中世に復活し，16世紀以降確立したものである。
(3) Elia (1979) 107頁。
(4) 伊藤太吾 (2001) 109頁。
(5) 「拍車」はポルトガル語で"espora"でゲルマン語"sporo"に由来し，"r"を正しく継承しているが，スペイン語では接尾辞"-uela"の影響で"espuera"が"espuela"となっている。これは無知・誤解に基づく「矯正過多・過剰矯正・過剰修正」の結果である。
(6) 伊藤太吾 (2003) 81頁。

ロマンス言語学の基本的な参考書

　次に示すロマンス言語学の参考書は，原則として基本的で比較研究をした単行本に限った。それらの参考書にも参考書が載っているので，更に多くの参考書を知ることができるであろう。

[洋書]

Agard, F. B. (1984): A Course in Romance Linguistics, 2 vols., Washington D. C.
Anderson, J. M. et al. (1972): Readings in Romance linguistics, The Hague.
Auerbach, E. (1959): Introduzione alla filologia romanza, Torino.
Auerbach, E. (1961): Introduction to Romance languages and literature, New York.
Bal, W. (1966): Introduction aux études de linguistique romane, Paris.
Bartoli, M. (1945): Saggi di linguistica spaziale, Torino.
Battisti, C. (1949): Avviamento allo studio del latino volgare, Bari.
Bec, P. (1970-71): Manuel pratique de philologie romane, 2 vols., Paris.
Bourciez, E. (1967): El éments de linguistique romanes, Paris.
Boyd-Bowman, P. (1980): From Latin to Romance in sound charts, Georgetown.
Camproux, Ch. (1974): Les langues romanes, Paris.
Canfield, D. L. et al. (1975): An introduction to Romance linguistics, Illinois.
Casagrande, J. et al. (1972): Generative studies in Romance languages, Rowley.
Coseriu, E. (1977): Estudios de lingüística románica, Madrid.
Coteanu, I. et al. (1959): Recueil d'études romanes, Bucureşti.
Cressey, W. et al. (ed.) (1981): Linguistic symposium on Romance languages, Washington.
Deferrari, H. (1954): The phonology of Italian, Spanish and French, Georgetown.
Díaz y Díaz, M. C. (1962): Antología del latín vulgar, Madrid.
Dietrich, W. (1973): El aspecto perifrástico en las lenguas románicas, Madrid.
Diez, F. (1973): Grammaire des langues romanes, Genève.
Elcock, W. D. (1975): The Romance languages, London.
Elia, Sílvio (1979): Preparação à lingüística românica, Rio de Janeiro.
Entwistle, W. J. (1962): The Spanish language, London.
Erich, A. (1965): Introduction aux études de philologie romane, Frankfurt am Main.
Farkas, D. (1982): Intensionality and Romance Subjunctive Relatives, Bloomington.
Gamillscheg, E. (1970): Studien zur Vorgeschichte einer romanischen Tempuslehre,

ロマンス言語学の基本的な参考書

Tübingen.
Gauger, H. M. (1989): Introducción a la lingüística románica, Madrid.
Goga, E. (1976): Lexicologie romanică, București.
Goga, E. (1980): Introducere în filologia romanică, București.
Grandgent, C. H. (1928): Introducción al latín vulgar, Madrid.
Hall, R. A. (1974): External History of Romance Languages, New York.
Hall, R. A. (1976): Proto-Romance Phonology, New York.
Harris, M. B. ed. (1976): Romance syntax: synchronic and diachronic perspectives, Salford.
Harris, M. et al. (1988): The Romance Languages, London.
Heatwole, O. W. (1976): Comparative practical grammar of French, Spanish and Italian, New York.
Hope, T. E. (1971): Lexical borrowing in the Romance Languages, 2 vols., Oxford.
Iorda, I. (1978): Études romanes dédiées à Iorgu Iordan, București.
Iordan, I. et al. (1970): An introduction to Romance Linguistics, Oxford.
Iordan, I. et al. (1962): Manual de lingüística románica, 2 vols., Madrid.
Jaeggli, O. (1981): Topics in Romance syntax, Dordrecht.
Joseph, B. (1983): The synchrony and diachrony of the Balkan infinitive, London.
Jungemann, F. H. (1956): La teoría del substrato y los dialectos hispano-romances y gascones, Madrid.
Lapese, Rafael (1968): Historia de la lengua española, Madrid.
Lausberg, H. (1970): Lingüística románica, 2 vols., Madrid.
Leonard, W. E. (ed.) (1980): Trends in Romance Linguistics and Philology, The Hague.
Löfsted, E. (1950): Late Latin, Oslo.
Luján, M. et al. (ed.) (1976): Current studies in Romance linguistics, Georgetown.
Lüdtke, H. (1974): Historia del léxico románico, Madrid.
Macrea, D. (1961): Probleme de lingvistică română, București.
Malkiel, Y. (1989): Theory and practice of Romance etymology, London.
Manoliu-Manea, M. (1971): Gramatica comparată a limbilor romanice, București.
Manoliu-Manea, M. (1985): Tipologie și istorie: elemente de sintaxis comparată românică, București.
Maurer, T. H. (1959): Gramática do latim vulgar, Rio de Janeiro.
Maurer, T. H. (1962): O problema do Latim Vulgar, Rio de Janeiro.
Mendeloff, H. (1969): A manual of comparative Romance linguistics, Phonology and Morphology, Washington.

ロマンス語概論

Meyer-Lübke, W.(1914): Introducción al estudio de la lingüística románica, Madrid.
Meyer-Lübke, W.(1973): Grammaire des langues romanes, 4 vols., Marseilles.
Millardet, G.(1977): Linguistique et dialectologie romane, Genève.
Monteverdi, A.(1952): Manuale di avviamento agli romanzi, Milano.
Muller, H. F.(1922): A chronology of Vulgar Latin, Halle.
Nandriș, G.(1952): The development and structure of Romanian, The Slavonic Review, No. 30
Nuessel, F. H.(ed.)(1978): Linguistic approaches to the Romance lexicon, Georgetown.
Nuessel, F. H.(ed.)(1980): Contemporary studies in Romance languages, Bloomington.
Niculescu, Al.(1969-78): Individualitatea limbii române între limbile romanice I, II, București.
Niculescu, Al. et al.(1975): Manual de lingvistică romanică, București.
Mihăescu, H.(1960): Limba latină în provinciile dunărene ale Imperium roman, București.
Olarte Ruiz, J. B.(1977): Glosas Emilianenses, Madrid.
Palmer, R. L.(1964): The Latin language, London.
Pasou, S.(1974): Istoria Românei, București.
Pei, M.(1976): The story of Latin and the Romance languages, New York.
Posner, R.(1970): The Romance languages, a linguistic introduction, Gloucester.
Posner, R. et al.(1980-82): Trends in Romance Linguistics and philology, 4 vols., The Hague.
Price, S.(1990): Comparative constructions in Spanish and French syntax, London.
Ramsden, H.(1963): Weak pronoun position in the early Romance languages, Manchester.
Renzi, L.(1976): Introduzione alla filologia romanza, Bologna.
Rohlfs, G.(1960): La diferenciación léxica de las lenguas románicas, Madrid.
Rohlfs, G.(1971): Romanische Sprachgeographie, München.
Rosetti, Al.(1973): Breve histoire de la langue roumaine des origines à nus jours, Paris.
Saltarelli, M. et al.(1975): Diachronic studies in Romance linguistics, The Hague.
Sampson, R.(1980): Early Romance Texts: An Anthology, Cambridge.
Sandfeld, Kr.(1930): Linguistique balkanique, Problème et résultat, Paris.

Savy-Lopez, P.(1948): Le origini neolatine, Milano.
Silva Neto, (1957): História do latim vulgar, Rio de Janeiro.
Spore, P.(1972): La diphtongaison romane, Odense.
Staczek, J.J.(ed.)(1988): On Spanish, Portuguese, and Catalan linguistics, Georgetown.
Suñer, M.(ed.)(1978): Contemporary studies in Romance linguistics, Georgetown.
Tagliavini, C.(1959): Le origini delle lingue neolatine, Bologna.
Varvaro, A.(1968): Storia, problemi e metodi della linguistica romanza, Napoli.
Väänänen, V.(1963): Introduction au latin vulgaire, Paris.
Vidos, B.E.(1967): Manual de lingüística románica, Madrid.
Vincent, N. et al.(ed.)(1982): Studies in the Romance Verb, London.
Wanner, D.(1987): The developement of Romance clitic pronouns, Amsterdam.
Wartburg, W.(1941): Les origines des peuples romanes, Paris.
Wartburg, W.(1952): La fragmentación lingüística de la Romania, Madrid.
Weinrich, H.(1958): Phonologische Studien zur Romanischen Sprachgeschichte, Münster Westfalen.
Wright, R.(1982): Late Latin and Early Romance, Liverpool.

［和書・訳書］

ヘルマン, ジョセフ［新村猛他訳］(1971): 俗ラテン語, 白水社.
伊藤太吾(1990): スペイン語からルーマニア語へ, 大学書林.
伊藤太吾(1990): フランス語からスペイン語へ, 大学書林.
伊藤太吾(1991): イタリア語からスペイン語へ, 大学書林.
伊藤太吾(1993): スペイン語からカタルーニア語へ, 大学書林.
伊藤太吾(1994): ラテン語からスペイン語へ, 大学書林.
伊藤太吾他(1995): スペインの言語, 同朋舎.
伊藤太吾(1997): ロマンス語基本語彙集, 大学書林.
伊藤太吾(1998): スペイン語からガリシア語へ, 大学書林.
伊藤太吾(1999): やさしいルーマニア語, 大学書林.
伊藤太吾(2003):『ラテン語所有動詞の未裔』月刊言語11月号, 東京.
伊藤太吾(2006): フランス語・イタリア語・スペイン語が同時に学べる本, ナツメ社.
伊藤太吾他(2007): ルーマニアを知るための60章, 明石書店.
ジュレスク, C.C.［伊藤太吾訳］(1981): ルーマニア民族と言語の生成, 泰流社.
片岡孝三郎(1982): ロマンス語言語学叢書, 朝日出版社.
ニクレスク, Al.［伊藤太吾訳］(1993): ルーマニア語史概説, 大阪外国語大学.
サラ, マリウス［伊藤太吾訳］(2001): ラテン語からルーマニア語へ──ルーマニア語史, 大阪外国語大学.

あとがき

　ルーマニア・アカデミーは1993年3月8日正書法を改定し，1953年以前に行われていたいわゆる「セクスティル・プシュカリウの規則」を適用することを決定した。本書も新正書法にのっとっている。他の4つのロマンス語も正書法の改定を行っているが，本書はそれぞれの言語の正書法に従っている。

著者紹介

伊藤太吾［いとう・たいご］1943年佐渡に生まれる
　　　　　大阪外国語大学教授，ブカレスト大学文学博士（ロマンス言語学）

目録進呈　落丁本・乱丁本はお取替えいたします。

平成 19 年 3 月 30 日　©第 1 版発行

ロマンス語概論	著　者　伊　藤　太　吾
	発行者　佐　藤　政　人
	発　行　所
	株式会社　大　学　書　林
	東京都文京区小石川 4 丁目 7 番 4 号
	振　替　口　座　00120-8-43740
	電　話 (03) 3812-6281 〜 3 番
	郵便番号 112-0002

ISBN978-4-475-01879-1　　TM プランニング・横山印刷・牧製本

大学書林
語学参考書

著者	書名	判型	頁数
島岡　茂著	ロマンス語の話	B6判	176頁
島岡　茂著	ロマンス語比較文法	B6判	208頁
伊藤太吾著	ロマンス語基本語彙集	B6判	344頁
伊藤太吾著	ロマンス語比較会話	A5判	264頁
伊藤太吾著	ロマンス語ことわざ辞典	A5判	464頁
伊藤太吾著	ラテン語からスペイン語へ	B6判	260頁
伊藤太吾著	スペイン語からルーマニア語へ	B6判	228頁
伊藤太吾著	フランス語からスペイン語へ	B6判	224頁
伊藤太吾著	イタリア語からスペイン語へ	B6判	298頁
伊藤太吾著	スペイン語からカタルーニア語へ	B6判	224頁
伊藤太吾著	スペイン語からガリシア語へ	B6判	296頁
富野幹雄著	スペイン語からポルトガル語へ	B6判	224頁
富野幹雄著	ポルトガル語からガリシア語へ	B6判	248頁
伊藤太吾著	やさしいルーマニア語	B6判	180頁
直野　敦著	ルーマニヤ語文法入門	B6判	112頁
菅田茂昭著	超入門イタリア語（CD付）	A5判	192頁
菅田茂昭著	現代イタリア語入門	B6判	260頁
小林　惺著	イタリア文解読法	A5判	640頁
菅田茂昭著	サルジニア語基礎語彙集	B6判	192頁
國原吉之助編著	新版中世ラテン語入門	A5判	320頁
小林　標著	独習者のための 楽しく学ぶラテン語	A5判	306頁
小林　標編著	ラテン語文選	B6判	224頁

―目録進呈―

大学書林
語学参考書

著者	書名	判型	頁数
島岡　茂著	フランス語統辞論	Ａ５判	912頁
島岡　茂著	フランス語の歴史	Ｂ６判	192頁
島岡　茂著	古フランス語文法	Ｂ６判	240頁
島岡　茂著	古プロヴァンス語文法	Ｂ６判	168頁
工藤　進著	南仏と南仏語の話	Ｂ６判	168頁
多田和子著	現代オック語文法	Ａ５判	296頁
瀬戸直彦著	トルバドゥール詞華集	Ａ５判	376頁
多田和子編	オック語会話練習帳	新書判	168頁
佐野直子編	オック語分類単語集	新書判	376頁
工藤　進著	ガスコーニュ語への旅	Ｂ６判	210頁
多田和子編	ガスコン語会話練習帳	新書判	192頁
田澤　耕著	カタルーニャ語文法入門	Ａ５判	250頁
大高順雄著	カタロニア語の文法	Ａ５判	648頁
中岡省治著	中世スペイン語入門	Ａ５判	232頁
出口厚実著	スペイン語学入門	Ａ５判	200頁
寺﨑英樹著	スペイン語文法の構造	Ａ５判	256頁
二好準之助著	概説アメリカ・スペイン語	Ａ５判	232頁
浅香武和著	現代ガリシア語文法	Ｂ６判	220頁
池上岑夫著	ポルトガル語文法の諸相	Ｂ６判	246頁
池上岑夫著	ポルトガル語とガリシア語	Ａ５判	216頁
池上岑夫著	ＳＥ考－ポルトガル語のＳＥの正体を探る－	Ｂ６判	168頁
彌永史郎著	ポルトガル語発音ハンドブック	Ｂ６判	232頁

―目録進呈―

大学書林
語学参考書

著者	書名	判型	頁数
浜崎長寿 著	ゲルマン語の話	B6判	240頁
下宮忠雄 編	ゲルマン語読本	B6判	166頁
工藤康弘・藤代幸一 著	初期新高ドイツ語	A5判	216頁
塩谷 饒 著	ルター聖書	A5判	224頁
古賀允洋 著	中高ドイツ語	A5判	320頁
浜崎長寿 著	中高ドイツ語の分類語彙と変化表	B6判	176頁
高橋輝和 著	古期ドイツ語文法	A5判	280頁
石川光庸 訳著	古ザクセン語 ヘーリアント(救世主)	A5判	272頁
藤代幸一・他著	中世低地ドイツ語	A5判	264頁
渡辺格司 著	低ドイツ語入門	A5判	202頁
塩谷 饒 著	ドイツ語の諸相	A5判	214頁
乙政 潤 著	入門ドイツ語学研究	A5判	200頁
乙政 潤 著	日独比較表現論序説	A5判	202頁
河崎靖フレデリック 著	低地諸国(オランダ・ベルギー)の言語事情	A5判	152頁
斎藤 信 著	日本におけるオランダ語研究の歴史	B6判	246頁
下宮忠雄・金子貞雄 著	古アイスランド語入門	B6判	176頁
千種眞一 著	ゴート語の聖書	A5判	228頁
森田貞雄他著	古英語文法	A5判	260頁
前島儀一郎 著	英独比較文法	A5判	288頁
島岡 茂 著	英仏比較文法	B6判	264頁
島岡 茂 著	仏独比較文法	B6判	328頁
前島儀一郎 著	英独仏語・古典語比較文法	A5判	224頁

―目録進呈―

大学書林
語学参考書

著者	書名	判型	頁数
小泉　保著	改訂 音声学入門	Ａ５判	256頁
小泉　保著	言語学とコミュニケーション	Ａ５判	228頁
下宮忠雄編著	世界の言語と国のハンドブック	新書判	280頁
大城光正・吉田和彦著	印欧アナトリア諸語概説	Ａ５判	392頁
千種眞一著	古典アルメニア語文法	Ａ５判	408頁
小沢重雄著	蒙古語文語文法講義	Ａ５判	336頁
津曲敏郎著	満洲語入門20講	Ｂ６判	176頁
小泉　保著	ウラル語のはなし	Ａ５判	288頁
小泉　保著	ウラル語統語論	Ａ５判	376頁
池田哲郎著	アルタイ語のはなし	Ａ５判	256頁
黒柳恒男著	ペルシア語の話	Ｂ６判	192頁
黒柳恒男著	アラビア語・ペルシア語・ウルドゥー語対照文法	Ａ５判	336頁
大野　徹編	東南アジア大陸の言語	Ａ５判	320頁
勝田　茂著	オスマン語文法読本	Ａ５判	280頁
森田貞雄著	アイスランド語文法	Ａ５判	304頁
児玉仁士著	フリジア語文法	Ａ５判	306頁
間瀬英夫・他著	現代デンマーク語入門	Ａ５判	264頁
山下泰文著	スウェーデン語文法	Ａ５判	360頁
森　信嘉著	ノルウェー語文法入門	Ｂ６判	212頁
清水　誠著	現代オランダ語入門	Ａ５判	336頁
上田和夫著	イディッシュ語文法入門	Ａ５判	272頁
有川貫太郎他編訳	現代ラテン語会話	Ｂ６判	256頁

― 目録進呈 ―

大学書林 ― 語学参考書

編著者	書名	判型	頁数
古川晴風 編著	ギリシャ語辞典	A5判	1332頁
國原吉之助 著	古典ラテン語辞典	A5判	944頁
黒柳恒男 著	新ペルシア語大辞典	A5判	2020頁
土井久弥 著	ヒンディー語小辞典	A5判	470頁
野口忠司 著	シンハラ語辞典	A5判	800頁
三枝礼子 著	ネパール語辞典	A5判	1024頁
尾崎義・他著	スウェーデン語辞典	A5判	640頁
古城健志 松下正三 編著	デンマーク語辞典	A5判	1014頁
千種眞一 編著	ゴート語辞典	A5判	780頁
松山納 著	タイ語辞典	A5判	1306頁
松永緑彌 著	ブルガリア語辞典	A5判	746頁
直野敦 著	ルーマニア語辞典	A5判	544頁
大野徹 著	ビルマ（ミャンマー）語辞典	A5判	936頁
小沢重雄 編著	現代モンゴル語辞典（改訂増補版）	A5判	974頁
竹内和夫 著	トルコ語辞典（改訂増補版）	A5判	832頁
荻島崇 著	フィンランド語辞典	A5判	936頁
今岡十一郎 編著	ハンガリー語辞典	A5判	1152頁
田澤耕 編著	カタルーニャ語辞典	A5判	1080頁
三谷惠子 著	ソルブ語辞典	A5判	868頁
前田真利子 醍醐文子 編著	アイルランド・ゲール語辞典	A5判	784頁
児玉仁士 編	フリジア語辞典	A5判	1136頁
加賀谷寛 著	ウルドゥー語辞典	A5判	1616頁

― 目録進呈 ―